회복력 사회와
정책 전환

회복력 사회와 정책 전환

지은이 | 오현순 주필주 이민주 정기황 홍석환 강내영 김종혁 정재훈
엮은이 | 한국매니페스토실천본부
펴낸곳 | 공공의제연구소 오름
펴낸이 | 오현순
편집·디자인 | 정경숙

주소 | 서울시 영등포구 국회대로 780 LG에클라트 501호
전화 | 02-6265-0532
팩스 | 02-784-0537
이메일 | oreum@oreum.org

ISBN 979-11-969184-9-1 93300
초판 1쇄 발행 2025년 5월 1일

* 이 책은 저작권법에 따라 보호받는 저작물이므로 무단 전재와 복제를 금합니다.
* 잘못된 책은 바꾸어 드립니다.

이 책은 재생 펄프가 함유된 종이로 제작되었습니다.
표지는 재활용을 고려해 별도의 코팅을 하지 않았습니다.
표지: 인스퍼_에코 내지: 그린라이트

회복력 사회와
정책 전환

오현순
주필주
이민주
정기황
홍석환
강내영
김종혁
정재훈
지음

공공의제연구소 오 름   한국매니페스토실천본부 엮음

목 차

들어가는 말 이광재

|1장| 위기의 시대, 회복력 사회로의 전환 오현순 14

1. 왜 회복력(리질리언스)으로의 전환인가?
2. 회복력 사고의 개념, 동향, 사고의 틀
3. 회복력의 원칙과 추진 전략
4. 정의로운 회복력 공동체를 위하여

|2장| 시민역량과 거버넌스, 위기를 넘어서는 '연결'의 방식 주필주 64

1. 위기의 시대, 커뮤니티 리질리언스(community resilience)의 의미
2. '계획'의 무용함과 유용함
3. 거버넌스와 거버넌스는 어떻게 연결되는가
4. 준비된 시민, 연결된 일상
5. 정리하며: 우리는 모두 저마다의 역할이 있다

|3장| 지방소멸을 넘어, 이주민과 원주민이 함께 그리는 지역의 미래 이민주 96

1. 들어가며
2. 제주의 인구 추이와 유입 현황
3. 제주 인구 유입 및 이주·정착에 관한 인식
4. 제주 이주민의 적응과 정착을 위한 정책
5. 이주민과 원주민의 화합으로 피어나는 마을, 선흘 1리
6. 나가며

|4장| 국(國)·공(公)유지의 공(共)유지적 전환 정기황 124

1. 들어가며: 두 발을 땅에 디디고 살아가기 위해
2. '국(國)'과 '공(公)'과 '공(共)'의 차이
3. 국유지 불하(拂下)와 공익
4. 공동체와 부동산의 치환
5. 나가며: 국가 소유의 사유지역에서 공동체가 사용하는 공유지로의 전환

|15장| **자연의 회복력과 숲의 관리정책** 홍석환 166
  1. 자연 스스로의 회복력과 상반된 숲 관리정책
  2. 숲의 회복력과 자연기반해법
  3. 숲의 회복력과 소나무재선충

|16장| **사회연대경제를 활용한 회복력 있는 지속가능한
  지역사회로의 전환** 강내영 208
  1. 들어가며
  2. 분야별 사례로 이해하기
  3. 맺음말

|17장| **지속가능성과 ESG: 당신이 몰랐던 사회문제 해결의 비밀** 김종혁 248
  1. 지속가능성과 ESG는 현실적인 이야기일까?
  2. 우리가 보지 못했던 사회문제의 연결고리
  3. 지속가능성으로 해결하는 사회문제
  4. 협력을 통한 지속가능성과 ESG
  5. 1% 시도가 만든 99%의 변화

|18장| **마을연금과 어촌공동체의 리질리언스** 정재훈 276
  1. 어촌마을의 마을연금 도입 이야기
  2. 농어촌 지역의 노후 소득 보장제도
  3. 만수동 어촌마을
  4. 새로운 리더 선출과 마을연금 도입과정
  5. 마을 어장과 공동체의 회복
  6. 적응순환 이론의 적용과 만수동의 리질리언스

저자 소개 310

들어가는 말

회복력 시대로의
전환을 제안하며

변화하는 기후환경에 현명하게 대응하지 않는다면, 결국 재앙적 위기로 인해 인류는 공멸할 수밖에 없다. 더욱이 식민통치와 동족상잔, 급격한 산업화와 민주화, IMF 외환위기와 잦은 사건·사고로 인해 외상 후 스트레스 장애(PTSD)에 시달려온 한국 사회는 역설적으로 인지적 무감각(Cognitive desensitization)에 빠질 위험이 매우 크다. 이러한 상황에서 한국매니페스토실천본부는 '회복력 시대(The Age of Resilience)'로의 전환과 중심축 이동을 제안하고 있다. 이 총서는 이러한 제안에 응답하며, '회복력'이라는 개념을 구체화하고 실천적 방향을 모색하기 위한 시도로 기획되었다.

이 책은 '회복력'을 주제로 한 총서의 두 번째 권으로, 2022년에 출간된 『회복력과 전환』에 이은 작업이다. 첫 번째 책에서는 기존 정책의 한계를 짚고 회복력 관점에서의 정책 방향과 전략을 제시했으며, 일부에서는 실제 사례를 소개하기도 했다. 이번 책은 이러한 흐름을 유지하되, 1장에 '회복력 총론'을 추가하였다. 첫 책에서는 회복력에 대한 기본 개념과 철학적 기반이 빠져 있어, 각 영역별 정책과 회복력 간의 연결 고리를 이해하는 데에 아쉬움이 있었다. 특히 공무원 등 실무자들로부터 개념이 모호하고 정책으로의 전환이 어렵다는 문제 제기가 있었고, 이에 따라 회복력의 정의와 원칙, 전략을 포괄적으로 담은 도입부가 필요하다는 판단에서다.

이 책은 각기 다른 전문성과 현장 경험을 지닌 여덟 명의 연구자가 공동 집필하였다. 이들은 우리 사회가 직면한 구조적 위기를 외면하지 않고 정면으로 마주하며, 각자의 연구 주제를 통해 회복력 관점에서의 대안과 실천적 전략을 제시한다. 지역공동체, 거버넌스, 자연 생태, 경제, 토지정책 등 다양한 영역을 가로지르는 이 글들은 회복력을 단순한 복구의 개념이 아닌 전환과 적응, 새로운 사회 체제로의 이행을 위한 사고 틀로 바라보고 있다.

1장에서 오현순은 위기의 시대에 회복력 관점에서의 정책 전환을 강조하며 회복력 사고의 개념과 틀, 원칙과 실천 전략을 종합적으로 제시한다. 한국 사회는 산업화와 압축 성장을 통해 외형적 발전을 이루었지만, 그 이면에는 불평등, 생태 위기, 자살률 증가 등 구조적 위기가 누적되어 왔다고 지적한다. 특히, 효율성과 성장 중심의 시스템은 사회적 취약성과 불안을 심화시키며, 위기의 복합성과 불확실성을 가중시켰다는 것이다. 이러한 시대에 필요한 전환은 효율성과 최적화가 아닌, 회복력과 적응력을 중심에 둔 회복력 사고라고 강조한다. 회복력은 단순한 복구를 넘어 변화에 유연하게 대응하고, 새로운 체제로 전환할 수 있는 능력을 뜻한다. 사회, 생태, 경제 전 영역에서 위험의 연결성을 인식하고 통합적으로 대응하는 것이 핵심이다. 이를 위해 저자는 다양성, 중복성, 포괄성, 모듈화, 사회적 자본, 거버넌스, 생태계 서비스 등 여러 원칙에 기반한 시스템적 접근이 필요하다고 강조한다.

2장에서 주필주는 복합재난과 초불확실성의 시대에 지역사회의 회복탄력성을 키우기 위한 '커뮤니티 리질리언스'와 '적응적 거버넌스'의 개념을 중심으로 위기 대응의 새로운 방향을 모색한다. 주민 주도의 방재계획, 시민 조직의 자기조직화, 촘촘한 일상 네트워크 등은 위기 대응 역량을 높이는 주요 조건으로 제시된다. 동시에 공공의 제도적 지원과 시민 역량의 결합, 다양한 주체의 신뢰 기반 협력이 강조된다. 경주 아이쿱생협과 아소노아카리 사례는 이를 구체적으로 보여준다. 거버넌스는 조직도나 형식이 아니라, 실제 위기 상황에서 작동하는 협력의 구조여야 한다고 강조하며, 연결과 협력을 기반으로 한 시민 중심 회복력의 정치로 나아가는 길을 탐색한다.

3장에서 이민주는 지방소멸이라는 위기 속에서 많은 지역이 인구 유입을 통한 활력 회복을 모색하고 있다. 이 글은 급격한 인구 유입을 경험한 제주를 사례로, 인구 변화의 흐름과 이주민 정착에 대한 지역사회의 인식, 정책 대응을 살펴본다. 특히 조천읍 선흘1리 사례를 통해 이주민과 원주민이 함께 어우러지며 지역의 정체성과 활력을 만들어가는 과정을 조명한다. '그림 그리는 할머니들'의 전시 활동과 마을 전체가 미술관이 되는 '뮤지엄 선흘' 프로젝트는 문화적 교류를 통해 공동체가 어떻게 진화하고 있는지를 보여준다. 이처럼 지역은 단순한 인구 유입을 넘어, 서로 다른 사람들이 연결되고 협력하며 함께 사는 방식에 대한 새로운 상상을 가능케 하는 공간임을 강조한다.

4장에서 정기황은 한국의 국·공유지는 일제강점기와 군사독재기를 거치며 공유지 개념이 소거되고, 사유화를 촉진하는 제도와 정책 아래 불하와 매각을 통해 재정 확보의 수단으로 기능해 왔다고 비판적으로 분석한다. 이러한 과정은 토지를 공공자산이 아닌 사유재산으로 다루게 하였고, 그 결과 불로소득, 도시양극화, 공동체 해체와 같은 심각한 사회문제를 낳았다고 저자는 지적한다. 이 글은 토지가 인간의 생존에 필수적인 자연권이며, 유한한 자원이라는 점을 전제로 국·공유지를 재정적 수단이 아닌 공동체 자산으로 바라볼 것을 제안한다. 특히 '공유(共有, 커먼즈)'의 관점을 회복하고, 국유지를 공동체와 지역사회의 주체적 공간으로 전환해야 한다고 강조한다. 국유지 관리의 철학적 전환과 제도적 보완 없이는 진정한 공익 실현이 어렵다는 비판과 함께, 공유지 회복은 단순한 행정 개혁이 아니라 시민의 권리 회복이자 민주주의의 확장이라는 점을 환기한다.

5장에서 홍석환은 한국의 숲 관리 정책을 근본적으로 재검토할 것을 제안한다. 현재 추진되는 숲가꾸기와 소나무재선충 방제 사업은 오히려 숲을 교란하고 탄소 배출을 유발하며, 자연의 회복력을 저해하고 있다고 지적한다. 막대한 세금이 투입되는 인위적 방식 대신, 자연의 힘에 기대는 자연기반해법(NBS)이 탄소흡수와 생태 복원에 가장 효과적이라는 것이 국제적 합의다. 일본의 사례처럼 인위적 방제를 멈춘 뒤 숲이 스스로 안정을 되찾은 경험은 이를 뒷받침한다. 저자는 숲의 자연 회복력은 인간의 개입 없이도 건강하게 자생할 수 있음을 강조하며, 숲 관리 정책은 자연의 회복력을 방해하지 않고 이를 촉진하는 방향으로 전환해야 한다고 주장한다.

6장에서 강내영은 사회적경제 조직이 재난 상황에서 수행한 실제 사례를 통해 지역 회복력의 구조를 설명하고, 먹거리 자급, 통합돌봄, 에너지 자립, 지역금융 등 다양한 분야에서 사회연대경제의 실천 가능성을 구체적으로 제시한다. 지속가능성과 회복력이 중요해지는 오늘날, 사회연대경제는 지역사회의 위기 대응과 전환을 위한 핵심 전략으로 주목받고 있다. 사회적 자본을 중심으로 한 관계망 형성과 자원 순환, 공동체 기반의 자율적 대응 체계 구축이 강조되며, 주민 주도의 연대와 실천이 지역의 생태사회적 전환을 이끄는 동력이 될 수 있음을 보여준다. 이 글은 정책적 지원이 단일 조직이 아닌 지역 전체를 연결하는 구조로 나아가야 함을 역설하며, 회복력 있는 지속가능한 지역공동체 형성을 위한 실질적 방향을 제시한다.

7장에서 김종혁은 ESG의 개념과 발전 과정, 그리고 CSR, CSV와의 차이를 짚으며, 사회문제를 전체론적으로 접근할 필요성과 그 실천 방안을 제시한다. 저자는 '지속가능성과 ESG'는 더 이상 선택이 아닌 생존의 조건이 되었으며, 단순한 기부나 자선에서 벗어나 사회문제를 해결하는 실질적인 전략으로 자리 잡고 있다고 강조한다. 정부와 기업, 시민사회가 협력하여 지속가능한 사회를 만드는 다양한 사례들을 소개하며, 중간지원조직의 필요성과 협업 방식도 함께 논의된다. 특히 지역소멸 위기를 마주한 지방자치단체와 사회적 책임을 실천하는 기업의 전략적 협력, 그리고 이를 통해 실현된 스타벅스의 커뮤니티 스토어와 신안군의 햇빛·바람 연금, 진도군의 이동권 프로젝트는 지속가능성의 구체적 모델을 보여준다. 마지막으로, 작은 실천이 큰 변화를 만든다는 메시지와 함께, 우리가 모두 함께 만들어가야 할 미래의 방향을 제시하고 있다.

8장에서 정재훈은 충남 태안 만수동 어촌마을이 바지락 어장 수익을 활용해 마을연금 제도를 도입한 과정을 중심으로, 공동체 회복력과 지속가능성을 살핀다. 고령화와 자원 고갈, 세대 갈등 등의 위기에 대응해 마을연금으로 고령자의 생계를 보장하면서, 어장 관리와 수익 구조의 개선, 공동체 신뢰 회복이 이뤄졌다. 마을은 신규 주민을 적극 수용하고 리더로 세우며, 조직 재편과 사회적 자본 축적에 성공했다. 이러한 변화는 리질리언스 관점에서 자원의 보존, 위기 대응, 재조직, 성장의 순환 구조를 보여준다. 적응순환 이론을 통해 공동체의 위기 인식, 제도 혁신, 주민 간 협력이 어떻게 회복과 재도약으로 이어졌는지를 분석한다. 마을연금은 사회적 안전망이자 공동체 재생의 핵심 자산으로 기능하며, 지속가능한 지역 발전을 위한 모델로 제시된다.

회복력의 관점에서 충분히 다루지 못한 영역들이 남아 있으며, 앞으로 더 많은 분야에서 새로운 대안을 모색해 나가고자 한다. 복합 위기와 초불확실성의 시대를 맞아 기존의 사고와 전략에 균열을 내고, 회복력의 시선으로 융합적 사고와 전략을 지속적으로 탐구해 나갈 계획이다. 확신하면서도 의심을 멈추지 않고, 끊임없이 질문을 던지며 더 나은 길을 향해 나아가는 여정을 계속해갈 것이다.

이번 작업에 함께해 주신 여덟 분은 오랜 시간 다양한 현장에서 이론과 실천을 접목하며 끊임없이 고민해 온 소중한 현장 연구자들이다. 이 분들은 단순한 이론 제시에 머무르지 않고, 복잡한 현실의 문제들을 치열하게 분석하며 실천적 해법을 모색해 왔다. 어수선한 시국 속에서도 기꺼이 시간을 내어 집필해 주신 여덟 분의 저자님들께 진심으로 깊은 감사의 마음을 전한다.

이 책의 기획 과정에서 방향을 함께 고민해 주시고, 저자 섭외에 큰 힘이 되어 주신 한국섬진흥원의 이태겸 연구위원님께 깊이 감사드린다. 또한 원고를 꼼꼼히 읽고 성실하게 다듬어 주신 손세영님과 김예람님께도 진심 어린 감사의 마음을 전한다. 이 책이 독자들에게 회복력 있는 사회로의 전환을 위한 실천적 상상력을 불러일으키는 계기가 되기를 간절히 바란다.

2025년 4월
한국매니페스토실천본부 사무총장 이광재

1장

위기의 시대, 회복력 사회로의 전환

오현순
공공의제연구소 오름 소장

1. 왜 회복력(리질리언스)으로의 전환인가?

압축성장과 위험사회

한국은 1960~70년대에 국가 주도의 권위주의적 방식을 통해 기술 발전과 산업화를 이루었다. 그 결과, 무한한 성장과 사회 진보가 가능하다는 믿음이 지금까지도 널리 퍼져있다. 산업화는 발전주의 도시화를 촉진하여 도시 집중화와 경제 성장을 가속화했다. 하지만 도시 집중화는 경쟁과 시장 논리를 강화하면서 승자와 패자를 명확히 구분하는 구조를 만들었다. 경제적 능력이 있는 사람들은 주택, 쾌적한 환경, 다양한 서비스 등의 혜택을 쉽게 누릴 수 있었지만, 그렇지 않은 사람들은 기회에서 배제되며 점차 소외되었다. 계층 이동의 가능성이 축소되면서 경제적 격차는 더욱 심화되었고, 그로 인해 빈곤의 대물림, 차별과 낙인, 건강 격차 등 사회적 불안정이 증대되었다.

리처드 플로리다(Richard Florida)는 『도시는 왜 불평등한가』에서 미국의 사례를 들어, 도시는 혁신의 중심이자 경제·사회적 진보의 모델이기도 하지만, 동시에 불평등을 심화시키는 '새로운 도시 위기'를 초래한다고 지적한다. 경제적 불평등으로 인해 도시 간 분리와 계층화가 나타나고, 특권층과 빈곤층 간의 격차가 더욱 확대되고 있다는 것이다. 한국 또한 이러한 역진적 현상이 발생하고 있으며, 무한 경쟁을 통한 사회 조화의 유지가 점점 어려워지고 있다. 특히 IMF 외환위기를 거치며 저성장 기조가 고착화되었으며, 경쟁 중심의 삶의 질 향상과 사회적 협력은 한계를 맞이했다.

압축적 근대화의 가장 큰 문제 중 하나는 구조적 불안의 심화다. '성장'과 '성공'이 오히려 '불안'과 '불행'을 초래하고 있는 것이다. 한국의 자살률 증가 추이를 보면, 1998년 외환위기, 2002~2003년 카드 대란, 2008~2009년 미국발 금융위기 시점에서 급격한 상승을 보였다.

한국의 자살률(2000-2023년)

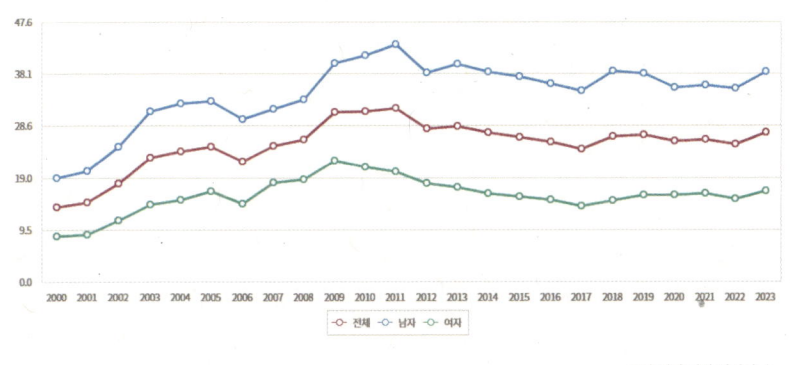

10만 명당 자살 사망자 수

출처: 통계청

2012년 이후 자살률이 감소하는 경향을 보였으나, 2023년 현재 10만 명당 27.3명으로 여전히 높은 수준을 기록하고 있다. 특히 남성의 자살률이 여성보다 두 배 이상 높으며, 나이가 많을수록 자살률이 증가하는 경향을 보인다.* 2024년에는 2011년 이후 13년 만에 가장 높은 수치를 기록했다. 통계청에 따르면 2024년 한 해 동안 1만 4,439명이 자살했으며, 하루 평균 39.5명이 스스로 목숨을 끊은 것으로 잠정 집계되었다.** 특히 30~50대 남성의 자살률 증가가 두드러졌고, 전체 사망자 수 증가의 주요 요인으로 작용했다. 이는 코로나19 이후 사회적 불평등 심화와 경기 불황이 지속되면서, 고립과 불안이 누적된 결과로 분석된다.***

한국의 자살률은 OECD 회원국 평균을 크게 상회하고 있다. 1985년부터 2021년까지의 자살률 그래프를 보면, 한국의 자살률(빨간색 선)이 OECD 평균(초록색 선)보다 월등히 높다. 이 그래프에서 2024년 잠정치를 포함하게 되면 지금보다 더욱 가파른 우상향 곡선을 보일 것이다.

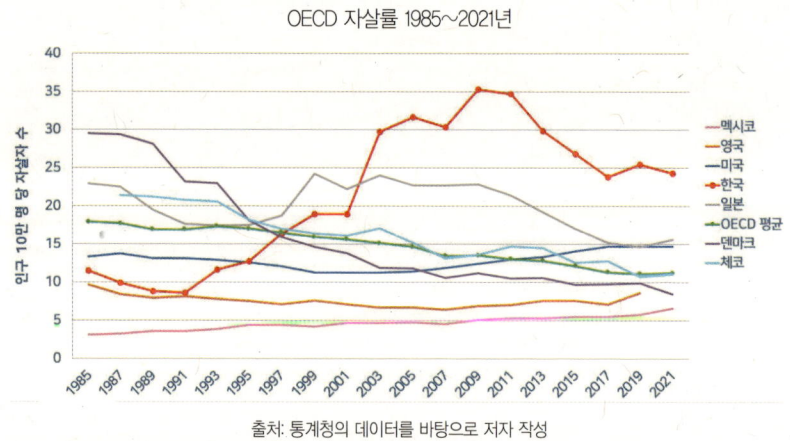

출처: 통계청의 데이터를 바탕으로 저자 작성

* 통계청(https://www.index.go.kr/unity/potal/indicator/IndexInfo.do?cdNo=2&clasCd=8&idxCd=8040, 2025-01-31 검색))
** 통계청·한국생명존중희망재단; 연합뉴스, 2025-02-26, 하루 40명 스스로 목숨 끊었다…작년 자살건수 13년 만에 최대.
*** 연합뉴스, 같은 기사.

2021년 대한신경과학회의 연구에 따르면, 1992~2005년 사이 한국의 자살자 수가 330% 증가하였으며, 같은 기간 출생률이 1.76에서 1.08로 급격히 하락했다. 1994년 한국의 1인당 국민소득이 1만 달러였던 것이 현재 3만 달러로 증가했음에도 불구하고, 자살률은 오히려 3배나 늘어났다.* 이는 경제 성장으로 삶이 풍요로워졌음에도 불구하고 사회경제적 불평등이 심화되었고, 그로 인한 불안이 가중된 결과로 해석될 수 있다.

윤홍식 인하대 교수는 이를 '성공의 덫'이라고 표현한다. 이관후는 한국 사회의 모든 문제의 시작과 끝에 자살이 있으며, 개인의 자살이 결국 국가의 소멸로 이어질 수 있다고 우려한다.**

울리히 벡(Ulrich Beck)은 현대사회가 과학기술의 발달로 경제 성장과 빈곤 탈출을 가능하게 할 것이라는 기대와 달리, 오히려 새로운 위험과 불안정을 초래했다고 지적했다. 그는 위험이 사회의 중심 현상이 되는 현대사회를 '위험사회'로 규정하며, 사회가 위험을 관리하는 데 최우선 가치를 두게 되었다고 설명한다. 이러한 사고의 배경에는 1986년 체르노빌 원전 폭발 사고가 중요한 영향을 미쳤다.

벡은 자연적 위험과 별개로 인간이 만들어낸 '생산된 위험(manufactured

---

* 이관후, 2024, 『압축 소멸 사회』, 한겨레출판, 62쪽.
** 이관후, 같은 책, 62쪽.

risk)'이 현대사회의 가장 큰 문제라고 보았다. 기후 변화, 글로벌 금융위기(2008년), 후쿠시마 원전 사고(2011년), 코로나19 팬데믹 등 대규모 재난은 대부분 인간의 활동에서 비롯된 생산된 위험의 결과이며, 이는 벡의 이론을 뒷받침하는 사례들이다.

한국 사회는 특히 발전주의적 도시화를 통해 위험을 확대·재생산해왔다. '폭압적 근대화'라는 표현이 있을 정도로, 군사독재 정권 시기부터 성장 중심의 개발 정책이 지속되었다. 그 결과 성수대교 붕괴(1994년), 삼풍백화점 붕괴(1995년), 대구 지하철 화재 참사(2003년), 세월호 참사(2014년), 최근의 안성 교량 붕괴 사고(2025년) 등 크고 작은 사고들이 끊이지 않았다. 이는 외형적 성장에 집중한 나머지, 시민의 안전과 사회적 회복력과 같은 즉각적으로 드러나지 않는 요소들은 간과했음을 보여준다.

그동안 우리는 한국을 '아시아의 용', '한강의 기적'이라 부르며, 개발도상국에서 빠르게 산업화에 성공한 유일한 국가로 평가해왔다. 현재까지도 성장과 경쟁이 최우선 가치로 작용하면서, 사회적 안전망과 공동체 회복력은 상대적으로 취약한 상태에 놓여 있다. 이러한 구조적 문제는 결국 인류와 지구를 위협하는 역설적 결과를 초래하고 있다.

기후, 생태적 위기

제2차 세계대전 이후 대량 생산과 소비 자본주의가 전 세계로 확산되었다. 이 시기는 '대가속기(The Great Acceleration)'라 불리며, 인류세의 시작으로 보는 견해가 강하다. 인류세는 네덜란드 기상학자 폴 크리천(Paul Crutzen)이 2000년에 처음 제안한 개념으로, 인간의 활동이 지구 환경을 근본적으로 변화시킨 시기를 의미한다.

2024년 국제지질과학연맹의 소위원회에서 인류세 개념의 공식 지정 여부를 두고 투표가 진행되었으나, 66%의 반대로 부결되었다. 인류세의 기간이 너무 짧다는 이유와 더 명확한 증거가 필요하다는 점이 주요 반대 이유였다. 그러나 인간이 지구 환경에 미치는 악영향은 간과할 수 없는 현실이며, 다양한 학문 분야에서 인류세 개념을 사용하는 것 자체는 인정되었다. 특히, 인간 활동이 지구 시스템에 미친 급격한 변화를 수치로 보여주는 다양한 지표들이 이를 뒷받침하고 있다.

다음의 그림을 보면, 1950년을 기점으로 인구, 천연자원 사용, 댐 건설, 물 소비, 종이 생산, 교통량 등 사회·경제적 활동이 기하급수적으로 증가하며 가파른 우상향 곡선을 그리고 있는 것을 확인할 수 있다. 지구 시스템 역시 급격한 변화를 맞이했다. 탄소 및 메탄 배출량, 지구 평균 온도, 해양 산성화, 열대우림 손실 등의 환경 지표가 우상향으로 급상승하고 있다. 인간의 경제활동이 생산성을 향상시키고 GDP를 증가시켰지만, 그 대가로 지구 환경 시스템은 점점 취약해지고 있다.

사회-경제-지구 환경 시스템의 동향과 인류세의 궤적

Socio-economic trends

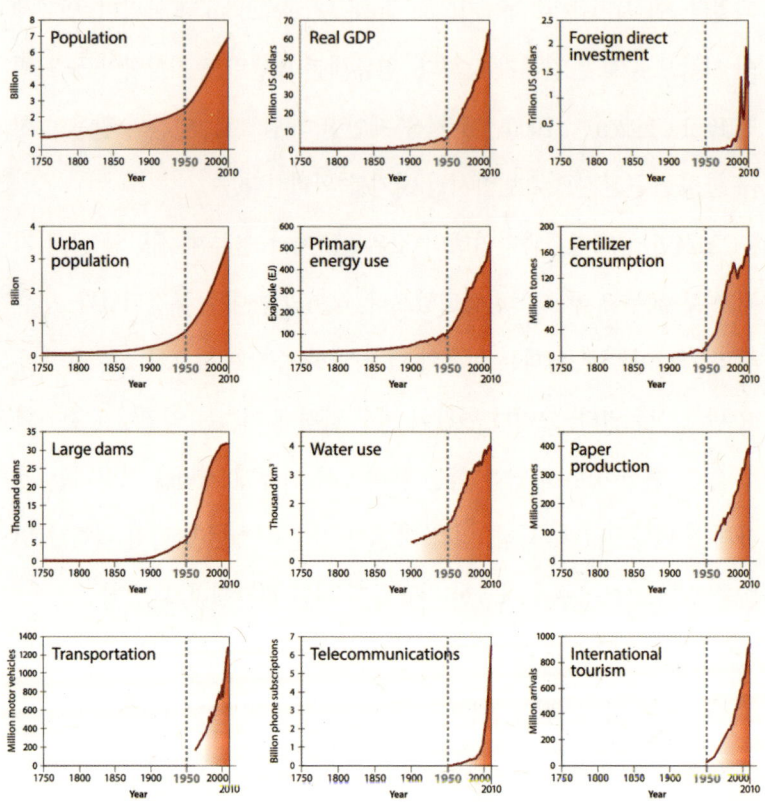

Earth system trends

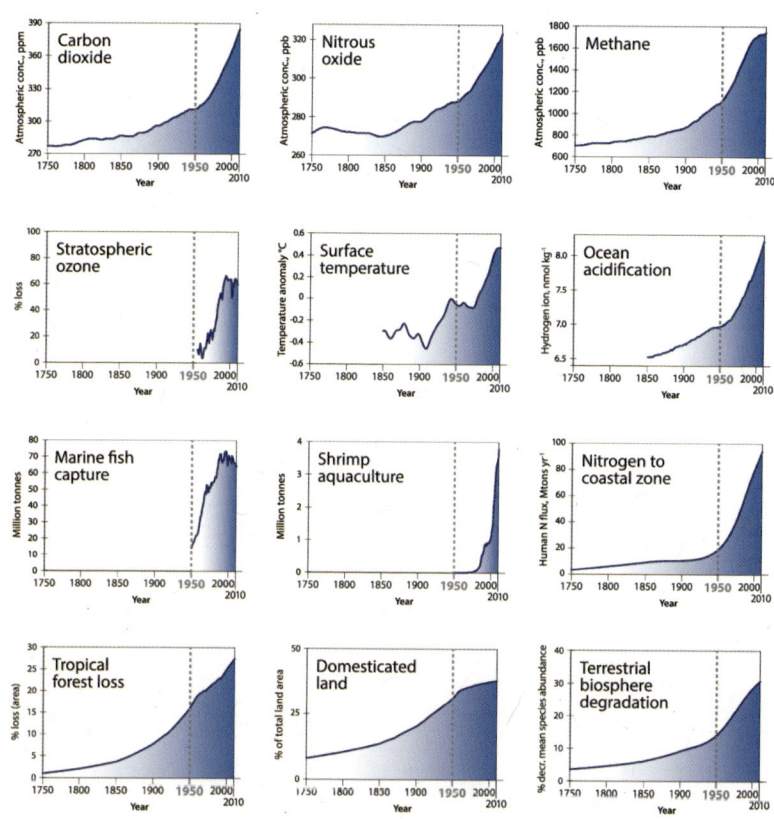

출처: Will Steffen et al., 2015,
"The trajectory of the Anthropocene: The Great Acceleration", The Anthopocene Review, March.

지구 환경 시스템의 취약성을 단적으로 보여주는 것이 '지구위험한 계선(Planetary Boundaries)' 개념이다. 이 지표는 인류 생존을 위해 반드시 지켜야 하는 9개의 환경 기준으로 구성되어 있다.* 1개 이상의 요소가 지구위험한계선을 넘어설 경우 기하급수적인 환경 변화가 일어나 재앙이 발생할 수 있다. 스웨덴 스톡홀름 리질리언스 센터의 2023년 연구에 따르면, 생물다양성 감소, 기후 변화, 토지 및 담수 자원 고갈, 생물지구화학 순환 변화, 미세 플라스틱 및 합성 화학물질 등 6개 이상이 이미 위험 한계를 초과한 상태다. 이는 우리가 언제든 예측 불가능한 환경 재앙을 맞이할 수 있음을 의미한다.

예기치 못한 복합적인 위험의 증가

미래의 위험은 하나의 영역에 국한되지 않고, 다양한 영역을 넘나들며 서로 영향을 주고 받으며 확산될 가능성이 크다. 위험 간의 연결성과 상호작용으로 인해 시스템의 복잡성이 증가하면, 한 곳에서 발생한 문제가 연쇄 반응을 일으켜 더 큰 피해를 초래할 수 있다. 또한, 이러한 상호작용으로 인해 위험의 발생 시점과 양상을 예측하기 어려워

---

* '지구위험한계선'은 2009년 스웨덴의 환경과학자이자 스톡홀름 리질리언스센터 소장을 지낸 요한 록스트룀(Johan Rockstrom) 등 환경과학자와 지구과학자들이 제시했다. ▲기후변화(이산화탄소 농도, 에너지 불균형), ▲생물권 다양성(멸종률, 생태기능 상실), ▲토지사용, ▲담수사용(토양저장 및 증발, 식물에서 나오는 빗물, 강/호수/땅에서 나오는 물), ▲생물지구화학 순환(인, 질소), ▲해양산성화, ▲대기 중 에어로졸 농도, ▲성층권의 오존층 파괴, ▲합성화학물질(플라스틱 포함) 등 9개 환경 기준으로 구성되어 있다.

지면서 불확실성이 극대화된다.

2005년 미국에서 발생한 허리케인 카트리나는 이러한 복합적 위험이 현실에서 어떻게 작용하는지를 보여주는 대표적인 사례다.* 카트리나로 인해 약 2천 명이 사망하고 6천 명 이상이 실종되었으며, 수백만 명의 이재민이 발생했다. 특히 남부 뉴올리언스 지역은 피해가 극심했는데, 이는 도시화 과정에서 저지대에 주거 지역이 확장되었기 때문이다. 재난 발생 후에도 시 당국의 미흡한 대응과 예산 삭감으로 인해 피해가 더욱 커졌다.

저지대에 거주하는 사람들 대부분은 흑인이었으며, 경제적 빈곤층에 속해 재난 대비 능력이 부족했다. 침수로 인해 피해가 더욱 심각해졌고, 이 과정에서 인종 간 갈등까지 겹쳐 사회적 문제로 확산되었다. 카트리나는 단순한 자연재해가 아니라, 주거 환경의 구조적 취약성, 미흡한 재난 대응 시스템, 그리고 사회적 취약계층의 불균형한 피해가 결합한 복합적 위기 사례로 평가된다. 이러한 사례를 통해, 자연재해가 사회·경제적 취약성과 결합할 때 막대한 인명과 재산 피해를 초래할 수 있음을 간과해서는 안 된다.

---

* 서지영·박병원·이성호·조규진·윤정현. 2014. 『미래 위험과 회복력』. 한국기술정책연구원. 1-3쪽의 내용을 참고하여 재정리하였다.

효율성에서 회복력 중심으로

2022년 카카오 데이터센터 화재 사건은 효율성을 최우선 가치로 삼은 시스템이 얼마나 취약할 수 있는지를 보여주는 사례다. 전기적 결함으로 발생한 이 화재는 수천만 명의 사용자들에게 불편을 초래했으며, 비용 절감을 위해 재난 대응 시스템이 미비했던 점이 피해를 더욱 키웠다. 이는 현대 산업사회에서 효율성과 생산성이 최우선 가치로 작용한 결과로 볼 수 있다.

효율성은 자본주의 경제의 핵심 개념으로, 투입 대비 산출의 비율을 극대화하는 데 초점을 맞춘다. 비용 편익 분석과 단기 수익 증대에 의존하는 경향이 강하며, 경제 활동의 신속성과 최적화가 중요한 요소로 작용한다. 그러나 이러한 구조에서는 완충 장치나 중복·반복 시스템이 비효율적인 요소로 간주되어 제거되기 쉽다. 카카오 데이터센터 화재의 경우도 백업 시스템과 재난 복구 시스템이 부실했던 이유가 바로 이러한 효율성 추구 때문이었다.

비슷한 원리는 농업에서도 발견된다. 특정 작물의 단일 재배는 성장 속도 면에서는 효율적이지만, 병충해에 취약하여 큰 피해를 초래할 수 있다. 또한 천연자원의 무분별한 채굴과 그 과정에서 발생하는 환경 파괴 역시 경제적 효율성을 극대화하려는 접근 방식의 결과다. 그러나 효율성이 높아질수록 회복력은 약화된다. 회복력을 유지하기 위해 필요한 완충 기능과 중복 시스템이 제거될 경우, 위기 상황에서 피해는 더욱 커질 수밖에 없다. 따라서 효율성에 대한 맹신이 오히려 인류 생존과 생태계를 위협하는 요소가 될 수 있음을 인식해야 한다.

이에 대해 제러미 리프킨(Jeremy Rifkin)은 "지난 수백 년 동안 인류는 효율성과 생산성을 앞세워 발전을 이뤄왔다. 그러나 이러한 방식의 성장은 지속 가능하지 않다. 이제는 적응성과 회복력을 중심으로 하는 패러다임 전환이 필요하다"*고 강조한다. 또한 줄리아 토마스(Julia Thomas)는 "우리는 이제 성장이라는 신화를 넘어서야 한다. 진정한 희망은 더 큰 형평성과 친절, 그리고 회복력에서 찾아야 한다"며, 기존의 생산성 중심 사고에서 벗어나야 함을 주장한다.**

이러한 사고의 전환은 단순한 경제적 변화가 아니라, 세계관, 경제 시스템, 시간과 공간의 개념, 인간성과 삶의 방향, 지구와의 관계까지 재평가하는 과정이 포함된다. 바로 이러한 사고를 지탱하는 개념이 '회복력(리질리언스, resilience)'이다.

현대 사회의 복합 위기는 단순한 우연이 아니라, 효율성과 생산성을 극단적으로 추구한 결과다. 과학기술과 산업 생산에 대한 의존도가 높아지면서 위험 또한 필연적으로 발생하게 되었으며, 일단 위기가 발생하면 그 피해는 엄청난 수준으로 확대될 가능성이 크다.

이제는 기존의 사고방식과 관행으로는 기후 위기, 디지털 사회 전환,

---

* 리프킨, 제러미. 안진환(역). 2022. 『회복력 시대』. 민음사.
** 한겨레신문. 2023-07-03. 대멸종 부른 '우상향 성장 신화', 인류세 시대에 버려야 할 것들(인류세 역사학자 줄리아 토마스 인터뷰).

산업 및 인구 구조 변화와 같은 시대적 도전에 대응할 수 없다. 특히 생산성과 최적화를 극대화하는 경제 시스템은 급변하는 환경과 복잡한 사회적 변화를 감당하기 어렵다. 또한 기존에는 재난 관리가 공공 부문의 역할로 인식되었으나, 회복력 중심의 사고에서는 공공뿐만 아니라 개인, 시민사회, 기업 등 민간 부문까지 적극적으로 참여하고 협력해야 한다.

위험이 항상 시스템 내부에 존재한다는 점을 인식하고, 이에 적응할 수 있는 방식으로 시스템을 설계해야 한다. 과학기술과 문명의 발전 속에서 위험 요소를 차단하기 위한 노력이 필요하겠지만, 위험 요소를 완전히 차단하는 것은 불가능하다. 다양한 형태의 위험이 복합적으로 작용하는 시대에 맞서 적응과 완화 전략이 더욱 중요해진다. 즉, 예측 불가능한 위기에 대비해 피해의 최소화, 취약성 개선, 변화에 대한 적응력 등을 종합적으로 고려한 위험 관리 전략이 필요하다.*

궁극적으로 더 나은 시스템으로 전환하는 것 또한 회복력 사고의 핵심이다. 변화와 충격이 오히려 더 나은 사회로 나아가는 계기가 될 수 있으며, 피해를 최소화하는 것과 새로운 시스템으로의 전환 모두가 사회의 회복력에 달려 있다.**

---

* Walker, B. et al. 2004. "Resilience, adaptability and transformability in social-ecological systems". *Ecology and Society*, 9(2), p. 5.
** 전대욱. 2013. "시스템의 회복성에 대한 이론적 검토와 시스템 다이내믹스 방법론의 적용". 『한국 시스템다이내믹스 연구』, 14(2).

2. 회복력 사고의 개념, 동향, 사고의 틀

변화나 교란이 초래하는 충격을 이해하고 효과적으로 대응하기 위해서는 시스템 사고(Systems Thinking)를 적용하는 것이 필수적이다. 시스템 사고란 개별 요소들이 어떻게 상호 작용하며 전체 시스템이 작동하는지를 파악하는 방식이다. 이는 로마클럽 회원이자 『성장의 한계』를 저술한 도넬라 H. 메도즈(Donella H. Meadows)가 『Thinking in Systems』에서 강조한 개념이기도 하다.

메도즈에 따르면, 시스템은 특정 목표를 달성하기 위해 일관되게 조직되고 상호 연결된 요소들의 집합을 의미한다. 시스템은 크게 요소, 상호연관성, 기능 또는 목적이라는 세 가지 요소로 구성된다. 예를 들어, 학교라는 시스템은 학생, 교사, 행정 직원, 급식 노동자, 교육 과정, 교실, 운동장 등으로 이루어지며, 이 모든 요소가 서로 유기적으로 연결되어 특정한 교육적 목적을 수행한다. 이러한 개념은 도시, 기업, 공장, 마을 등 다양한 사회 구조에도 동일하게 적용된다.

시스템이 과도한 압력을 받을 경우 일시적으로 기능이 마비될 수 있지만, 적절한 대응이 이루어진다면 다시 복원될 수 있다. 예를 들어, 태풍이나 홍수가 발생했을 때 공동체가 협력하여 신속하게 복구 작업을 수행하면 곧 일상으로 돌아갈 수 있다. 메도즈는 이러한 시스템의 복원 능력을 결정짓는 핵심 요소로 회복력(Resilience), 자기조직화

(Self-organization), 계층성(Hierarchy)을 제시한다.

이 세 가지 요소는 단순한 안정성이나 생산성보다 시스템의 장기적 생존을 결정짓는 근본적인 역할을 한다. 만약 단기적인 효율성을 극대화하기 위해 회복력, 자기조직화, 계층성을 희생한다면, 시스템은 오히려 더욱 취약해지고 위기에 쉽게 무너질 수 있다. 즉, 단기적인 생산성과 최적화만을 추구하는 접근 방식은 장기적으로 시스템의 지속 가능성을 위협할 위험이 크다. 따라서 회복력 사고는 단순한 위기 대응을 넘어, 어떤 변화에도 유연하게 적응할 수 있는 지속 가능한 시스템을 구축하는 핵심 원칙이 되어야 한다.

회복력 개념과 전제 조건

회복력(Resilience)은 사전적 의미로는 "눌리거나 늘린 뒤 본래 모양이나 위치 등으로 다시 튀어 오르거나 돌아가는 능력으로 탄력성, 힘이나 정신, 좋은 기분 등을 신속히 회복하는 능력을 말한다. 즉, 시스템이 외력에 의한 변화를 겪은 뒤 복구하거나 복원하거나 회복하는 능력을 의미하며, 이는 다양한 환경적 변수를 견디며 살아가는 능력을 재는 척도로도 활용된다.* 회복력은 '리질리언스', '회복탄력성' 등으로 혼용되어 사용되고 있다.

---

* 메도즈, 도넬라. 김희주(역). 2022. 『시스템 법칙』. 세종. 135쪽.

메도즈는 인간의 몸을 예로 들어 회복력 개념을 설명한다. 인간의 몸은 외부 환경 변화에도 생리적 균형을 유지하며, 면역체계를 통해 외부 침입자를 막고, 찢어진 상처를 재생하며, 신진대사를 조절하는 등 자체적으로 회복력을 발휘한다. 학습, 사회화, 기술 고안 등 자기조직화 능력까지 더해진 적응 능력은 시스템의 지속가능성을 높이는 핵심 요소다.

서지영 외(2014)는 회복력을 기술적(공학적), 생태적, 사회적, 사회생태학적 리질리언스로 구분하여 설명한다.* 첫째, 기술적(공학적) 회복력은 손상이 가해진 부분이 빠르게 복구되는 것을 의미한다. 원래 상태로 얼마나 빠른 시간 내에 회복할 수 있는지가 관건이다. 회복되는 시간, 예측 가능성 등이 중요한 척도로 활용된다.

둘째, 생태적 회복력은 기술적 회복력과 같이 단순히 원래 상태로 돌아가는 것이 아니라, 시스템 차원에서 교란이 되더라도 생태계의 변화 속에서 지속가능성을 찾아가는 과정에 주목한다. 즉 자기 재조직화를 통한 생태계 유지 능력을 이해하는 데 초점이 맞춰져 있다. 지속가능성, 변화, 예측 불가능성과 관련된 개념으로 이해할 수 있다.

셋째, 사회적 회복력은 사회 또는 공동체가 사회적, 정치적, 생태학적 변화에서 기인하는 외부 충격과 위험을 다루는 능력으로,** 혼란 속

---

* 서지영 외, 앞의 책, 16–22쪽.
** Adger, W.N.(2000), "Social and ecological resilience: are they related?", *Progress in Human Geography*, 24(3), pp. 347–364 ; 서지영 외, 앞의 책(재인용).

에서도 본래의 기능과 구조, 정체성을 유지할 수 있도록 하는 능력*을 의미한다. 이를테면 저출생, 고령화 등 인구 구조 변화로 인한 사회보장시스템의 사회적 자원배분 제도에 가해지는 충격 또는 홍수, 태풍, 산불 등 자연재해로 인한 충격과 복구, 그리고 자원분배의 문제를 다룬다. 일반적으로 생태학적 회복력과 이론적 기반을 공유한다.

넷째, 사회생태학적 리질리언스는 사회 시스템과 생태 시스템은 긴밀하게 연결되어 있음을 인식하고, 두 시스템 간 행태와 구조의 근본적인 차이가 존재하지 않음으로 개념 확장이 가능하다는 의미에서 출발한다.** 초기의 기술적·공학적인 회복력 개념인 '원래 상태로 되돌아가다'라는 좁은 의미를 넘어 혼란을 흡수, 적응, 전환하는 과정과 능력으로 개념이 확장된다. 워커와 솔트(Walker & Salt, 2006), 칼 포크(Carl Folke, 2010), Resilience Alliance, OECD(2014) 등은 이러한 변화, 교란, 충격 속에서 회복력을 유지하고 적응하는 능력을 강조하며, 나아가 회복력을 강화하기 위한 전환의 중요성을 제기한다.

칼 포크(Carl Folke)의 회복력 개념

* Walker et al., 앞의 논문.
** 서지영 외, 앞의 책 19쪽.

'유지' 개념은 현재의 사회생태시스템 상태를 유지하거나 원래의 형태로 되돌아가려는 전략을 의미한다. '적응'은 사회생태시스템 내 여러 장치를 통해 규모가 큰 재해에도 시스템의 기능과 구조를 유지하는 전략으로써, 변화에 대응하기 위한 시스템 학습, 경험 축적 역량, 행위자들의 역량을 통해 현재 시스템의 발전을 지속한다는 의미를 갖는다. '전환'은 기존 사회생태시스템이 더 이상 지속 불가능하다고 판단되었을 때, 완전히 다른 사회생태시스템으로 전환하여 원하는 기능으로 유지하는 전략을 말한다. 시스템을 혁신하거나 재구조화하여 근본적으로 새로운 시스템으로 바꾸는 것을 의미한다.

스미스와 스털링(Smith & Stirling, 2010)은 시스템 전환에 영향을 미치는 다양한 사회적 요소까지 연구 범위로 포함해야 한다고 주장한다. 즉, 회복력을 강화하거나 약화시키는 요소로 작용하는 사회 시스템의 핵심 변수—이데올로기, 가치 체계, 행위 집단의 특성, 학습 수준, 네트워크, 조직 구조, 제도, 거버넌스 체계, 정치적 역학 관계 등을 포괄적으로 분석해야 한다는 것이다.* 이처럼 자연적, 사회적, 기술적 복합 위기 속에서 회복력 개념의 다양성은 위기를 진단하고 대응 전략을 수립하는 데 중요한 역할을 한다.

사회생태학적 리질리언스로의 개념의 확장은 복합 위기 상황에서 더

---

* 서지영 외, 같은 책, 20쪽(재인용).

욱 중요하게 다뤄지고 있다. 이러한 확장된 개념을 바탕으로 한 회복력은 사회 시스템과 생태 시스템이 상호작용하며 융합된 '사회생태시스템'으로 이해된다. 즉, 인간은 지구의 생물권 속에서 자연과 유기적 관계를 형성하며 살아가며, 이 사회생태시스템의 일부로 존재한다. 따라서 인간이 자연을 지배하고 착취하며 무분별하게 이용하는 것은 회복력 개념과 배치된다.

그동안 과학자, 사회학자, 경제학자, 생물물리학자 등 다양한 분야의 연구자들은 외부자의 시각에서 문제를 바라보며, 개별 분야로 세분화하여 대안을 찾는 '환원주의적 접근'에 의존하는 경향이 강했다. 그러나 이러한 접근법은 복잡하게 얽힌 문제들을 단편적으로 해석하게 만들었으며, 사회와 생태계가 밀접하게 연결된 현실을 충분히 반영하지 못했다. 기후·생태 위기가 복합적으로 작용하는 현대 사회에서, 회복력을 개별적으로 분절된 개념으로 접근하는 시각에서 벗어나야 한다는 점이 사회생태시스템이 강조하는 핵심 메시지다.

결론적으로, 회복력은 단순한 복구 능력이 아니라, 지구 생태계를 구성하는 대기권, 대륙권, 수권, 생물권 속에서 인간과 자연, 그리고 인간과 인간 간의 '공존과 공생'을 이루는 과정이다. 이를 통해 사전적 위험 요소를 제거하고, 충격과 변화로 인한 피해를 최소화하며, 새로운 환경에 적응하고, 궁극적으로 더 나은 체제로 전환할 수 있도록 공동체의 역량을 키우는 것, 바로 이것이 회복력 사고의 본질이다.

회복력 연구와 실천 동향

회복력 개념은 생태학자 C.S. 홀링(C.S. Holling)이 1973년 발표한 논문 「생태계의 리질리언스와 평형」에서 학문적으로 체계화되었다.* 초기에는 공학적 회복력(engineering resilience)과 생태적 회복력(ecological resilience)이라는 비교적 협소한 개념으로 해석되었다.** 그러나 2008년 서브프라임 모기지 사태로 인해 미국의 사회경제 시스템이 붕괴되면서, 회복력 개념이 본격적으로 사회학과 경제학 분야로 확장되었다.

이후, 사회학과 생태학을 융합해야 한다는 공감대가 형성되면서, 홀링을 중심으로 '리질리언스 얼라이언스(Resilience Alliance)'라는 연구단체가 설립되었다. 이를 계기로 경제, 도시, 해안 회복력 등 다양한 영역에서 회복력 개념이 적용되기 시작했다. 또한, 유엔환경계획(UNEP)은 2014~2017년 중기 전략에서 기후변화 및 생태계 관리 부문에서 회복력 개념을 공식적으로 도입하였으며, 기후 회복력(climate resilience)을 주요 성과 목표 중 하나로 설정했다.

2015년 UN 총회에서는 2030년까지 17개의 지속가능발전목표(SDGs)

---

* 이 논문은 '가문비나무눈벌레와 생태계의 복원력'에 대한 연구로서, 가문비나무 눈벌레가 대량 발생에 따른 캐나다와 미국의 산림 당국이 살충제를 살포하면서 나타난 문제점이 연구의 시발점이 되었다. 살충제를 대량 살포하는 과정에서 다른 곤충, 새, 포유류까지 피해를 입었고, 장기적으로 생태계 균형이 무너지는 부작용이 발생했다. 홀링의 연구 결과, 굳이 살충제를 사용하지 않아도 숲은 자연적으로 회복될 수 있다는 결론을 내놓았다. 이 연구는 적응 주기에 바탕을 두고 연구했고, 이것이 회복력 사고의 시초가 되었다. 이후 사회생태시스템, 경제시스템, 도시계획 등에도 적용되면서 회복력 개념이 전 세계적으로 중요한 연구 주제가 되었다.

** 워커, 브라이언·솔트, 데이비드. 고려대 오정에코리질리언스연구원(역). 2015. 『리질리언스 사고』. 지오북.

를 달성하기로 결의하였고, 이 과정에서 회복력이 주요 개념으로 다뤄졌다. 회복력 있는 사회기반시설 구축, 포용적이고 안전하며 회복력 있고 지속가능한 도시와 주거지 조성, 기후 변화 대응과 육상 생태계 복원 등이 목표로 설정되었다.

1990년 UN의 후원으로 창립된 세계지방정부(ICLEI, 이클레이)는 지속가능한 도시 발전을 위한 10대 의제 중 하나로 '리질리언트 시티(Resilient Cities)'를 선정하고, 회복력 있는 도시를 평가·선정하는 연례 회의를 개최해 왔다. 그러나 현재는 해당 프로그램이 운영되지 않으며, 대신 'Daring Cities'라는 새로운 플랫폼을 통해 도시 회복력 및 지속가능성에 대한 논의를 이어가고 있다. 또한 'Climate Resilient Cities' 프로그램을 통해 기후 변화에 취약한 도시들과 협력하며, 회복력 강화를 위한 프로젝트를 수행 중이다.

록펠러 재단 또한 전 세계 도시들이 물리적·사회적·경제적 충격과 스트레스에 대응할 수 있도록 지원하기 위해 2014년부터 '100 Resilient Cities(100RC)' 프로젝트를 추진했다. 서울을 포함한 전 세계 100개 도시의 취약성을 분석하고, 각 도시가 적응력을 높일 수 있도록 재정적 지원을 제공했다. 이 프로그램은 2019년에 종료되었으나, 핵심 팀원들은 'Resilient Cities Catalyst(RCC)'라는 새로운 비영리 단체를 설립하여 회복력 강화를 위한 노력을 지속하고 있다. 또한, 100RC 네트워크의 도시들은 'Resilient Cities Network'를 구성하여 협력을 이어가고 있다.

도시 차원에서도 회복력 있는 도시를 구축하기 위한 다양한 노력이 진행되고 있다. 로스앤젤레스는 기후 위기에 대응하기 위해 '녹색 회복'을 추진하고 있고, 시애틀은 '차 없는 거리'를 조성하여 자전거 이용자를 위한 공간을 확대하고 있다. 호주의 시드니는 '가로수 마스터플랜 2023'을 통해 지역사회의 건강과 웰빙을 개선하고 회복력 있고 매력적인 도시 환경을 조성하고 있다. 유럽의 네덜란드, 핀란드, 스웨덴 등도 도시 회복력을 높이기 위한 다양한 전략과 정책을 실행하고 있다.

회복력 사고의 틀: 문턱과 적응 주기

회복력 사고의 핵심 틀은 '문턱'과 '적응 주기'이다. 회복력이 높은 사회생태시스템은 외부 충격과 교란이 발생하더라도 쉽게 붕괴하지 않으며, 바람직하지 않은 체제로 변환되지 않는다. 따라서 문턱과 적응 주기를 이해하는 것이 효과적인 위기 관리의 필수 조건이라 할 수 있다.

문턱이란, '구덩이 속의 공 무형에서의 시스템' 그림에서 보듯이, 현재 시스템이 변화하여 새로운 상태로 전환되는 임계점을 의미한다. 이는 통제 변수(control variable)의 수준에 따라 결정된다.* 통제 변수는 시스템 내 다른 변수들의 값을 결정하는 요소로, 문턱을 넘어서는 순간 시스템은 본래 상태를 유지하기 어려워진다.

시스템의 회복력은 문턱과의 거리로 측정될 수 있다. 즉, 문턱에 가

---

* 워커 외, 같은 책, 100쪽.

까워질수록 시스템의 불안정성이 커지며, 작은 충격에도 다른 체제로 넘어갈 가능성이 높아진다. 문턱은 어디에나 존재하며, 이를 미리 인식하고 대비하는 것이 중요하다. 왜냐하면 문턱을 넘어선 후에는 회복이 어렵거나 불가능한 경우가 많기 때문이다.*

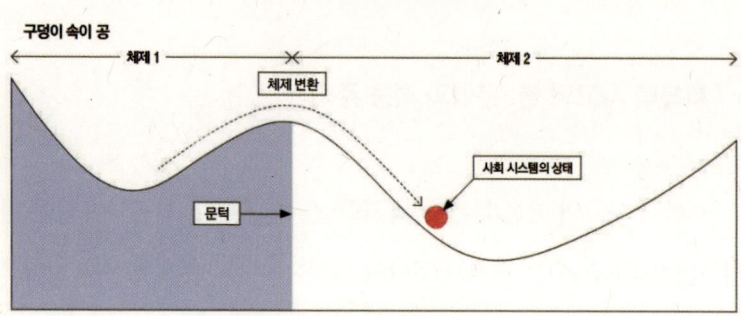

구덩이 속의 공 모형에서의 시스템

출처: 워커와 솔트(2015); 전진형(2016)**

따라서 회복력 관리는 사회생태시스템이 서로 다른 체제로 전환되는 '문턱'에서 작용하는 요인을 철저히 분석하는 데 초점을 맞춰야 한다. 지속가능성 개념 또한 문턱의 존재를 인지하고, 그 위치를 파악하며, 문턱과 연계된 시스템을 효과적으로 관리할 수 있는 역량을 갖추었는지를 평가하는 과정과 밀접한 관련이 있다.***

* 워커 외. 같은 책. 115쪽.
** 워커 외. 같은 책. 101-104쪽; 전진형. 2016. "새로운 사고의 틀, 리질리언스 사고". 월간 환경과 조경, 8월호. 116쪽. 구덩이 속의 공 모형에서의 시스템에 대한 자세한 그림과 설명은 워커와 솔트 책에서 확인할 수 있다.
*** 워커 외. 같은 책. 115쪽.

앞서 각주에서 상술한 홀링(C.S. Holling)이 연구한 가문비나무눈벌레 방제 사업 사례는 문턱을 인지하지 못한 자원 관리의 실패 사례로 자주 언급된다. 무분별한 방제 정책으로 인해 생태계의 균형이 붕괴되었고, 이후 복구가 어려운 상태로 전환되었기 때문이다. 이는 문턱을 넘어선 후에는 단순한 복원이 불가능할 수도 있다는 점을 시사한다.

사회생태시스템은 복잡적응계(Complex Adaptive System)로, 예측 불가능성과 비선형성(Non-linearity)이 특징이다. 단순한 복합계(complex system)와는 달리, 복잡적응계는 외부 환경에 따라 끊임없이 변화하고 적응하는 특성을 지닌다. 예를 들어, 톱니바퀴로 이루어진 기계 시스템은 구조적으로 복잡하지만, 외부 환경이 변하더라도 그 반응 방식은 선형적이고 예측 가능하다. 반면, 복잡적응계는 내부 요소들이 끊임없이 변화하며, 외부 충격에 대해 비선형적 반응을 보인다. 이러한 특성 때문에 복잡적응계는 홍수, 산불, 금융위기, 시장변화, 원전 폭발 등의 예기치 않은 충격이 발생할 경우 급격한 변화가 일어나거나 심지어 회복 불가능한 상태로 전환될 수도 있다.*

이러한 복잡적응계 시스템은 일정한 주기(cycle)를 따른다. 마치 인간이 태어나 성장하고, 노화하여 결국 죽는 것과 같은 과정이 사회와 생태계에도 적용된다. 홀링은 앞서 언급한 1973년 논문에서 '적응 주기

* 워커 외, 같은 책, 71-75쪽.

(Adaptive Cycle)' 개념을 제안하여, 시스템이 외부 충격에 반응하고 재구성되는 과정을 설명하였다.

적응 주기는 성장, 보전, 해체, 재구성이라는 4단계로 이루어진다. 성장(Growth)은 시스템이 점차 확장되며 자원을 축적하는 단계, 보전(Conservation)은 시스템이 안정화되며 기존 구조를 유지하는 단계, 해체(Release)는 외부 충격으로 인해 시스템이 붕괴하거나 재구성이 필요한 단계, 재구성(Reorganization)은 새로운 체제로의 전환이 이루어지는 단계를 의미한다.

사회 시스템도 이와 유사한 패턴을 보인다. 성숙과 붕괴, 혁신과 재구성이 반복되며 변화하는 것과 같은 원리다. 자연과 사회 모두 변화하는 환경 속에서 지속 가능한 시스템을 만들기 위해서는 단순한 복구를 넘어 '적응과 혁신'이 필수적이다.

상술한 칼 포크(Carl Folke)의 회복력 개념을 기반으로, 적응 주기 모델을 도시계획에 적용한 사례를 보면, 도시가 외부 충격을 받은 이후 어떻게 회복되는지 그래프로 시각화할 수 있다. 충격 이전과 이후의 도시 성능을 비교하면, 완충성과 내구성이 높은 도시는 충격을 흡수하고 새로운 균형 상태로 빠르게 전환된다. 반면, 회복력이 낮은 도시는 해체 단계에서 원래 상태로 복구되지 못하고 지속적인 쇠퇴를 겪는다.

이 그래프에서 회복력(Resilience)이 강한 도시는 충격 후 단순히 원래 상태로 돌아가는 것이 아니라, 새로운 시스템으로 진화하며 더욱 발전하는 모습을 보인다. 즉, 도시의 회복력 강화를 위해서는 '가외성(Redundancy)', '내구성(Durability)', '신속성(Rapidity)' 등의 원칙을 적용하여 충격을 흡수하고 더 나은 상태로 발전할 수 있도록 해야 한다. 이 외에도 회복력 강화 요소에는 다음 절에서 소개할 다양한 원리들이 포함된다.

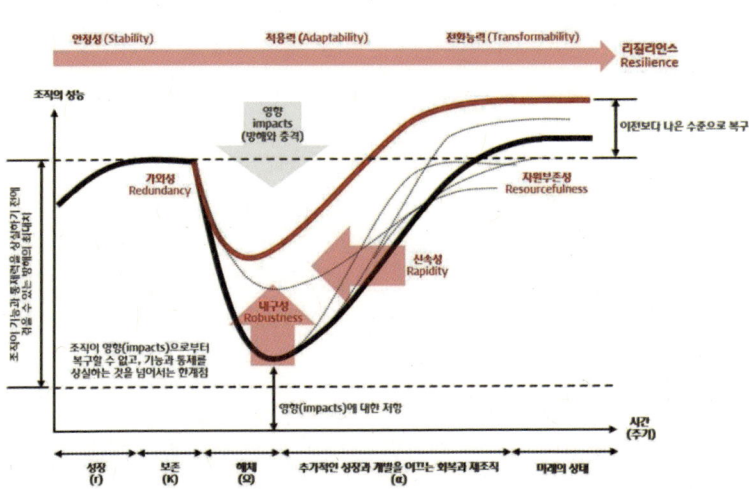

회복력 시티의 적응 주기 그래프

출처: Linnenluecke & Griffiths(2010); 김정곤 외(2017)*

이처럼 반복적으로 적응 주기를 관리하는 과정에서 사회생태시스템은 높은 회복력을 확보할 수 있으며, 개별 개체와 공동체의 생존 가

* 김정곤·임주호·이성희, 2017, 『리질리언스 시티 평가기준 및 도시재생 적용 연구』, LH토지주택연구원, 2017, 17쪽.

능성을 높이고 더 나은 방향으로 진화할 수 있다. 단순한 '복원'이 아니라, 변화된 환경에 적응하고 새로운 시스템으로 전환할 수 있는 능력을 갖추는 것이 관건이다.

3. 회복력의 원칙과 추진 전략

도시(지역사회)의 회복력을 구축하기 위해서는 공동체를 구성하는 개별 시스템을 개별적으로 바라볼 것이 아니라, 도시 전체의 구조와 상호 의존성을 고려한 통합적 접근이 필요하다. 그동안 복합적인 위기를 진단하고 추적하는 과정에서 기존 시스템은 사회, 경제, 생태, 도시계획 등 분절된 분야별 관리와 정책 생산 방식을 유지해왔다. 그러나 회복력 관점에서는 사회와 생태 시스템을 하나의 연결된 구조로 인식하고, 위험의 범계를 넘어선 통합적 관리가 이루어져야 한다. 이러한 인식을 유념하며 본 절에서는 회복력 구축을 위한 원칙과 전략을 제시해 보고자 한다.

회복력 원리

많은 연구자들은 회복력을 향상시키기 위한 다양한 원칙을 제시했으며,* 이는 회복력 사고를 정책적으로 구현하는 데 중요하게 고려되어야 할 요소이다. 연구자들이 제시한 원칙을 바탕으로, 회복력 강화를 위한 주요 요소들을 정리해 보고자 한다.

다양성과 중복성

다양성과 중복성은 위기와 변화에 적응하고 대응할 수 있는 능력을 높이는 핵심 요소이다. 획일화된 구조보다 다양한 요소를 포함하는 시스템이 위기 상황에서도 더욱 유연하게 작동할 수 있다. 예를 들어, 농업에서 단일 품종 재배는 생산성 측면에서는 효율적일 수 있지만, 병충해나 기후 변화와 같은 외부 충격에 취약해 심각한 피해를 초래할 수 있다. 반면, 다양한 작물을 함께 재배하는 방식은 특정 환경 변화에 적응할 수 있는 능력을 강화하여 위기 대응력을 높인다. 자연생태계에서도 종다양성은 생태계의 균형을 유지하는 중요한 요소이며, 기후 조절과 영양 순환과 같은 생태계 서비스를 지속하는 데 필수적이다.

사회 시스템 또한 마찬가지다. 다양한 문화적 배경, 다양한 사상과 지식, 다양한 조직과 행위자들이 존재하는 사회일수록 외부 충격에 대한 대응력이 높아진다. 이러한 다양성은 사회적 적응성을 높이고 새로운 해결책을 모색할 수 있는 기반이 된다.

중복성의 개념도 중요한데, 이는 위기 상황에서 시스템이 지속적

---

* 워커와 솔트(Walker et al., 2015)는 다양성, 생태적 변이, 모듈화, 느린 변수의 인정, 견고한 피드백, 사회적 자본, 혁신, 중복된 거버넌스, 생태계 서비스를 제시했다. 록펠러 재단은 성찰성, 통합성, 변통성, 가외성, 내구성, 유연성을, 오루크(O'Rourke)는 가외성, 내구성, 자원부존성, 신속성을 회복력 요소로 제시했다. 빅스외(Biggs et al., 2015)는 다양성, 중복성 유지, 연결성 관리, 느린 변수 및 피드백 관리, 복잡한 적응시스템 사고 육성, 학습 장려, 참여 확대, 다중 중심 거버넌스 촉진을 제시했다.

으로 기능할 수 있도록 예비 용량을 확보하는 전략을 의미한다. 예를 들어, 코로나19 팬데믹 당시 기존 병원 시설만으로는 모든 감염 환자를 수용하는 것이 불가능했기 때문에, 기존의 시설 외에도 임시 병원을 활용하는 방안이 도입되었다. 이러한 대체 기능과 백업 시스템이 마련되어 있을 때, 예기치 못한 위기 상황에서도 안정적인 대응이 가능해진다.

회복력 있는 경제 시스템에서도 다양성과 중복성은 중요한 요소가 된다. 브루킹스연구소는 탄소 배출 없는 회복력 경제 시스템을 구축하기 위해 320개 이상의 새로운 직업군을 제안했으며, 이를 통해 지속 가능한 경제 모델을 구축하려는 시도가 이루어지고 있다.

생태적 변이

생태적 변이는 자연생태계의 변화가 필연적으로 발생하는 것임을 인정하고, 이를 억제하기보다는 수용하는 방향으로 관리해야 한다는 개념이다. 현재 인류가 직면한 환경 문제들은 대부분 생태적 변이를 줄이거나 통제하려는 시도에서 비롯되었다.* 산림 관리를 예로 들면, 획일적인 벌목과 조림 정책은 단기적으로는 경제적 효율성을 높일 수 있으나, 장기적으로는 산림 생태계를 파괴하고 탄소 흡수력을 감소시키는 원인이 된다. 또한, 이러한 정책이 오히려 대규모 산불을 확산시키

---

* 워커 외, 앞의 책. 228쪽.

는 결과를 초래할 수도 있다. 따라서 생태적 변이를 통제하는 것이 아니라, 자연스러운 변화를 관찰하고 이를 기반으로 적절한 관리 방식을 채택하는 것이 더욱 효과적인 전략이다.

모듈화

모듈화는 위기와 충격이 발생했을 때 피해를 한정된 영역에 가두고, 시스템 전체가 붕괴하지 않도록 하는 개념이다. 현대 사회는 고도로 연결된 네트워크 구조를 이루고 있으며, 특정 시스템이 과도하게 연결되어 있을 경우 위기가 발생했을 때 전체 시스템이 급속도로 붕괴하는 현상이 나타날 수 있다.* 대표적인 사례로는 2008년 글로벌 금융위기가 있다. 미국 서브프라임 모기지 사태에서 시작된 금융 위기는 세계 금융 시장으로 빠르게 확산되었으며, 전 세계적인 경제 불황을 초래했다. 마찬가지로 코로나19 팬데믹도 과도한 글로벌 공급망 의존으로 인해 세계 경제에 동시다발적인 충격을 주었다. 또한, 러시아-우크라이나 전쟁으로 인해 전 세계적으로 식량 및 에너지 가격이 폭등하는 현상이 나타났다.

이러한 위기 상황에 대비하기 위해서는 지나치게 연결된 구조를 탈피하고, 보다 모듈화된 시스템을 구축하는 것이 필요하다. 지역 경제의 경우 중앙집권적인 경제 구조에서 벗어나 정부와 기업이 독점하는 형태가 아

---

* 워커 외, 같은 책, 228쪽.

니라, 지역사회가 분산형 시스템을 통해 경제를 유지할 수 있도록 해야 한다. 예를 들어, 지역순환경제나 사회연대경제* 모델을 활성화하면 지역사회가 외부 충격에도 독립적으로 대응할 수 있는 능력을 갖추게 된다.

또한, 재생에너지를 활용한 지역 경제 모델도 주목할 만한 사례이다. 재생에너지를 기반으로 지역 주민들과 수익을 공유하는 정책은 인구 유입을 증가시키고, 지역 경제를 활성화하는 효과를 가져온다. 뿐만 아니라, 국제적인 에너지 가격 변동에도 영향을 덜 받기 때문에 회복력 관점에서 더욱 안정적인 에너지 공급 방식을 제공할 수 있다.

느린 변수 인정, 견고한 피드백

느린 변수를 인정하는 것은 앞서 언급한 '구덩이 속의 공 모형에서의 시스템' 개념에서 확인할 수 있듯이, 시스템이 문턱을 넘어 바람직하지 않은 체제로 변하지 않도록 예방하는 데 핵심적인 역할을 한다. 즉, 시스템 내부에서 천천히 진행되지만 장기적으로 큰 영향을 미치는 변수들을 식별하고, 이에 따라 적절한 정책을 수립·집행·관리하는 것이 필수적이다.

이러한 느린 변수에는 토양 조성, 토양의 질과 인의 농도, 기후 변화, 물 사용량, 화석 연료 의존도와 같은 환경적 요소들이 포함된다.

---

* UN은 2023년 4월 18일 지속가능한 발전을 위한 사회연대경제 활성화 결의안을 회원국 만장일치로 채택했다. 그동안 보편적으로 사용해 온 '사회적경제'에서 '사회연대경제'를 유엔에서 공식 용어로 채택했으며, 이는 상호성, 민주성, 연대성을 보다 강화하자는 의미를 담고 있다.

또한, 세계관, 가치, 전통, 법과 제도와 같은 사회적 요인들도 시스템의 안정성과 회복력에 중요한 영향을 미치는 요소들이다. 이처럼 환경적·사회적 변수들이 어떤 방식으로 작용하는지를 파악하고, 이를 통해 사회가 위기에 빠지지 않도록 적절히 관리할 수 있는 역량을 갖추는 것이 필수적이다.

느린 변수를 고려하는 것은 단순한 시스템 관리 차원을 넘어, 돌이킬 수 없는 임계치에 도달하기 전에 문턱을 효과적으로 관리하는 데에도 필수적이다. 예를 들어, 지구 온난화로 인해 그린란드와 남극의 빙하가 녹아 해수면 상승이 불가피한 상황에서, 빙하가 붕괴하는 임계온도에 도달하기 전에 온실가스를 감축하기 위한 노력이 선제적으로 이루어져야 한다. 이러한 노력 없이 문턱을 방치할 경우, 우리가 맞닥뜨릴 위기는 더욱 심각해질 것이다.

느린 변수를 인정하고 문턱을 효과적으로 관리하기 위해서는 견고한 피드백 시스템이 필수적이다. 빅스(Biggs) 외 연구진은 시스템이 교란이나 위기를 겪었을 때, 그 영향이 해당 시스템 내부로 빠르게 전달되고 피드백이 이루어진다면, 시스템 자체의 오류를 수정할 수 있다고 설명한다.* 즉, 피드백이 원활하게 작동할 경우, 인간은 문턱을 넘는 신호를 조기에 감지하고, 이를 바탕으로 적절한 대응 조치를 마련함으로써 문턱을 넘지 않도록 사전에 방지할 수 있다.

---

* 빅스, 레넷·슐뤼터, 마야·스쿤, 마이클 L. 김정규·전진형·김민(역), 2023, 『회복력 원칙』, 고려대학교 출판문화원.

사회적 자본과 포괄성

사회적 자본과 포괄성은 위기 상황에서 공동체의 회복력을 높이는 중요한 요소로 작용한다. 사회적 자본은 신뢰, 소통, 호혜성의 규범, 참여, 네트워크 등 사회적 협력을 촉진하는 관계 자원으로, 겉으로 보이지 않는 무형의 자산이지만 사회적 위기와 충격에 효과적으로 대응하는 데 핵심적인 역할을 한다. 사회가 직면한 문제를 해결하고 복합적인 위기에 적절히 대응하기 위해서는 시스템을 구성하는 개인과 조직의 사회적 역량이 무엇보다 중요하다. 특히, 위기가 닥쳤을 때 사회적 갈등과 분열이 아니라 협력과 연대를 통해 사회적 통합을 이루는 것이 회복력을 높이는 중요한 요인이다.

이러한 사회적 통합을 이루기 위해서는 사회적 약소자를 포함하는 개방적이고 포괄적인 접근이 필수적이다. 재난과 위기에 특히 취약한 장애인, 노인, 아동, 이주민 등의 피해를 최소화하고, 이들이 사회적 보호망에서 배제되지 않도록 하는 것이 중요하다. 사회적 소수자의 다양성을 수용하고, 공동체 참여를 적극적으로 보장함으로써, 공동체의 문화와 규칙을 형성하는 과정에서도 약소자들의 의견이 반영될 수 있도록 해야 한다. 이러한 포괄적 접근을 통해 사회적 통합이 이루어질 때, 회복력은 더욱 강화될 것이다.

혁신, 참여와 학습

  혁신과 참여, 학습 역시 회복력 강화를 위한 핵심적인 원칙이다. 혁신은 시민 참여와 학습, 실험을 통해 이루어지며, 변화하는 사회·생태 시스템에 대한 적응성을 높이는 데 중요한 역할을 한다. 빅스 외 연구진은 기존의 사고와 지식에 고착되지 않고, 지속적으로 수정하고 보완하며 새로운 지식과 대안을 창조하고 평가하는 과정의 필요성을 강조한다.* 사회·생태 시스템에서의 지식과 관리 방식은 본질적으로 불완전성과 불확실성을 전제로 한다. 변화와 돌발적인 상황을 인정하고, 다양한 지식의 학습과 실험을 통해 적응력을 높이는 것이 필수적이다.

  특히, 회복력을 갖추기 위해서는 과학적 지식뿐만 아니라 다양한 구성원들의 경험적·전통적·지역적·사회생태적 지식이 배제되지 않아야 한다. 예를 들어, 제주 해녀들은 수십 년간 바다에서 활동하면서 수온 변화, 해양 생물 개체 수 감소, 조류 변화 등을 직접 경험하며 축적된 지식을 가지고 있다. 이에 따라 정부나 연구기관, 환경단체는 해녀들과 협력하여 전통 지식을 기반으로 해양 환경을 모니터링하는 프로그램을 운영하고 있다.

  반면, 이러한 전통적 지식이 무시되었을 때, 심각한 결과를 초래할 수도 있다. 2023년 오송 지하차도 참사는 지역 주민들이 해당 지역이 과거부터 침수 위험이 높은 곳이라며 지속적으로 우려를 제기했음에도

---

* 빅스 외, 같은 책.

불구하고, 관계 기관이 이를 무시한 결과였다. 참사 전날에도 주민들은 경고했으나, 공식적인 데이터만을 신뢰하는 관료적 대응 방식이 문제를 키웠다. 이는 지역 주민들이 오랫동안 축적한 경험과 전통 지식이 단순한 민간의 우려가 아니라, 실제로 중요한 환경 데이터로 활용될 수 있음을 보여준다. 이처럼 다양한 지식이 교류되고, 이를 바탕으로 다양한 방식의 실험이 이루어질 때, 공동체는 위기와 변화에 더욱 유연하게 대응할 수 있다.

아울러, 기후 위기와 인구 구조 변화 등 현대 사회가 맞닥뜨린 복합적 위기는 서로 다른 이해관계자 간의 갈등과 충돌을 불러올 수 있다. 따라서 다양한 생각과 이익을 공유하고, 서로의 입장을 이해하며, 합의를 도출하는 과정이 필수적이다. 이러한 공생적 접근 방식이야말로 회복력 전략을 효과적으로 실행하는 데 중요한 역할을 하게 될 것이다.

다핵형 거버넌스

복잡성과 불확실성이 증가하는 현대 사회에서 단일한 하향식 거버넌스 구조는 위기 대응과 회복력 구축에 한계를 가질 수밖에 없다. 이에 대해 빅스 외 연구진은 '다핵형 거버넌스(Polycentric governance)'라는 개념을 제시하며, 중복적인 거버넌스 구조가 위기 상황을 최소화하고 더 나은 회복력을 갖출 수 있는 방안이라고 강조한다. 다핵형 거버넌스란 다중심적이고 중첩적인 구조와 기능을 갖춘 관리 체계를 의미한다. 이는 단일한 의사결정 구조가 아니라 여러 개의 독립적인 의사결정 중심들이 공존하는 시스템을 뜻한다.* 즉, 단순성과 간결함, 일관성보다 다양성과 복잡성, 그리고 변화에 적응할 수 있는 민주적인 관리 체계를 지향하는 개념이다.

일반적으로 단일하고 하향식인 구조는 효율성 면에서는 뛰어날 수 있지만, 급격한 변화가 발생했을 때 기존 시스템이 제대로 작동하지 못하는 경우가 많다. 반면, 다핵형 거버넌스는 분산된 의사결정 구조를 통해 변화와 불확실성이 높은 시대에 더욱 유연하고 효과적으로 대응할 수 있도록 한다. 이는 즉각적인 일관성이 없는 '지저분한' 구조처럼 보일 수 있으나, 실제로는 다양한 관점과 의견이 반영됨으로써 위기 대응 능력을 강화할 수 있다는 점에서 장점이 크다.

다핵형 거버넌스의 핵심 요소는 복수의 관리 단위를 통해 학습과 실험의 기초를 마련하고, 다양성, 모듈성, 중복성을 구축하며, 그룹 간 연결성과 투명성을 강화하는 것이다. 따라서 단순히 행정 기관의 의사결정만으로 운영되는 것이 아니라, 수직적·수평적 차원에서 다양한 행위자 간의 협력과 파트너십이 필수적이다. 특히, 정책 결정의 초기 단계부터 여러 행위자가 참여해야 공적 사안에 대한 논의가 더욱 포괄적으로 이루어질 수 있다.** 이는 코로나19 팬데믹 당시 시민사회가 적극

---

*　　Ostrom, V., 1973. The Intellectual Crisis in American Public Administration; Ostrom, V., C. M. Tiebout, & R. Warren, 1961. The Organization of Government in Metropolitan Areas: A Theoretical Inquiry. *American Political Science Review*, 55, pp.831–842.

**　　안승혁·소윤미·류호재·한민호·윤순진. 2023. "해상풍력 입지 선정 과정에서 복합적 갈등의 제도적 해결 방안: 다층적 거버넌스 관점에서". 신재생에너지, 19(2). 43쪽.

적으로 개입하여 중요한 연대 주체로 기능했던 사례에서도 확인할 수 있다. 위기 대응과 회복력 강화를 위해서는 시민사회와의 협력이 필수적이며, 이를 통해 더 강한 사회적 연대와 협력 체계를 구축할 수 있다.

자원 관리 측면에서도 다핵형 거버넌스는 중요한 역할을 한다. 자원의 접근권과 소유권이 특정 개인이나 집단에 집중될 경우, 자원의 파괴와 경제적 불평등이 심화될 가능성이 크다. 특히 기후·생태 위기 상황에서는 공공재와 공유재의 확보가 필수적이며, 지역사회와 함께 거버넌스를 구축하여 자원을 공동으로 관리하고 보호하는 것이 더욱 중요해진다.

더 나아가, "우리가 다른 사람들과 함께 무언가를 만들어가고, 공유하며, 나누는 과정에서 형성되는 관계"*를 의미하는 '커먼즈(Commons)' 개념을 활성화하는 것도 회복력 강화를 위한 중요한 요소다. 커먼즈는 단순한 자원의 공유를 넘어, 공동체가 신뢰와 연대의 문화를 형성하는 기제로 작용할 수 있다. 이를 통해 사회적 나눔과 공존의 가치를 확산시키고, 지역 사회가 자율적으로 문제를 해결할 수 있는 역량을 키울 수 있다.

생태계 서비스

생태계 서비스(ecosystem services)는 인간을 포함한 생물체들이 생태계로부터 직·간접적으로 얻는 다양한 혜택을 의미하며, 농업, 천연

---

* 한디디, 2024, 『커먼즈란 무엇인가』, 빨간소금. 18–20쪽.

자원, 산림, 초원, 수생 생태계 등을 포함한다. 이러한 생태계는 에너지와 필수품 공급, 종자 식물의 수분(受粉)과 해충 방제, 깨끗한 물과 공기의 공급, 수질 정화와 홍수 조절, 식량 공급, 영양분 순환, 기후 조절 등의 역할을 수행하며, 인간의 정신적·육체적 건강에도 기여한다. 생태계 서비스는 생물 다양성 보존과 지속 가능한 삶을 유지하는 데 필수적인 요소로, 현재뿐만 아니라 미래 세대의 지속 가능한 이용을 위해서도 반드시 고려해야 할 중요한 개념이다.

그러나 생태계 서비스가 파괴될 경우 생물 다양성 손실, 코로나19 발생과 같은 인수공통감염병 확산, 조류독감과 같은 전염병 증가 등의 문제를 초래하여 인간의 건강과 안전에 심각한 위협을 가할 수 있다. 토지 파괴, 공장식 대량 축산 시스템, 야생동물 남획 등은 생태계 균형을 무너뜨리고, 결과적으로 시스템의 내구성(Robustness)을 약화시키는 요인이 된다. 따라서 이러한 파괴적 요소로부터 벗어나 자연 생태계를 보호하고, 지속 가능한 방식으로 이용하는 것이 필수적이다.

기존의 경제 분석 체계에서는 지구와 지구생태계가 제공하는 서비스가 반영되지 않는다. 천연자원 등을 이용함에 있어서 전통적인 투입-산출 분석이나 비용-편익 분석에서 생태계 서비스는 비효율적인 요소로 간주되어 시장 가치로 평가되지 않는다.* 이러한 시장 논리는 자연 생태계가 제공하는 서비스의 가치를 간과하고 있으며, 그 결과 자원 고

---

* 워커 외, 앞의 책, 232쪽.

갈, 환경 오염, 탄소 배출 증가 등의 심각한 문제를 초래하고 있다.

이를 해결하기 위해서는 확장된 투입-산출표 개념을 도입하여 경제활동이 환경에 미치는 영향을 보다 정확하게 반영할 필요가 있다. 기존의 재화와 서비스 생산·교환 과정뿐만 아니라, 지구 생태계를 포함한 분석이 이루어져야 한다.* 즉, 확장된 투입-산출표에서는 최종 소비재의 생산과 소비 과정뿐만 아니라, 원료의 추출 단계부터 생산, 유통, 소비에 이르는 전 과정에서 사용된 전력과 에너지의 양까지도 함께 고려해야 한다. 또한, 사용 이후 발생하는 폐기량까지 포함하여 생태계 서비스의 이용이 장기적으로 미치는 영향을 종합적으로 평가해야 한다.**

회복력 추진 전략

회복력 정책의 목표를 달성하기 위해서는 명확한 방향과 계획을 설정하는 추진 전략이 필수적이다. 마이크 루이스와 팻 코너티(Mike Lewis & Pat Conaty)는 회복력 구축을 위한 전략으로 커먼즈(commons)의 확보, 민주주의 재창출, 사회연대경제 구축, 인류와 지구의 문제에 대한 가치 측정을 제시했다.*** 이들이 제시한 전략과 앞서 다룬 회복

---

* Daly, Herman. 1968. "On Economics as a Life Science". *Journal of Political Economy*, 76(3). pp.392-406 ; 김병권. 2023. 『기후를 위한 경제학』. 착한책가게. 126-127쪽(재인용).
** 루이스, 마이크·코너티, 팻. 미래가치와 리질리언스 포럼(역). 2015. 『전환의 키워드, 회복력』. 도서출판 따비. 57-58쪽.
*** 루이스 외. 같은 책. 58-84쪽.

력 원칙을 바탕으로, 실행 가능한 방안을 네 가지 핵심 영역에서 제시해 보고자 한다. 다만, 여러 차례 언급했듯이, 이 영역들은 분리된 것이 아니라 서로 밀접하게 연결되어 상호작용한다는 관점에서 접근해야 한다. 기후·생태 회복력과 사회·경제 회복력을 분리하여 접근하는 방식은 복합 위기에 대응하는 회복력 관점에서 어긋난다는 점을 유의해야 한다.

기후·생태 회복력

기후·생태 회복력이란 기후 변화로 인한 충격과 스트레스 속에서도 생태계가 본래의 기능을 유지하고, 지속 가능한 상태로 적응해 나갈 수 있는 능력을 의미한다. 이는 생태계가 가뭄, 홍수, 폭염 등의 기후 변화 충격 속에서도 균형을 유지하고 회복하는 능력, 인간 사회와 생태계가 함께 변화를 인식하고 대응할 수 있는 능력, 그리고 생태계 서비스를 지속적으로 활용하면서도 그 건강한 상태를 유지하는 방법을 포함한다.

기후·생태 회복력을 높이기 위한 주요 전략으로는 토양 보전 및 녹지 조성, 재생 가능 에너지 확대, 그린 인프라 구축, 자연재해 대응 방안 마련, 지역 생태계 복원 및 자연 기반 해법(Nature-based Solutions, NBS) 등이 제시된다. 네덜란드의 'Room for the River' 프로젝트는 기후 회복력 강화를 위한 대표적인 사례로 꼽힌다. 네덜란드는 국토의 40%가 해수면보다 낮아 홍수 위험이 매우 크다. 기존의 인공 방파제와 제방 중심의 홍수 관리 방식은 유지비가 높고 생태계에도 악영향을 미쳤다. 이에 네덜란드는 강 주변의 자연 습지를 복원하여 홍수를 완충하는 방식으로 접근했다. 제방을 높이는 대신 자연적인 물길을 확장하여 하천이 범람하더라도 피해를 최소화할 수 있도록 설계하였으며, 그 결과 홍수 위험이 줄어들었을 뿐만 아니라 수질 개선과 생물 다양성 증가에도 기여했다. 이처럼 자연을 통제하는 것이 아니라, 자연의 자정 능력과 회복력을 활용하는 방식은 한국의 4대강 사업과 근본적인 철학과 접근 방식에서 큰 차이를 보인다.

사회적 회복력

사회적 회복력은 개인, 공동체, 사회가 경제 위기, 사회적 갈등, 기후 변화, 전염병, 자연재해 등의 충격이나 위기 속에서도 붕괴되지 않고 적응하며, 오히려 더 나은 사회로 전환할 수 있는 능력을 의미한다. 이를 위해서는 사회 구조, 제도, 문화가 포괄적이고 유연하게 변화할 수 있어야 하며, 위기 상황에서 신뢰와 연대, 협력적 네트워크를 구축하는 것이 필수적이다.

시민 참여와 공동체 강화, 지역 커뮤니티 활성화, 사회적 연대 및 취약계층을 포괄하는 정책 마련이 사회적 회복력을 높이는 주요 전략이 될 수 있다. 또한 정부와 지방자치단체는 위기 상황을 예측하고 대응할 수 있는 정책과 시스템을 구축해야 한다. 모든 시민을 위한 교육 확대, 사회 안전망 강화, 포괄적인 노동 정책, 재난 취약 계층의 안전시스템 강화, 강력한 공공 건강 시스템 구축, 응급 의료체계 개선, 안정적인 식량 공급, 포용적인 공공 공간 구축 등이 회복력 강화를 위한 세부 전략으로 제시될 수 있다.

특히, 전염병이나 자연재해 발생 시 사회적 약자의 피해를 최소화하기 위한 노력이 필요하다. 팬데믹 상황에서 저소득층을 대상으로 한 긴급 생계 지원 정책이 시행된 것은 그 대표적인 사례다. 비록 피해를 막기에는 부족했지만, 이러한 정책이 사회적 불평등을 완화하고 위기 대응력을 높이는 데 중요한 역할을 한다는 점을 명심해야 한다.

경제적 회복력

경제적 회복력은 금융 위기, 자연재해, 팬데믹, 전쟁 등의 외부 충격 속에서도 경제 시스템이 기능을 유지하고 빠르게 회복하거나 적응할 수 있는 능력을 의미한다. 이는 단순히 위기에서 벗어나는 것을 넘어, 더 강한 구조로 전환하는 과정까지 포함된다.

경제 시스템이 급격한 충격을 받았을 때 완충 능력을 갖추기 위해서는 경제 구조의 다변화, 안정적인 공급망 구축, 기술 혁신, 산업 구조 전환, 기후 변화 대응 전략 마련이 필요하다. 특히 기후·생태 위기에 직면한 상황에서 지속 가능성을 높이는 경제 시스템을 조직하는 것이 무엇보다 중요하다. 또한 시스템을 개선하는 과정에서는 정부의 독단적인 방식이 아니라, 지역사회 시민과 함께 거버넌스 구조를 구축하는 것이 필수적이다. 경제 회복력을 강화하기 위해서는 앞서 언급한 사회적 회복력 전략이 결정적이라는 점을 인식해야 한다.

2022년 6월 국회에서 열린 토론회에서 여영준 국회미래연구원 부연구위원은 효율성 중심에서 회복력 중심의 경제사회 시스템으로의 전환을 강조했다. 코로나19 시대에는 회복 탄력성과 협력이 혁신 생태계의 경쟁력을 결정짓는 주요 요소였으며, 대기업 중심의 수직 계열화 방식은 외부 충격에 취약하다는 점이 드러났다고 지적한다. 위기 발생 시 충격을 분산시키고, 집합적인 대응이 가능하도록 하기 위해서는 중소·중견기업들의 역량 강화와 네트워크 구축이 필수적이다.*

이와 관련하여 유럽에서는 리빙랩(Living Lab) 모델이 확대되면서, 위기 상황에서 공동 대응 체계를 구축하는 데 중요한 역할을 해왔다. 이는 단순히 기업 단위의 변화가 아니라, 환경·생태에 배치되지 않은 지역 경제 모델과 사회적 경제(사회연대경제), 포괄적 금융, 재생에너지 확대, 지속 가능한 일자리 창출 등을 통해 회복력을 강화하는 방안으로도 활용될 수 있다.

또한 신재생에너지를 활용한 지역 주민 참여형 경제 모델은 지방 소멸을 방지하고 지역 경제를 활성화하는 전략적 방안으로 주목받고 있다. 마을연금 모델 또한 경제적 회복력을 높이고, 장기적인 지속 가능성을 보장하는 역할을 할 수 있다.

---

* 경향신문. 2022-06-08. 디지털 전환·혁신 생태계 재편·정부 역할 재정립...포스트 코로나, 뉴노멀전략 필요(여영준 국회미래연구원 부연구위원).

인프라 회복력

인프라 회복력은 자연재해, 기후 변화, 테러, 기술적 장애 등의 다양한 위협 속에서도 사회의 핵심 인프라(교통, 에너지, 수도, 통신 등)가 기능을 유지하거나 신속하게 복구될 수 있는 능력을 의미한다. 그러나 단순히 기존 시스템을 복구하는 것을 넘어, 접근성이 보장된 사회적 기반 시설과 서비스를 구축하고, 충격을 최소화하며 신속하게 대응할 수 있도록 설계하는 것이 중요하다. 기후 변화, 도시화의 가속화, 디지털 전환 등의 영향으로 인해 인프라 회복력은 사회적 평등을 실현하고, 기후 및 생태 회복력을 갖춘 지속 가능한 도시와 사회를 구축하는 데 핵심적인 개념이 되고 있다.

이를 위해 포용적이고 친환경 생태적인 기반 시설 구축, 여분의 용량(capacity) 확보, 안정적인 수도 및 위생 시스템, 녹색 교통 및 재생에너지 인프라 강화, 위험 모니터링 및 평가 체계 구축, 데이터 기반 시설의 사이버 보안 강화 등이 필수적인 전략으로 제시된다.

4. 정의로운 회복력 공동체를 위하여

한국 사회는 지금 OECD 최고 수준의 자살률, 경쟁 중심 사회의 인간성 파괴, 성장주의로 인한 기후·생태 위기, 양극화 심화, 가계부채 증가와 사회 안전망 붕괴, 디지털·AI 사회로의 전환과 이에 따른 새로운 위기 등 복합적이고 다층적인 위기에 직면해 있다. 특히, 경제적 불평등과 지방 소멸이 심화되면서 지역사회가 겪는 만성적 스트레스는 이러한 위기를 더욱 증폭시키고 있다. 이러한 위기가 비선형적인 방식으로 전개되며 예측 불가능성을 더욱 높이고 있다.

현재의 불확실성 속에서 위기에 대응하는 방식이 과거의 실패한 패턴으로 회귀하는 경향으로 나타나고 있다. 전 세계적으로도 인종주의, 국가주의, 전제주의적 흐름이 강화되며 혐오와 갈등을 조장하고 있다. 미국을 비롯한 여러 민주주의 국가에서조차 민주주의의 퇴보가 목격되고 있으며, 기후·생태적 위기와 경제적 위기가 얽히면서 사회 전반에 더 복잡한 위험 네트워크가 형성되고 있다. 한 영역에서 발생한 위기가 연쇄 반응을 일으키며 사회 전반의 위기 강도를 더욱 높이고 있는 것이다.

이러한 복합적 위기 속에서 회복력을 적용할 때 반드시 고려해야 할 질문은 무엇일까?

"첫째, 회복력은 그 자체로 정당성을 갖는다고 할 수 있는가?"

"둘째, 정의로운 회복력을 실현하기 위해 고려해야 할 요소는 무엇인가?"

서지영 외(2017)의 연구에서는 회복력이 사회적 정당성을 본질적으로 내포하지 않는다고 지적한다. 즉, 어떤 위험에 대응할 것인지, 누구를 위한 회복력인지, 그리고 공동체가 나아가야 할 방향이 무엇인지는 특정 집단의 독단적 결정이 아니라 사회 구성원들의 합의에 의해 결정되어야 한다는 것이다. 따라서 회복력 또한 다른 가치와 마찬가지로 절차적 정당성을 확보해야 하며, 위험을 수용할 수 있는 기준과 이를 최소화하기 위한 전략은 지역의 지형적·사회경제적 조건에 따라 달라질 수밖에 없다는 점을 고려해야 한다.

이처럼 '누구를 위한 회복력인가?'라는 질문은 우리 사회가 정의로운 회복력을 논의할 때 반드시 마주해야 할 핵심 쟁점이다. 이를 보다 구체적으로 살펴보기 위해 영화 〈콘크리트 유토피아〉를 예로 들어보자. 이 영화는 대지진 이후 폐허가 된 서울에서 유일하게 무너지지 않은 한 아파트 단지를 배경으로 한다. 생존자들은 아파트 주민을 중심으로 공동체를 형성하지만, 외부인을 배척하며 점점 극단적인 생존 방식을 택한다. 아파트의 리더(이병헌 분)는 민주적 절차를 거쳐 선출되었고, 주민들은 '아파트는 주민의 것'이라는 규칙을 세웠다. 그러나 공동체 내부에서는 내부인과 외부인을 구분 짓고, 외부인을 '바퀴벌레'처럼 취급하며 불평등한 권력 구조를 정당화한다. 내부와 외부를 나누고 배제하는 것이 과연 바람직한 회복력의 모습인가? 결국 이 체제는 생존을 위한 단결과 협력이라는 본래의 목적을 잃고, 폭력과 독점, 내부 갈등으로 인해 붕괴하고 만다. 반면, 아파트라는 공간을 고집하지 않고 외부인들과의 공존을 이야기한 이들은(박보영 분, 외부인들) 결국 새로운 기회를 찾아 탈출에 성공한다. 이 영화는 극단적 위기 상황에서 공동체가 선택하는 방향이 무엇을 의미하는지에 대한 강한 통찰을 제공한다.

또한, 권력과 자원 배분의 불평등 문제도 회복력 사고에서 중요한 논점으로 다뤄져야 한다. 한상진(2020)은 회복력이 지속가능발전 개념보다 인간 사회와 자연 생태계의 상호작용을 보다 명확하게 다루고 있으며, 경제 성장의 규제 필요성을 강조하는 개념이라고 평가한다.* 그는 정의로운 회복력 실현을 위해서는 기존의 성장 지향적 근대화 모델이 아니라, "정의로운 분배, 절차적 정의, 승인적 정의의 원칙"과 결합되어야 한다고 주장한다. 즉, 생태계 위기가 심화될수록 불평등한 회복력 모델이 나타날 위험이 있으며, 이는 사회적·생태적 차별과 불평등을 심화시킬 가능성이 크다는 점을 지적한다.** 예를 들어, 록펠러 재단의 '100 Resilient Cities' 프로젝트는 도시 회복력을 강화하는 선구적 시도였으나, 추진 전략에서 신자유주의적 접근 방식이 불평등을 가중시킬 수 있는 한계를 내포하고 있었다는 비판을 받기도 했다.

현재 대한민국은 과거 10%에 육박하는 성장률을 기록하며 고도성장을 경험했으나, 이제는 저성장 시대가 구조적으로 고착화되고 있다. 1%대 성장률이 현실이 된 상황에서 과거의 경쟁적 성장 모델을 유지하려는 시도는 경제·사회적 불안을 더욱 가중시킬 가능성이 높다. 지속가능한 회복력을 갖춘 국가와 지역 사회는 더 이상 불평등을 심화하고 생태계를 파괴하는 성장 신화를 좇을 것이 아니라, 모든 시민이 행복하

---

* 한상진. 2020. "탈성장 시대 '지속가능발전 목표'의 '정의로운 회복탄력성'으로의 전환". NGO연구. 15(1). 91-93쪽.
** Pellow, D.N. 2018. "From More than Just Sustainability to a More Just Resilience". Sze, J.(ed). Sustainability. NYU Press. PP.271-277. 2018 pp. 275-276.

고 안전한 삶을 영위할 수 있도록 전환되어야 한다.

회복력 전환의 핵심 동력은 다름 아닌 시민들의 신뢰와 참여, 협력과 연대다. 우리는 이미 코로나19 팬데믹을 통해 시민들의 자발적인 협력과 연대가 위기 대응에 얼마나 중요한 역할을 하는지 경험했다. 어쩌면 회복력 사고가 강조하는 많은 원리와 전략들은 완전히 새로운 것이 아닐 수도 있다. 우리는 알고 있었지만 쓸모없다고 여겼던, 혹은 우선순위에서 밀려났던 가치들일 가능성이 크다. 결국, 회복력이란 전혀 새로운 개념을 창조하는 것이 아니라, 기존의 사회 패러다임에서 우선순위를 재조정하고 재구성하는 과정에 가깝다.

자연과 인간을 파괴하는 경쟁, 성장, 효율성 중심의 논리가 아닌, 회복력 중심의 새로운 내러티브가 절실히 필요한 시대다. 회복력을 단순한 위기 대응 전략으로서가 아니라, 정의롭고 지속 가능한 사회로 나아가기 위한 가치 체계로 자리 잡아야 한다. 공존과 공생, 그리고 연대의 힘을 바탕으로 우리는 보다 강하고 지속 가능한 공동체를 만들어갈 수 있다. ■

2장

시민역량과 거버넌스, 위기를 넘어서는 '연결'의 방식

주필주
연구공방 사람 수석연구위원/경찰대학

1. 위기의 시대, 커뮤니티 리질리언스(community resilience)의 의미*

리질리언스 해석하기

복합적 위기에 직면한 불확실성 시대에 회복력, 복원력, 회복탄력성 등 리질리언스를 지칭하는 용어는 일종의 유행어처럼 퍼져 여러 영역에서 널리 사용되고 있다. 리질리언스에 대해 다양한 해석이 존재하는 만큼 우리는 이 용어를 어떤 의미로 수용할 것인가 분명히 짚어볼 필요가 있다.

리질리언스 개념을 처음 소개한 것으로 알려진 홀링(Holling, 1973)은 이를 안정성(stability)과 대비되는 의미로 설명하였다. 이때 안정성은 일시적인 혼란이나 외부 교란 이후 시스템이 균형(equilibrium) 상태로 복귀하는 특성을 뜻한다면, 리질리언스는 생태계가 변화에 적응하며 지속가능성을 유지하려는 속성을 말한다. 기본적으로 공학적 리질리언스(engineering resilience)와 생태학적 리질리언스(ecological resilience)는 균형과 평형상태로 돌아가는 것을 전제하고 있다는 점에서 유사한 시각을 공유한다. 그러나 생태학적 리질리언스는 공학적 리질리언스에서 말하는 '기존과 동일한 균형상태'로 돌아가는 것이 아닌,

---

* 본 글은 주필주(2019)의 박사학위논문 일부를 수정·보완한 것임을 밝혀둔다.

혼란을 흡수하고 안정적인 기능을 유지하는 것을 강조하며 새로운 환경에 최적화되면서 새로운 균형적 상태를 찾아간다고 설명한다.

공학적 리질리언스 관점은 기존과 동일한 상태로 얼마나 신속하게 복구할 수 있는지에 중점을 두는 경향이 있다. 그러나 기존과 완전히 동일한 균형 상태로 복구된다면 유사한 위기 상황이 닥쳤을 때 또다시 무너질 위험이 크다. 따라서 새로운 환경에 적합한 새로운 균형점을 모색해야 할 것이며, 이러한 점에서 생태학적 리질리언스 관점이 더 유용할 수 있다. 사회-생태학적 리질리언스(socio-ecological resilience)는 생태계 시스템에만 초점을 맞추고 있는 생태학적 리질리언스의 한계를 보완한 관점으로서 자연(생태계)과 인간(사회) 간 상호의존성, 학습과 자기조직화(self-organization)를 통한 적응과 변화의 과정 등을 강조한다.

분야별 리질리언스 관점

분야	시각		목표
공학적 리질리언스	균형론	• 안정적인 균형	빠른 회복
생태학적 리질리언스	진화론	• 다중평형상태	혼란 흡수
사회-생태학적 리질리언스	진화론	• 통합시스템 피드백 • 상호작용	적응 · 학습 · 혁신

출처: 주필주(2019)*

* 주필주. 2019. 『커뮤니티 리질리언스 관점에서 본 한·일 재난대응체계 비교 연구–경주지진과 구마모토지진 사례를 중심으로』. 서울시립대학교 도시행정학과 박사학위논문. 40쪽.

커뮤니티 리질리언스 이해하기

그렇다면 '커뮤니티 리질리언스'란 무엇일까? 이는 완전히 새로운 개념이라기보다는 전통적인 리질리언스 개념을 확장한 것으로, '커뮤니티(지역사회)'의 역할과 역량이 핵심적인 요소로 부각된다.* 커뮤니티는 지역 구성원 개인을 시작으로 가족, 이웃, 주민조직, 지역단체, 기업, 중앙 및 지방정부에 이르기까지 다양한 스펙트럼의 주체가 유기적으로 결합되어 있는 지역적 집합체라고 할 수 있다. 다시 말해 커뮤니티 리질리언스의 가장 중요한 특성은 집권적 구조가 아닌 다차원 네트워크를 기반으로 하는 시스템을 지향한다는 점에 있다.

현재 우리 사회는 그 누구도 경험해 보지 못한 새로운 유형의 재난과 위기, 즉 초불확실성에 지속적으로 노출되고 있다. 정부를 중심으로 한 '공공'의 자원과 역량만으로는 이러한 상황에 대처하기 어려운 사례가 점점 더 늘어나고 있으며, 다양한 주체 간 협력의 필요성이 그만큼 커지고 있다. 이러한 맥락에서도 커뮤니티 리질리언스는 매우 중요한 개념이라고 할 수 있다.

커뮤니티 리질리언스를 구성하는 요소는 각 분야와 연구자마다 상이하지만 크게는 위기 상황에 활용할 수 있는 '자원'과 '적응력' 두 가지

---

* 여기에서 '커뮤니티'는 단순히 지리적 경계에 의해 규정되는 것은 아니다. 일정한 장소를 공유하면서도 지역에 대한 심리적 유대감과 애착을 기반으로 일상적 행위를 같이하는 집단이나 조직을 포괄적으로 지칭하는 개념으로 이해하는 것이 더 적합할 것이다.

측면으로 나눌 수 있다. 자원이란 사람들이 가치를 두는 대상, 환경, 특성, 에너지 등을 의미하며 법, 계획, 예산과 같은 제도적 요소도 포함한다. 또한, 지역사회 내부 자원뿐 아니라 외부 자원을 수용하는 능력과 그 과정도 포괄하는 개념이다. 자원의 내구성은 다양한 조건에서 주요 기능을 안정적으로 제공할 수 있는 능력을 의미하며, 자원이 해당 역할을 얼마나 잘 수행하는지(자원의 성능), 다양한 유형의 가용자원이 존재하는지(자원의 다양성), 개별 자원이 기능하지 못할 경우에 이를 보완해 줄 수 있는 예비 자원이 있는지(자원의 가외성) 등을 판단하게 된다. 한편, 적응력이란 어떤 위기 상황이 발생함으로써 야기된 변화에 대응하고 적응하는 능력을 뜻한다. 적응력은 제도적 기억, 혁신적 학습, 연결성 등에 의해 결정된다. 제도적 기억이란 커뮤니티에 축적되고 공유된 경험과 지역 지식을 말하며, 혁신적 학습은 교육과 훈련, 커뮤니티 활동 등을 통해 제도적 기억을 저장·기억하고 재구성하는 과정을 포함한다. 마지막으로 연결성은 커뮤니티 안팎으로 네트워크가 얼마나 긴밀하게 구축되어 있는지를 보게 되는데, 이는 위기 상황에서 갑자기 발현되는 것이 아니라 지속적인 상호작용을 통해 형성되므로 일상에서의 관계 맺기가 매우 중요하다고 할 수 있다.

커뮤니티 리질리언스의 구성요소

영역	세부 요소
자원의 내구성 (resources robustness)	-자원의 성능(performance) -자원의 다양성(diversity) -자원의 가외성(redundancy)
적응력 (adaptive capacity)	-제도적 기억(institutional memory) -혁신적 학습(innovative learning) -연결성(connectedness)

출처: 주필주. 앞의 논문(66쪽)

당연히 강건한 자원의 풀(pool)과 높은 수준의 적응력을 갖춘 지역사회일수록 위기 상황에 더 현명하게 대응하고, 빠르게 회복할 가능성이 크다. 아래 그림은 동일한 리질리언스 수준으로 측정되더라도 자원의 내구성과 적응력의 양상이 서로 다를 수 있으며, 이에 따라 위기 상황을 대하는 방식 또한 달라져야 함을 보여준다.

자원의 내구성과 적응력

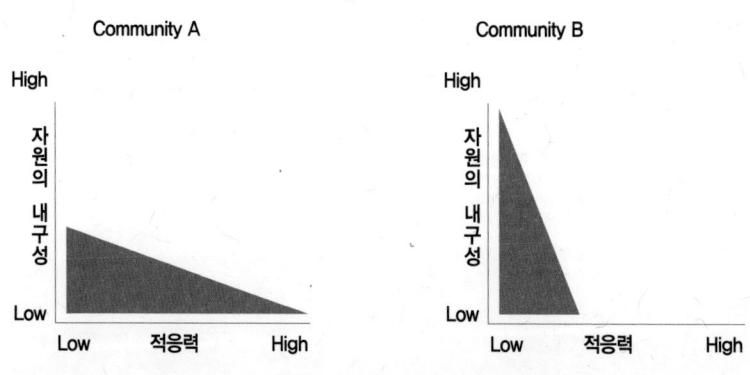

출처: Longstaff et al.,(2010)*

그렇다면 우리는 어떤 방향으로 나아가야 할까? 자원의 내구성과 적응력은 서로 대립하는 개념이 아니라, 상호 영향을 주고받으며 강화된다는 점을 명확히 인식해야 한다. 따라서 이 둘 사이의 연결고리를 더욱 견고히 하기 위한 노력이 필요하다. 공공은 법, 계획, 예산 등 제도적인 차원에서 자원을 충분히 확보하는 것은 물론, 이러한 자원이 실제 위기 상황에서 적절히 활용되고 지속가능성을 담보할 수 있도록 지역사회 구성원들과 비전을 공유하며 함께 성장해야 한다. 그 구체적 방법에 대해서는 제도(계획), 거버넌스, 시민역량 세 가지 측면에서 구체적 사례를 살펴보고자 한다.

2. '계획'의 무용함과 유용함

위기는 계획으로 '관리'될 수 있을까?

우리는 불확실성을 최소화하기 위해 미래의 닥칠 위험을 예측하고, 대안을 강구하며, 계획을 수립한다. 우리나라의 재난·안전 관련 계획(매뉴얼)으로는 안전관리기본계획, 위기관리표준매뉴얼, 위기대응실무매뉴얼, 현장조치행동매뉴얼 등이 있으며, 재난 유형별로 별도 계획을 작성하기도 한다. 이러한 계획에서 제시하는 대안은 객관적인 자료와

---

* Longstaff, P.H., Armstrong, N.J., Perrin, K., Parker, W.M. & Hidek, M. 2010. "Building Resilient Communities: A Preliminary Framework for assessment", *Homeland Security Affairs*, 6(3), p. 5.

전문가 자문 등을 바탕으로 정교하게 개발되지만 여러 번의 시행착오를 거쳐 고도화되는 것이 일반적이다.

안전관리계획 및 위기관리매뉴얼

	안전관리계획 (「재난 및 안전관리 기본법」 제3장)		위기관리매뉴얼 (「재난 및 안전관리 기본법」 제34조의 5)	
중앙정부	국가안전관리기본계획	재난관리주관기간의 장	위기관리 표준매뉴얼
광역지자체	시·도안전관리계획	재난관리주관기간의 장 및 관계기관의 장	위기대응 실무매뉴얼
기초지자체	시·군·구안전관리계획	위기대응 실무매뉴얼을 작성한 기관의 장이 지정한 기관의 장	현장조치 행동매뉴얼

문제는 지역별로 지리적 여건과 제도적 환경이 서로 다름에도 불구하고 '계획'의 내용과 대안이 지나치게 유사하다는 점이다.* 상위 계획과의 정합성을 맞추는 것이 필요하기는 하지만, 이것이 절대적인 기준이 되는 행정 현장에서 지역의 특성을 충실히 반영하기란 쉽지 않다.

게다가 불확실성이 증폭되고 있는 현재, 전년도 계획을 조금씩 수정·보완하는 방법으로는 계획 자체가 무용하다는 평가를 받을 가능성이 크다. 미래를 완벽하게 예측하는 것은 애초에 불가능하며, 계획을 수립했다고 해서 위기 상황을 완전히 통제하거나 관리할 수 있는 것

---

* KBS 뉴스. 2023-07-31. '판박이' 안전관리계획…형식적인 재난 매뉴얼.

도 아니다. 계획은 불완전할 수밖에 없으며, 본래 계획이 가지고 있는 불완전성에 불확실성까지 중첩되면서 계획 무용론에 더욱 힘이 실리고 있다. 그렇다면 계획은 정말 무용한 것일까? 계획에 실효성을 불어넣는 방법은 없을까?

당사자의 목소리로 만드는 지구방재계획(地区防災計画)

일본은 지리 환경적으로 취약성이 높아 장기간에 걸쳐 여러 유형의 재난을 경험해 왔다. 그 과정에서 위기 발생 시 지역 구성원들의 역할과 책임이 중요하다는 인식이 확산되었고, 이들은 단순히 공공지원의 수혜자가 아닌 주체로 자리잡게 되었다. 이를 대표하는 예가 바로 '지구방재계획'이다.

지구방재계획은 시정촌(기초자치단체) 내 일정한 지구(地区)에 거주하는 주민이나 사업자 등이 공동으로 수립하는 자발적인 방재활동 계획이다. 일본도 우리나라와 마찬가지로 국가(중앙정부)가 작성하는 방재기본계획(防災基本計画)과 지방자치단체가 작성하는 지역방재계획(地域防災計画)이 있고, 여기에 지역사회가 작성하는 지구방재계획, 즉 추가적인 레이어가 하나 더 존재하는 것이다.* 지구방재계획의 '지구'를 '커뮤니티'로 치환했을 때, 커뮤니티 기반 방재계획을 스스로 작

---

* 지구방재계획은 2011년 동일본대지진의 교훈을 바탕으로 커뮤니티 공조(共助)에 의한 방재활동이 매우 유의미하다는 관점에서 도입(2013년 「재해대책기본법(災害対策基本法)」 개정)되었다.

성·실행한다는 것의 유용성에 대해 들여다볼 필요가 있다.

　대규모 자연재난이나 사고가 발생한 상황에서는 공공행정이 전국 모든 지역의 현황을 동시에 파악하거나 개개인에 대해 맞춤형 지원을 제공하는 데에 한계가 있다. 따라서 지역사회에서 자체적으로 대응해야 하는 영역이 필연적으로 발생하게 된다. 지구방재계획은 해당 지역을 가장 잘 아는 당사자가 직접 작성하고 준비한다는 점에서 정부가 의무적으로 작성하는 계획과는 성격이 다를 수밖에 없다. 지구방재계획은 계획의 작성 주체, 방재 활동의 주체, 커뮤니티(지역)의 범위, 계획의 내용을 유연하게 결정할 수 있으며, 필요할 경우 해당 시정촌의 지역방재계획에 반영될 수 있도록 하고 있다. 이는 지자체와 주민들이 긴밀히 상호작용할 수 있게 할 뿐만 아니라, 지역사회가 직면한 현실적인 문제를 정확히 파악하여 계획을 수립함으로써 실효성을 확보할 수 있도록 한다. 또한, 시정촌 입장에서는 지구별 특성을 인지하고, 각 커뮤니티가 어떤 방재활동을 실시하고 있는지 파악할 수 있어 효율적인 공공지원을 가능하게 한다는 장점이 있다.

지구방재계획과 지역방재계획의 관계

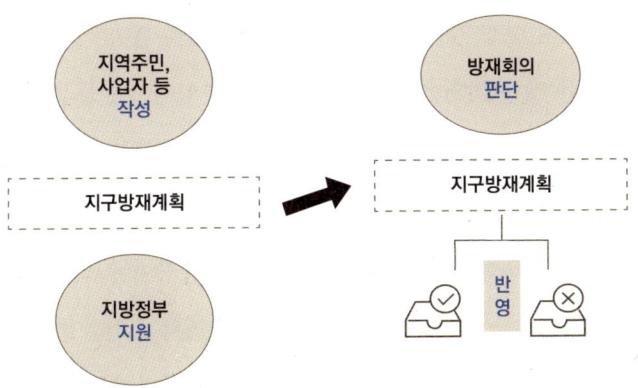

지구방재계획의 작성 주체는 자율방재조직이나 자치회처럼 지역의 방재 활동을 담당해 온 기존 조직뿐 아니라, 아파트 관리조합, 사업자 조직, 지역운영조직 등 지역의 규모와 특성에 따라 결정될 수 있도록 열려 있다. 예를 들어 대규모 지진 발생 시 내진 성능이 높은 아파트가 대피소보다 안전한 경우, 아파트 관리조합이 공조 활동의 내용을 담은 지구방재계획을 작성할 수 있다. 관광지역에서는 주민뿐만 아니라 숙박업체 등 지역 사업자와 협력하여 계획을 수립하거나, 지역 활성화를 위해 관·민이 협력하여 설립한 지역운영조직이 방재 활동을 지역 커뮤니티 활동의 일부로 보고 지구방재계획을 작성할 수도 있다.* 지구방재계획의 핵심은 자조(自助)-공조(共助)-공조(公助)가 균형을 이루고, 다양한 이해관계자 간의 긴밀한 연계를 구축하는 것이다. 계획수

---

* 　내각부. 2020. 地区防災計画の素案作成支援ガイド～地方公共団体の職員の方々へ～. 33쪽.

립 과정에서 이해관계자들은 건설적인 논의와 조율을 거치는데 이러한 과정은 계획의 실행 가능성을 한층 높이는 역할을 한다.*

시정촌은 계획을 처음 작성해 보는 지역사회 구성원들을 위해 워크숍, 전문가 파견, 보조금 교부 등의 행정 지원을 담당한다. 예를 들어 사이타마시(さいたま市)는 방재 어드바이저 등록제도를 통해 지역 주민이나 단체로부터 요청이 있을 경우 방재전문가를 파견하고 있으며**, 야마나시시(山梨市)는 지역 주민들이 지구방재계획 초안을 작성하는 데에 필요한 정보를 가이드라인 및 매뉴얼 형태로 제공하고 있다.***

야마나시시 시민방재 매뉴얼(山梨市市民防災マニュアル)

표지   지구방재계획 작성 순서 안내

*   내각부, 같은 자료, 2쪽.
**   내각부, 같은 자료, 74쪽.
*** 내각부, 같은 자료, 79쪽.

지구방재계획은 단순히 공공의 지원을 기다리는 데에 그치지 않고, 주민과 다양한 이해관계자가 협력하여 지역 특성을 고려한 방재계획을 수립함으로써 재난 발생 시 효과적인 대응과 복구를 가능하게 한다. 이 계획은 시정촌의 행정적 지원과 주민들의 주도적인 참여가 결합되어 계획의 실행력을 높이고, 지역의 방재역량을 강화하는 데에 초점을 맞추고 있다. 특히 지역사회의 자율성과 공공의 지원이 조화롭게 연결되는 방식에 주목할 필요가 있다. 또한, 위기 '대응'만을 목표로 하는 것이 아니라 지역사회 구성원들이 재난 이후에도 지역에서 안전하고 쾌적한 삶을 유지하기 위해 다양한 차원에서 접근하는 통합적인 계획이라고 할 수 있다.

종합해보면 지구방재계획은 당사자들의 문제의식으로부터 시작되는 것으로, 해당 지역사회가 직면한 현실의 문제와 위험 요소를 지역사회 구성원들이 직접 발굴하고 대안을 함께 모색하는 과정을 거친다. 이 과정은 지역사회 구성원들이 스스로 어떤 준비를 해야 하는지 인식할 수 있도록 도울 뿐 아니라 위기 이후에 안정적인 삶을 이어갈 수 있는 기반을 제공한다. 또한, 각 지역의 특성에 맞춘 맞춤형 방재 활동을 통해 주민과 행정이 긴밀히 협력하며 서로의 역할을 보완하는 체계를 구축한다는 점에서, 지구방재계획은 재난관리 도구를 넘어 지역사회 구성원이 스스로를 보호하고 자신이 속한 커뮤니티를 지속할 수 있도록 하는 실효성 높은 제도적 장치라고 할 수 있다.

3. 거버넌스와 거버넌스는 어떻게 연결되는가

재난안전 거버넌스의 현재

거버넌스도 리질리언스만큼이나 다양한 해석이 가능하다. 여러 층위에서 해석될 수 있기 때문에, 실제로 '거버넌스'라는 용어를 서로 다르게 이해하는 경우가 빈번하다. 일반적으로 재난안전 거버넌스는 재난이 발생했을 때 정부, 지방자치단체, 기업, 시민단체 등 여러 주체가 협력하여 재난을 예방하고 대응하며 복구하는 데에 필요한 체계를 말한다.* 그러나 참여하는 모든 주체가 동일한 수준의 책임과 권한을 가지는 것은 아니기 때문에 의사결정과정에서 정부(관)의 주도권이 더 강하게 작용하는 것이 현실이다.

현재 우리나라 「재난 및 안전관리 기본법」제12조 2는 "재난 및 안전관리에 관한 지역 차원의 민관 협력관계를 원활히 하기 위하여 시·도 또는 시·군·구 안전관리민관협력위원회를 구성·운영할 수 있다"고 명시하고 있다. 민관 협력의 관점에서 보면, 「자원봉사활동 기본법」, 「비영리민간단체 지원법」 등에서도 재난안전 관련 활동을 지원하는 내용을 일부 찾아볼 수 있다. 또한, 「자율방범대 설치 및 운영에 관한 법률」이나 각 지자체의 자율방재단 운영 조례 등 자율방재조직의 근

---

* 김태현. 2024. "2024년 기후위기 재난안전 거버넌스 관련 이슈와 전망". 행정포커스 JAN + FEB vol.167. 한국행정연구원. 6쪽.

거법도 존재한다.

　재난안전 분야에서 민관 협력의 필요성이 특히 강조되고 있는 현재, 자발적인 방재 활동을 촉진하고 민관 협력을 강화하기 위한 제도적 장치는 이미 마련되어 있다. 문제는 실제 재난 현장에서 '민간'의 참여는 극도로 제한되며, '거버넌스'는 여전히 이상적인 체계로 치부되고 있다는 데에 있다. 민관이 각각 어떤 역할을 담당하는 것이 적절하고 효과적인지 고민하기 이전에, '거버넌스'라는 이름의 조직도를 만들고 그 안에서 민간의 역할은 축소되어 있을 뿐이다. 거버넌스라는 명목으로 만들어진 수많은 위원회, 협의회, 추진단 등은 사실상 의결·자문기구에 가까우며 자율방재단, 자율방범대, 자원봉사단체 등은 지역사회에서 각자 파편적으로 활동하고 있어 체계적으로 연결되어 있다고 보기 어렵다.

　그렇다면 거버넌스는 왜 제대로 작동되지 못하고 있을까? 여러 가지 이유가 있겠지만, 관의 입장에서는 전문성이 검증되지 않은 사람들의 적극적인 참여가 오히려 또 다른 혼란을 초래할 가능성이 있으며, 그로 인한 책임은 전적으로 공공이 감당해야 한다는 부담감을 느낄 수 있다. 한편, 민의 입장에서는 오랜 기간 공공에 의해 동원되거나 행정을 보조하는 역할만 담당해 왔기 때문에 자기 주도적인 활동을 하기가 쉽지 않다. 또한, 권한과 예산이 부족한 상황에서는 활동을 지속하기 어렵다는 현실적인 문제도 남아있다.

　재난안전 거버넌스는 다양한 주체의 협력을 통해 효과적으로 재난을 예방, 대비, 대응, 복구하는 체계로서 이상적인 목표를 지향하지만, 현실에서는 민관 간의 균형 잡힌 협력이 어려운 구조적 한계를 드러내고 있다. 정부 주도의 의사결정은 안정성과 책임의 명확성을 확보하는 데에 기여하지만, 민간의 참여를 제한하고 자율성을 억제하는 결과를 초래한다. 반면, 민간은 권한과 자원의 부족, 동원 중심의 역할 고착화로 인해 자발적인 역량 발휘가 제한되고 있다. 이러한 문제는 거버넌스 체계가 이상적인 협력을 넘어, 다양한 주체가 각자의 전문성과 책임을 기반으로 유기적으로 연결될 수 있는 실질적 실행력을 갖추어야 한다는 점을 시사한다. 이제는 형식적인 조직도를 넘어 각 주체가 능동적으로 참여할 수 있는 환경과 신뢰 기반의 협력구조를 구축하는 데에 집중해야 할 시점이다.

거버넌스다운 거버넌스, 적응적 거버넌스(Adaptive Governance)

적응적 거버넌스는 다차원적 제도와 조직을 기반으로 다양한 이해관계자들이 협력하는 것을 전제로 하며, 급격한 변화나 혼란, 불안정한 상황에서 기존 구조가 한계에 직면했을 때 효과적으로 작동하는 개념이다.* 적응적 거버넌스에서 말하는 '적응'은 단순히 현재 상태에 안주하는 것을 의미하지 않는다. 오히려 '더 나은 상태'로 전환할 수 있는 역

---

* Folke, C., Olsson, P., Hahn, T. & Norberg, J. 2005. "Adaptive Governance of Social-Ecological Systems," Annual Review of Environment and Resources, 16(30). p.444.

량을 포함하는 개념이다. 이러한 점에서 적응적 거버넌스는 커뮤니티의 리질리언스를 강화하는 과정에서 핵심적인 역할을 수행할 수 있다.

적응적 거버넌스는 다중심·다차원적 제도(polycentric and multi-layered institutions), 참여와 협력(participation and collaboration), 자기조직화와 네트워크(self-organization and networks), 학습과 혁신(learning and innovation)을 원칙으로 한다.* 다중심적이고 다차원적인 제도는 리더십, 신뢰, 사회적 자본을 바탕으로 참여와 협력을 촉진하며, 다양한 형태의 네트워크는 공식적·비공식적 자기조직화를 통해 리질리언스를 높이고 학습과 혁신을 창출한다고 본다.** 적응적 거버넌스와 커뮤니티 리질리언스는 상호 보완적이고 밀접하게 연결된 개념으로, 공통적으로 다중심·다차원적 제도, 참여와 협력, 자기조직화와 네트워크, 학습과 혁신을 핵심 원칙으로 삼고 있다. 적응적 거버넌스는 다양한 이해관계자들이 협력하여 복잡하고 변화하는 환경에 유연하게 대응할 수 있는 제도적 틀을 제공하며, 이를 통해 커뮤니티가 위기 상황에서도 자원을 효과적으로 동원하고, 혁신적 학습과 제도적 기억을 기반으로 재구조화할 수 있도록 지원한다. 한편 커뮤니티 리질리언스는 적응적 거버넌스의 실질적 구현을 위한 사회적 기반을 형성한다. 커뮤니티의 연결성은 거버넌스 체계 내에서 정보와 자원의 흐름을 원활히 하고, 제도

---

* Djalante, R., Holley, C. & Thomalla, F. 2011. "Adaptive Governance and Managing Resilience to Natural Hazards." International Journal of Disaster Risk Science, 2(4). p.3

** Pisano, U., 2012. Resilience and Sustainable Development: Theory of resilience, systems thinking and adaptive governance. Vienna: European Sustainable Development Network. p. 26.

적 기억은 과거의 경험과 학습을 통해 적응적 관리 전략을 강화하며, 혁신적 학습은 공동체와 제도의 상호 발전을 촉진한다. 이 둘의 상호작용은 커뮤니티가 변화와 위기에 직면했을 때 더 나은 상태로 전환할 수 있는 역량을 키우며, 거버넌스 체계 자체의 회복력과 지속가능성을 높이는 선순환을 만들어낸다.

거버넌스는 고정된 형태가 아니라, 사회가 직면하는 복잡한 도전과제와 위기 상황에 더욱 효과적으로 대응하기 위해 유연하게 변화해야 한다. 하나의 거버넌스 체계는 다른 거버넌스 체계와 긴밀히 연결되어 있기 때문에, 다양한 형태의 거버넌스 조직을 통합하고 연계하려는 노력이 필요하다.

제도권 거버넌스를 넘어서 - 경기도 마을재난 거버넌스

현재 우리나라의 재난안전 거버넌스는 공공기관 중심의 '재난대응기관 거버넌스'와 민관이 협력하는 형태의 '민관 거버넌스' 두 가지로 구분할 수 있다.* 그러나 전술하였듯이 권한과 책임이 동등하게 부여된 주체들 간의 진정한 거버넌스는 아직 실현되지 못한 상황이다. 법적 근거를 기반으로 한 제도권 거버넌스는 대부분의 지자체에 구성되어

---

* 권기태·김현수·이규홍·인은숙·박정호. 2023. 『재난 대응에 있어 마을공동체의 새로운 역할 연구』. 경기도마을공동체지원센터·사회혁신연구소. 97쪽(재인용).

있지만, 운영 실적과 실제 활동은 저조하다는 평가를 받고 있다.* 이는 거버넌스 구성원 대다수가 공공기관의 장이나 지역 유지로 이루어져 있고, 전문가 중심의 폐쇄적인 접근방식을 채택하고 있기 때문이다.**

제도권 재난안전 거버넌스 체계

재난대응기관 거버넌스		재난 민관 거버넌스
군, 경찰, 소방, 교육청, 보건소, 주민대표, 의회	지방정부	기업, 협회, 재난전문가, 민간단체
명칭	○○시군구 안전관리위원회	○○시군구 안전관리민관협력위원회
구성	지방정부, 군·경·소방·교육청 등, 주민대표, 의회 (행정 내 기관 중심)	지방정부, 협회, 민간단체, 재난전문가, 기업 등 (행정 외부 기관 중심)
기능	안전관리정책 및 안전관리계획안 심의 등	재난안전관리 민관협력활동 관련 협의 등

출처: 권기태 외, 앞의 보고서(98쪽)

자율방재단, 자율방범대, 자원봉사기관, 주민자치회 등 민간 주체들이 일정 부분 역할을 분담하고 있지만, 공공과 유기적으로 연계되어 있다고 보기는 어렵다. 거버넌스의 필요성은 널리 인정되지만, 전통적인 '관리'와 '통제' 방식이 안정적이라는 인식이 뿌리 깊은 행정환경에

---

* 권기태 외, 같은 보고서, 100쪽.
** 권기태 외, 같은 보고서, 102쪽.

서는 공공과 민간이 책임과 권한을 평등하게 나누기 위해 해결해야 할 선결과제가 많다. 상황에 따라 유연하게 결합하거나 분화, 해체할 수 있는 적응적 거버넌스로 전환하는 것 역시 결코 쉽지 않다. 그렇지만 다양한 주체가 협력을 통해 문제를 해결하는 방식이 재난 대응에 있어 매우 유효하다는 사실이 여러 사례를 통해 입증되면서, 제도권 거버넌스와 마을공동체를 연결하려는 시도도 나타나고 있다.

경기도 마을재난 거버넌스 운영(안)

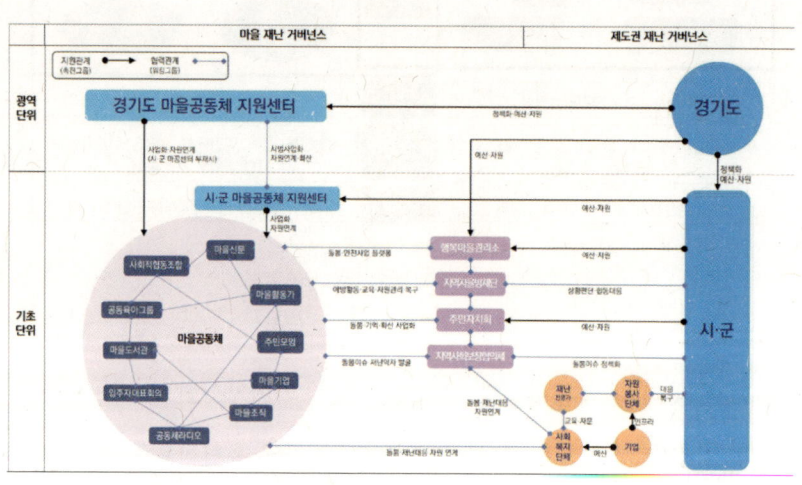

출처 : 권기태 외, 앞의 보고서(136쪽)

마을공동체는 돌봄, 교육, 문화 등 다양한 영역에서 풍부한 현장경험을 갖추고 있으며, 지역사회의 구석구석을 깊이 이해하고 있다는 점에서 재난 대응 시 강점을 지닌다. 경기도는 마을재난 거버넌스에 참여하는 주체를 광역과 기초단위로 나누고, 제도권 거버넌스와 이를 연결할 매개조직 및 각 주체에 부여할 역할에 대한 연구를 진행한 바 있다. 권기태 외(2023)는 마을공동체지원센터와 같은 중간지원조직을 통해 지자체와 주요 공공기관을 마을공동체와 연결하고, 공동체의 경계를 확장하여 협력의 네트워크를 지속적으로 확대해야 한다고 강조한다.

우리가 직면하는 재난 상황은 단일 주체의 역량만으로는 해결하기 어려운 복잡성과 긴급성을 동반하며, 이를 극복하기 위해서는 전통적인 관리방식을 넘어 다양한 주체가 협력하는 체계를 마련해야 한다. 이 과정에서 마을공동체와 같은 커뮤니티 조직은 일상에서 축적된 경험과 지역사회의 깊은 이해를 바탕으로 중추적 역할을 담당할 수 있다.

재난 대응의 성패는 거버넌스 체계가 얼마나 유기적으로 작동하며, 상황 변화에 따라 얼마나 유연하게 재구성될 수 있는지에 달려있다. 이를 위해 공공, 민간, 마을공동체는 책임과 권한을 균형 있게 분담하고, 중간지원조직은 다양한 주체 간 협력을 촉진하는 가교역할을 해야 한다. 이때 적응적 거버넌스는 상향식 참여와 하향식 지원의 조화를 통해 위기를 기회로 전환하는 데에 핵심 기반으로 기능할 것이다.

거버넌스는 현재의 문제를 해결하는 도구를 넘어, 사회적 신뢰를 구축하고 협력 문화를 정착시키며, 커뮤니티 리질리언스를 강화하는 방향으로 진화해야 한다. 각 지역사회는 고유한 특성을 반영한 맞춤형 협력 모델을 구축하기 위해 노력해야 하며, 이 과정에서 커뮤니티 리질리언스와 적응적 거버넌스의 관점이 중요한 지침이 될 수 있다.

4. 준비된 시민, 연결된 일상

역량있는 시민의 등장과 성장 – 경주아이쿱생협

회복력 있는 커뮤니티를 형성하기 위해서는 적응적 거버넌스가 작동되어야 하고, 거버넌스가 작동되기 위해서는 지역사회 구성원들의 역량이 뒷받침되어야 한다. 개인의 재난 대응 역량은 공공의 지원에 일방적으로 의존하기보다는, 스스로 재난에 대비하고 관련 활동의 중요성을 인식하는 데에서 출발한다. 우리나라 국민재난안전포털은 〈국민행동요령〉을 배포하고, 자율안전점검을 장려하며 각종 재난 정보를 발신하고 있다. 시민들은 공공이 제공하는 이러한 정보를 적극적으로 활용하고 내재화하려는 노력을 기울여야 한다. 나아가 정보를 수동적으로 소비하는 데에 그치지 않고, 이를 바탕으로 자신만의 재난 대비 계획을 세우거나 지역사회와 협력하여 대응력을 강화하는 것으로 이어져야 한다.

국민재난안전포털

출처: 국민재난안전포털(https://www.safekorea.go.kr, 2024-12-20 검색)

커뮤니티 리질리언스 관점에서는 '혁신적 학습'을 통해 시민의 역량을 개발할 수 있다고 본다. 혁신적 학습은 개인 단위에서도 가능하지만, 커뮤니티 단위에서 '자기조직화'를 경유할 때 훨씬 강력한 힘을 발휘한다. 자기조직화는 주로 재난 이후 커뮤니티 기반 조직이나 자원봉사 그룹에서 관찰되며, 사회적 역량을 강화하는 다양한 활동을 통해 지역 구성원의 집단적 회복에 기여하는 것으로 알려져 있다.* 활발한 커뮤니티 활동은 자기조직화의 출발점이 되어 구성원들이 자발적으로 문제를 해결하려는 움직임으로 이어진다. 자기조직화가 성공하려면 지역사회 구성원 간의 신뢰와 유대감이 필수적이며, 이를 강화하기 위해 지속적인 커뮤니티 활동과 열린 소통 채널이 반드시 마련되어야 한다.

* Han, S. & Joo, P. 2024. "How do nondisaster missioned organizations extend their roles to respond to disasters?: The formation conditions, evolution processes, and limitations of the extending organization" *Journal of Contingencies and Crisis Management*, 32, e12598. pp.12-13.

경주아이쿱생협은 재난 경험을 계기로 자기조직화에 성공한 대표적인 사례로 꼽힌다. 경주아이쿱생협은 본래 소비자생활협동조합으로, 시장과 자본 중심의 방식이 아닌 협동과 관계를 통해 생활의 문제를 해결하고자 2016년 6월 설립되었다. 같은 해 9월 발생한 경주지진은 경주아이쿱생협이 지역 안전 문제에 관심을 가지고 활동을 시작하게 되는 전환점이 되었고 이후 이들은 다양한 재난 대응 활동을 통해 지역사회의 회복력을 강화하는 데에 중요한 역할을 했다는 평가를 받는다.

경주아이쿱생협의 재난안전 활동

활동 시기	활동 내용
2016.10.	지진 바로알기 강좌 〈쿵~온 몸으로 느낀 지진〉
2016.11.	지진 바로알기 특별강좌 〈일본 엄마들의 지진대처법〉
	긴급구호물품(생수, 한끼 식사대용품, 비상은박담요) 매장 비치
2016.12.	임시 재난지진위원회 구성(이사장, 이사와 조합원 등 5인)
2017.01.	지진매뉴얼북 2,000부 배포(조합원용 1,000부/시민용 1,000부)
	경주아이쿱생협 각 자치모임에서 매뉴얼북 읽기모임 진행
	경주시민 지진간담회 참석, 정부지진대책 요청
2017.06.	경주시민이 쓴 지진에 대한 기록 〈현관 앞 생존배낭〉 북 콘서트 개최
2017.10.~11.	〈재난대응 역량강화 프로그램〉 실시
2017.11.	포항지진 구호활동 지원(조합원 구호물품 키트 배부)
2018.06.	〈재난대응 역량강화 기초교육〉 실시
2018.09.	〈재난대응 역량강화 심화교육〉 실시

출처 : 주필주. 앞의 논문(189쪽)

지진 발생 직후 경주아이쿱생협은 '지진 바로알기 강좌'를 개최하여 시민들의 재난 인식을 개선하고자 했으며, 동시에 전국 조합원 매장에 긴급구호물품을 비치하여 실질적인 대응 활동을 전개했다. 이어 12월에는 '재난지진위원회'를 구성하여 재난 안전 활동의 범위를 확대하고, 실제 재난 상황에서 활용할 수 있는 매뉴얼북을 제작·배포함으로써 조합원들이 보다 효과적으로 재난에 대비할 수 있도록 지원했다. 또한, 재난 대책의 중요성을 알리기 위해 간담회와 북 콘서트 같은 행사를 열어 관련 정보를 적극적으로 공유했다. 2017년에는 방사능 누출 사고 발생 시 필요한 심리적 대응 방법, 대피 요령, 재난 정보 공유 등 재난 대응 역량 강화를 위한 프로그램을 운영했으며, 2018년에는 기초교육과 심화교육으로 세분화된 체계적인 교육 프로그램을 제공하여 재난 대비 역량을 한층 더 강화했다.

시민역량을 향상하기 위해서는 커뮤니티 단위에서의 혁신적 학습 과정이 필요하다. 특히, 자기조직화를 통해 형성된 커뮤니티 조직이 이러한 학습 과정을 주도할 때, 그 효과는 더욱 극대화될 수 있다. 경주아이쿱생협의 사례는 커뮤니티 기반 조직이 지역사회의 다양한 자원과 네트워크를 활용하여 재난 대응과 시민역량 개발의 선순환 구조를 만들어낼 수 있음을 보여주는 좋은 예라고 할 수 있다. 이렇게 형성된 선순환 구조는 위기 상황에서도 커뮤니티 차원의 안정적이고 회복력 있는 대응체계가 가동될 수 있도록 한다. 더 나아가서는 재난 대응에 국한되지 않고, 지역사회의 결속을 강화하고 협력 문화를 촉진하는 데에도 긍정적인 영향을 줄 것으로 기대할 수 있다.

일상 네트워크의 힘 - 아소노아카리(阿蘇の灯)

일상에서 구축된 지역사회 구성원 간의 강한 연결성은 재난 상황에서 중요한 역할을 한다. 지속적인 커뮤니케이션과 상호작용을 통해 형성된 일상적 관계는 비상시 신속하고 효율적인 대응을 가능하게 하는 핵심 요소이다. 커뮤니티 구성원 간의 유대감은 위기 상황에서 서로 돕는 기제로 작용하여 빠르고 효과적인 대응을 촉진하며, 잘 연결된 일상 네트워크는 커뮤니티 리질리언스를 형성하는 핵심적인 토대가 된다.

일본 '아소노아카리'의 활동은 일상 네트워크의 힘을 잘 보여주는 사례이다. 아소노아카리는 동해대학교 농학부 학생들을 중심으로 결성된 조직으로, 2016년 4월 발생한 구마모토지진 전후로 미나미아소촌(南阿蘇村) 주민들과 지속적으로 교류하며 다양한 지원 활동을 펼쳐왔다. 이들은 주민들과의 강한 유대감을 바탕으로 재해 지원 활동을 이어가며 마을 이재민들에게 실질적인 도움을 제공했다. 지진 발생 직후, 학생들은 미나미아소촌 주민들과 신속하게 연락을 주고받으며 안부를 확인하고 구조 활동을 전개했다. 이러한 신속한 대응은 평소 쌓아둔 상호신뢰와 협력관계 덕분에 가능했던 것으로 분석된다.

"지역 주민분들과 우리 대학 학생들은 평소에도 끈끈한 관계를 맺고 있었어요. 덕분에 지진 발생 직후 신속하게 서로의 안부를 확인하고 구조할 수 있었죠. (중략) 분명 힘든 기억이긴 합니다. 지진 피해로 인해 우리 대학은 터전을 잃고 다른 지역으로 이전해야 했거든요. 그래도 우리의 경험을 지속적으로 알리는 것이 중요하다고 생각합니다. 우리의 경험을 필요로 하는 곳이라면 범위를 한정하지 않고 서로 도움이 되는 관계를 형성해 가고 싶어요."*

아소노아카리 등불 이벤트-아카리 모노가타리(灯物語)

출처: 西日本新聞, 2022-11-08, 復興への願い, 400の灯籠に込め 南阿蘇村で東海大学生ら企画

아소노아카리는 지진이 어느 정도 수습된 이후에도 아카리 모노가타리(등불 이벤트)와 같은 지역부흥을 위한 연례행사를 주도적으로 개

* 2018년 9월, 구마모토 현지를 방문하여 아소노아카리 구성원 인터뷰를 진행하였다.

최해 오고 있다. 이 등불 이벤트는 구마모토 지진에 대한 응원 메시지를 모으고, 전국적인 지원을 유도하며 재난 극복의 상징적 역할을 하고 있다. 이러한 활동은 단기적인 재난 대응을 넘어 장기적인 지역사회 회복과 재건의 중요한 기반이 되고 있다.

미나미아소촌은 비교적 작은 마을이고, 대학을 거점으로 한 학생 커뮤니티가 활성화되어 있다는 특수한 조건이 있었기 때문에 이러한 활동이 가능했던 것일지도 모른다. 당연히 해당 사례를 모든 지역에 그대로 적용하는 것은 불가능하다. 그러나 각 지역의 특성과 자원을 반영하여 공동체의 범위와 활동 내용을 조정한다면, 아소노아카리의 경험에서 얻은 교훈을 효과적으로 활용할 수 있을 것이다.

이 사례가 시사하는 바는 분명하다. 촘촘히 연결된 일상 네트워크는 비상시에도 유효하다는 것이다. 따라서 일상적 관계망을 지역사회 안전망으로 자연스럽게 연결하기 위한 전방위적인 노력이 필요하다. 우선 커뮤니티 단위에서는 단순 교류를 넘어, 위기 상황에서도 효과적으로 작동할 수 있는 체계적인 연결망의 필요성을 인식하고, 이를 실현하기 위한 구체적인 실천방안을 모색해 나가야 한다. 동시에 세노권에서는 장기적인 관점에서 지역사회 안전망 조성을 위한 지원을 지속하며, 이에 부합하는 정책적 대안을 적극적으로 고민하고 제시해야 할 것이다.

5. 정리하며: 우리는 모두 저마다의 역할이 있다

위기 발생 시 이전 수준으로의 단순 복구가 아닌, 새로운 환경에 적응하며 변화와 혁신을 도모하려는 태도가 왜 중요한지에 대해 이 글 전반에 걸쳐 힘주어 전달하였다. 우리는 위기대응의 책임을 (정부로 대표되는) 특정 주체에게만 전가할 수 없는, 복잡하고 상호 의존적인 세계에 살고 있으며, 그 일차적인 대응 주체는 언제나 나 자신일 수밖에 없다. 이러한 맥락에서 커뮤니티 리질리언스와 적응적 거버넌스는 중요한 실마리를 제공한다. 공공과 민간, 개인과 커뮤니티가 각자 맡은 역할을 기꺼이 수행할 때 '리질리언스'는 발현될 수 있다.

그런 의미에서 경주아이쿱생협과 아소노아카리의 사례는 우리에게 몇 가지 중요한 메시지를 던져준다. 이들 사례는 위기 상황에 효과적으로 대응하기 위해서는 평소 커뮤니티 관계망을 촘촘하게 구축하고 상호 신뢰를 쌓는 것이 필수적임을 생생하게 보여주었다. 경주아이쿱생협은 지진 이후 커뮤니티의 자원과 역량을 체계적으로 조직화해 실질적이고 장기적인 변화를 이끌어냈고, 아소노아카리는 오랜 시간 축적해 온 일상적 유대감이 비상시 신속하고 효율적인 대응으로 이어질 수 있음을 증명해 냈다.

제도권의 역할도 결코 간과해서는 안 된다. 정부와 공공기관은 커뮤니티의 자율성을 존중하면서도 이를 효과적으로 지원할 수 있는 정책적 틀을 마련해야 한다. 형식적인 지원이 아니라, 지역사회가 직면한 현실적 문제를 면밀히 분석하여 각 커뮤니티의 특성을 반영한 맞춤형 접근을 통해 실효성 있는 대안을 제시해야 한다. 일본의 지구방재계획은 지역사회 구성원의 자발적 참여와 공공의 지원이 상호 보완적으로 작동할 수 있음을 보여주었다는 점에서 참고할 만한 사례라고 할 수 있다.

우리는 모두 저마다의 역할을 가지고 있다. 다만 자신의 역할을 선명하게 이해하고 있는 사람은 그리 많지 않은 듯하다. 초불확실성 시대의 '나' 그리고 '우리'의 역할을 진득하게 탐구하고 숙고하는 과정이 사회 전반에 누락되어 있기 때문은 아닐까. 이 과정은 특정 재난에 대한 대비와 대응 차원을 넘어, 지속 가능한 지역사회와 더 나은 미래를 만들어가는 데에 있어서 든든한 밑거름이 될 수 있다. 다양한 변화와 도전에 유연하고 의연하게 대응할 수 있는 사회가 되도록, 일상과 비일상을 넘나들며 다양한 연결의 방식을 고민하고 상상해 볼 것을 권해 본다. ■

3장

지방소멸을 넘어,
이주민과 원주민이 함께 그리는 지역의 미래

이민주
제주연구원 부연구위원

1. 들어가며

최근 몇 년 사이 '지방소멸'이라는 용어는 한국 사회의 큰 이슈 중 하나로 대두되었다. 지방소멸이라는 용어에 담긴 '인구가 지속적으로 감소하여 사람이 살지 않게 되면, 지역이 곧 사라질 것'이라는 경고는 많은 사람들로 하여금 이 문제에 관심을 갖도록 만들었다. 우리 사회는 농어촌지역 및 지방 중소도시의 인구 유출, 수도권으로의 인구 집중, 저출생과 고령화 등 각종 인구 문제를 경험하고 있다. 이에 인구감소와 지방소멸에 대한 위기의식이 고조되었고, 정부와 지자체에서는 인구 유입을 위한 다양한 정책적 노력을 경주 중이다.

한 예로, 한국 사회에서 귀농귀촌은 경제 위기의 대안으로서 평가되기도 하고, 전원생활에 대한 동경이자 생태적 삶에 대한 지향으로 각광받기도 했다. 그러나 2000년대 초부터는 귀농귀촌이 농촌지역으로 도시민들을 유치하기 위한 수단이 되어 지자체들 간의 경쟁이 심화되기도 하였고, 최근 들어 청년 인구를 유인하는 지방소멸의 해결책으로서 부각되기도 하였다.* 최근에는 베이비부머의 은퇴 시기와 발맞춰, 이들을 유인하여 소멸위기지역의 인구 문제를 해결하기 위해 은퇴자주거복합단지(Continuing Care Retirement Community, CCRC)를 조성하자는 논의들도 전개되고 있다. 최근 서울시가 발표한 '골드시티' 사업이

---

* 이민주·백일순. 2024. "귀농귀촌, 누가 선택하는가?: 세대별 농촌 이주 의향과 영향요인 분석". 도시행정학보, 37(3). 73-96쪽.

대표적인 사례인데, 이는 지방에 주거, 일자리, 여가 기능이 결합된 신도시를 조성하고, 지방에서 인생 2막을 여유롭게 보내고자 하는 은퇴자들의 이주를 지원하는 사업이다.

이같이 인구 유입을 위한 다양한 노력들이 지속되고 있는 상황에서, 과연 부작용은 없을까? 제주의 경우, 2010년경 이후 천혜의 자연환경 속에서의 삶을 추구하는 많은 이들이 이주해 왔다. 많은 이들이 미디어에서 접한 전원적 삶, 슬로우 라이프를 꿈꿨지만, 여러 현실적인 문제로 좌절되기도 했다. 제주의 높은 주거비와 생활비, 좋은 일자리의 부재, 언어와 문화의 차이 등은 이주민의 적응과 정착을 어렵게 만드는 요인들로 지적되기도 하였다.

본 고에서는 '제주살이 열풍'으로 지칭되는 급격한 인구 유입을 경험한 제주를 사례로, 인구 유입과 이주민들의 적응과 정착에 관한 내용들을 다룬다. 먼저 제주의 인구 변화와 유입 현황, 그리고 이주와 정착에 대한 인식을 살펴본다. 이어서, 제주 이주민들의 안정적인 정착을 지원하기 위한 정책을 소개한다. 마지막으로, 제주시 조천읍 선흘1리 사례를 통해 이주민과 원주민이 서로 마음을 나누는 과정에서 지역사회가 새롭게 변화되고 있는 모습을 조명하고자 한다.

2. 제주의 인구 추이와 유입 현황

[그림 1]은 제주의 인구 추이를 나타낸 그래프이다. 그래프는 행정

안전부의 『주민등록인구현황』 자료를 활용하여 작성하였으며, 보다 장기적인 관점에서 제주의 인구 변화 경향을 살펴보기 위해 시간적 범위를 1990년대부터 최근까지로 설정하였다. 그래프를 보면, 제주의 인구는 1990년대부터 지속적으로 증가한 것으로 나타났다. 구체적으로 보면, 1990년대 초반 제주의 총 인구는 약 50만 명 수준이었으나, 완만하지만 지속적으로 증가하여 2000년대 제주의 총 인구는 약 56만 명 수준이었다. 그러나 2010년대 들어 인구가 가파르게 증가하였는데, 특히 2013년 이후 2018년도까지 증가 폭이 비교적 큰 것으로 나타났고 제주의 총 인구도 2014년에 60만 명을 돌파하였다. 인구 증가세는 지속되었지만 2020년 전후로 둔화되었는데, 2022년 제주의 총 인구는 약 678,159명이었으나 이후 감소하여 2023년에는 675,252명이었다.

[그림 1] 제주의 인구 추이 (1992~2023)

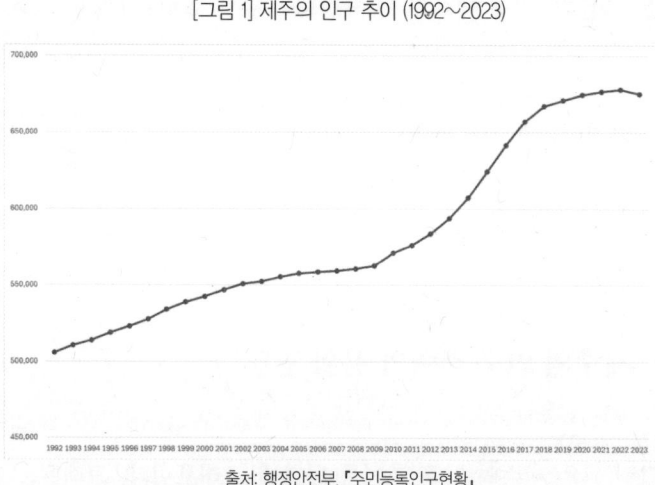

출처: 행정안전부, 『주민등록인구현황』

제주의 인구 추이에는 어떠한 요인이 영향을 미쳤을까? 지역의 인구 성장에 영향을 미치는 요인은 자연적 증감과 사회적 증감으로 구분할 수 있다. 자연적 증감은 출생과 사망에 의한 인구 증감을, 사회적 증감은 인구 유출입에 의한 인구 증감을 의미한다. 이 장에서는 시기별 인구의 자연적 증감과 사회적 증감 추이를 비교하며 제주의 인구 증감 요인을 살펴본다.

[그림 2] 제주의 자연적 인구 증감과 사회적 인구 증감 추이

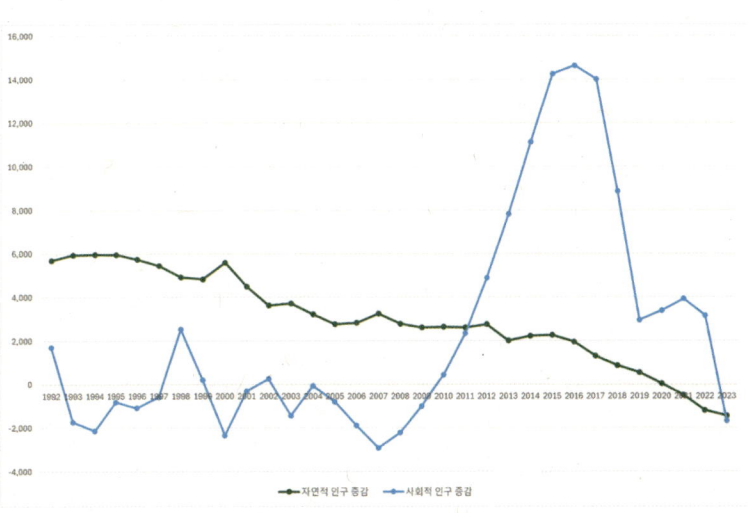

출처: 통계청, 「국내인구이동통계」 및 「인구동향조사」

[그림 2]는 1990년대부터 최근까지의 제주의 자연적 인구 증감과 사회적 인구 증감 추이를 나타낸 그래프이다. 그래프의 녹색 선은 제주

3장 101

의 자연적 인구 증감 추이를 나타낸 것으로, 자연증가건수는 출생아 수에서 사망자 수를 뺀 값을 의미한다. 1990년대의 연간 자연증가건수는 일부시기를 제외하면 5천 명대 중반 이상이었다. 2000년대 들어 자연증가건수는 지속적으로 감소하여 2001년에는 4,483건, 2010년에는 2,640건으로 감소하였지만 여전히 순유출인구보다 자연적 감소가 높았다. 2010년 이후 자연증가건수는 지속적으로 감소하여 2021년부터는 그 수치가 음(-)으로 전환되어 출생아 수보다 사망자 수가 더 높게 나타났다.

하늘색 그래프는 연간 순이동인구를 나타낸 것으로 이를 통해 제주의 사회적 인구 증감 추이를 파악할 수 있다. 순이동인구는 전입인구와 전출인구의 차이를 의미한다. 특정 시점의 순이동인구가 양(+)이면 전입인구가 전출인구보다 많아 인구의 순유입이 이루어졌음을 의미하고, 음(-)이면 전입인구가 전출인구보다 적어 인구의 순유출이 이루어졌음을 의미한다.

2010년 이전까지는 시기에 따라 순유출과 순유입이 반복되면서 등락이 이루어진 것을 볼 수 있다. 2010년 이전 순유출이 가장 크게 나타났던 시기는 2007년(-2,928명)이었고, 순유입이 가장 크게 나타났던 시기는 1998년(2,530명)이었다. 2000년대 일부 년도에서 소폭 순유입이 이루어진 것을 제외하면, 대부분 순유출이 이루어졌지만 2010년 이후 전입인구가 폭발적으로 증가하여 순유입인구가 매우 높게 나타난 것을 볼 수 있다. 2010년 437명이 순유입했던 것에서 계속 증가하여 2014년부터 2017년 사이에는 매년 순유입인구가 1만 명을 상회하였다. 그러나 이후 순유입인구가 급감하면서 2023년에는 전출인구가 전입인구보다 더 크게 나타나 순유출로 전환되었다.

2010년 이전에 순이동인구가 등락을 반복하면서 시기에 따라 순유출과 순유입도 번갈아 나타났지만 제주의 인구가 꾸준히 증가한 것은 순유출인구보다 자연증가건수가 더 많았기 때문이다. 이는 [그림 2]에서 자연적 인구 증감을 나타내는 녹색 선이 사회적 인구 증감을 나타내는 하늘색 선을 상회하는 것을 통해서도 파악할 수 있다. 그러나 2010년을 전후하여 녹색 선은 꾸준히 감소하였지만, 하늘색 선은 급격하게 우상향하면서 사회적 인구 증가분이 자연적 인구 증가분을 뛰어넘는 것을 알 수 있다. 이는 최근 10여 년 사이 제주 인구의 증가에 영향을 미친 '제주살이 열풍'으로 인한 인구 유입과 관련이 있다. 그러나 2020년 이후 자연적 감소와 사회적 감소가 이루어지면서 제주의 총 인구도 감소 추세로 전환되었다.

요약하면, 2010년 이전까지 제주의 인구 증가는 자연적 증가에 기인하였지만, 2010년 이후의 인구 증가는 타 지역으로부터의 인구 유입으로 인한 사회적 증가에 기인한다. 인구 유입으로 인한 제주의 급격한 인구 증가는 제주의 활력 증진과 지역경제 활성화 등 긍정적인 영향을 미치기도 했지만, 이주민과 원주민 간의 갈등, 주택 및 토지가격 상승 등 여러 부정적인 영향을 미쳤다는 의견도 존재한다. 이렇듯 길지 않은 기간에 많은 인구가 지속적으로 유입됨에 따라 제주의 지역사회에 큰 영향을 미쳤다는 것은 부정할 수 없는 사실이다.

3. 제주 인구 유입 및 이주·정착에 관한 인식

그렇다면 제주로의 인구 유입에 대한 기존 주민들의 인식은 어떠할까? 또 이주해 온 사람들이 제주에 왜 이주하였고, 정착 과정에서 겪는 어려움은 무엇일까? 제주특별자치도 사회조사에서는 2018년부터 인구 유입에 대한 주민들의 인식과 이주민들의 이주 이유와 만족도, 정착 등에 관한 문항을 포함하고 있다. 이 장에서는 사회조사 원자료 분석을 바탕으로, 제주 인구 유입과 이주 및 정착에 관한 인식을 다각적으로 살펴보도록 한다.

제주 인구 유입 증가에 대한 인식

우선 제주의 인구 유입 증가 현상에 대한 인식을 살펴보자. [그림 3]은 2018년~2023년 사회조사의 '최근 도내 인구 유입 증가 현상에 대해 어떻게 생각하십니까?'라는 문항에 대한 응답 값을 정리한 것이다.

최근 6년간의 응답 값을 보면, 제주의 인구 유입 증가에 대해 부정적인 응답 비율은 감소하고 긍정적인 응답 비율이 점차 증가하는 것을 볼 수 있다. 2018년 조사에서 '매우 부정적' 또는 '약간 부정적'이라 응답한 비율은 전체의 약 45.6% 수준이었으나, 점차 감소하여 2023년에는 약 20.7%로 나타났다. 긍정적 응답 비율을 보면, 2018년에 '다소 긍정적' 또는 '매우 긍정적'으로 응답한 비율은 약 30.9%였는데, 그 비율은 시기적으로 등락을 반복하였지만 전반적으로 증가 추세를 보였으며 2023년에는 약 38.9%가 긍정적으로 응답하였다.

각 연도의 응답을 5점 만점으로 하여 계산한 값 역시 매년 증가 추세를 보였다. '매우 부정적'이라는 응답은 1점, '보통'은 3점, '매우 긍정적'이라는 응답은 5점으로 하여 계산한 값을 보면, 2018년과 2019년에는 2.79점, 2020년과 2021년에는 2.91점, 2022년에는 3.07점, 2023년에는 3.22점으로 증가하였다. 유례없는 인구 유입을 경험한 시기 직후라 할 수 있는 2018년에는 인구 유입에 대해 부정적인 인식이 강했다면, 시간이 지날수록 부정적 인식은 점차 완화되고 있음을 확인할 수 있다.

[그림 3] 제주 인구 유입 증가 현상에 대한 인식

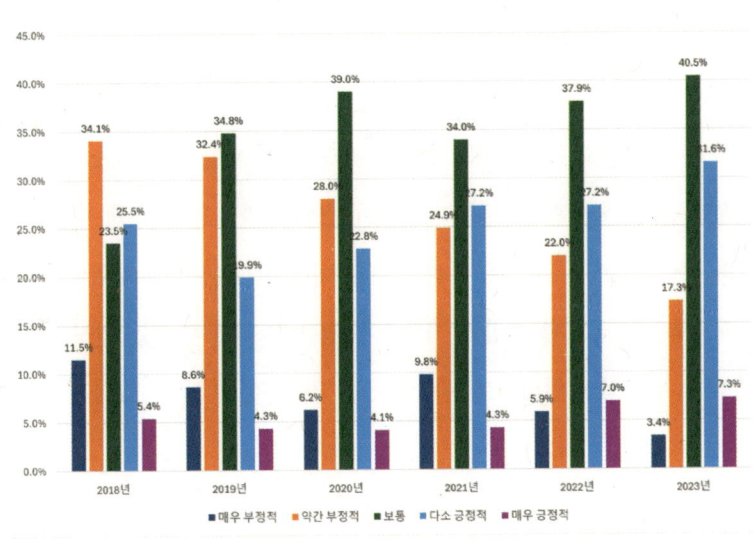

출처: 제주특별자치도, 「제주특별자치도 사회조사」

제주 인구 유입 증가에 대해 긍정적·부정적으로 바라보는 이유

제주 인구 유입 증가에 대해 긍정적 또는 부정적으로 인식하는 이유는 무엇일까? 해당 문항이 있는 가장 최근의 조사인 2021년도 조사 결과를 보면 다음과 같다.* 우선 긍정적으로 응답한 이유에 대해 살펴보자. 앞서 제주의 인구 유입 증가 현상에 대해 긍정적으로 응답한 사람들을 대상으로 그 이유를 물은 결과, '젊고 다양한 인적자원의 확대'가 약 38.1%로 가장 높은 비율을 보였다. 다음으로 '생활인프라 확충 기대(35.5%)', '내수시장 성장에 따른 고용 기회 확대(20.7%)' 등 순으로 나타났다. 요약하면, 주민들은 다른 지역으로부터 제주로의 인구 유입을 통해 인적자원, 생활 인프라, 경제 활성화 등 측면에서 긍정적인 영향이 있을 것이라고 인식하였다.

가장 최근의 조사인 2023년도 자료를 보면, 제주 인구 유입 증가 현상에 부정적인 이유는 다음과 같다. 가장 높은 비율을 차지한 응답은 '자연환경 및 생활환경 훼손(45.4%)'이었으며, 다음으로 '주택 및 토지 가격 상승(30.2%)', '지역 주민과의 관계 어려움(13.5%)' 등 순으로 나타났다. 제주의 중요한 자산인 자연환경 훼손에 대한 염려는 인구 유입에 대한 부정적인 인식과도 관련이 높은 것을 알 수 있다. 그리고 생활

---

* 「제주특별자치도 사회조사」에서는 제주 인구 유입 인식과 그 이유에 대해 조사하였다. 인구 유입에 긍정적인 이유는 2018년~2021년에만 조사되었고, 선택지도 변화를 거쳤다. 이에 최근 조사 시점인 2021년 문항의 응답을 활용하였다.

환경 훼손과 주거비 부담 증가는 주민이 살아가는 터전인 정주환경과 직접적으로 관련된 문제인 만큼, 인구 유입 증가에 대한 부정적인 주된 이유로 꼽혔다.

제주 이주민의 이주 동기와 정착 특성

『제주특별자치도 사회조사』에서는 제주 거주 10년 미만인 응답자들을 대상으로 이주 동기와 이주 후 만족도, 이주 후 적응 등에 대한 문항을 포함한다. 사회조사 결과를 통해 이주민들의 이주와 정착, 적응에 대한 인식에 대해 살펴보자.

[그림 4]는 제주로 이주한 동기에 대한 응답을 나타낸 그래프이다. 가장 높은 비율을 차지한 것은 '회사 이직 또는 파견'으로 전체의 약 23.0%로 나타났고, 다음으로 '새로운 취/창업 도전(20.6%)' 순으로 높게 나타났다. 즉, 제주로의 이주 동기 중 가장 중요하게 작동하는 요인은 개인의 직장, 직업적 변화인 것을 알 수 있다. 다음으로, '자연과 함께 하는 전원생활(15.1%)', '새로운 주거환경(11.4%)', '건강·힐링을 위한 환경(11.0%)' 순으로 나타났다. 이는 개인 및 가구의 더 나은 정주환경을 위한 선택으로 풀이된다. 특히, 제주의 아름답고 청정한 자연환경에서의 생활, 건강한 삶을 추구하기 위함이라는 응답은 주목할 만하다.

과연 제주로 이주한 사람들은 얼마나 만족할까? 최근 10여 년 간 이어져 온 '제주살이 열풍'도 점차 식어가고 있고, 제주가 지닌 천혜의 자연환경과 그 안에서 '힐링', '슬로우 라이프'를 추구하며 찾아온 사람들이 다시 육지로 돌아가고 있다.* 앞서 확인한 바와 같이, 제주의 인구 유입은 점차 감소하여 순유출이 이뤄지고 있다는 점은 이러한 현상의 방증이라 할 수 있다.

[그림 4] 제주 이주 동기 (2023년)

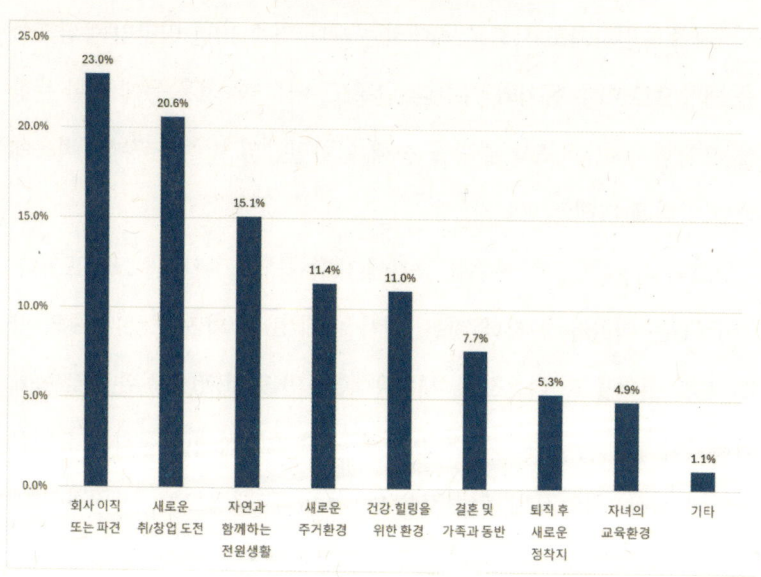

출처: 제주특별자치도, 『제주특별자치도 사회조사』

---

* JIBS 제주방송, 2024-12-23, '제주'라는 꿈, '현실'이라는 벽… "높아진 물가에 이주 열풍 막 내리나?"

[그림 5]는 제주로의 이주 후 만족도를 영역별로 나타낸 그래프이다. 주관적 행복감을 비롯하여, 주택 마련 및 거주환경 등 정주환경과 각종 생활인프라에 대한 만족도, 일자리와 경제활동, 행정기관의 생활지원정책 등 10개의 다양한 영역에 대한 만족도를 조사한 결과이다. 각 영역의 5점 만점 기준 점수를 보았을 때, 가장 높은 만족도를 보인 영역은 '자연환경(4.33점)'이었으며, 다른 영역들과 비교해 상대적으로 다소 높은 수치를 보였다. 가장 낮은 만족도를 보인 영역은 '경제활동, 소득, 생활물가(2.55점)'였으며, 이외에도 '의료 및 복지환경(2.69점)', '일자리 및 직업(2.78점)'도 낮은 수준을 보였다. 주택마련 및 거주환경, 각종 생활인프라 여건 관련 영역은 10개 영역 중 중간 정도 수준으로 나타났다.

제주는 우리나라에서도 문화, 언어, 지리적 측면에서 지역적 특성이 강한 지역이다. 지역 고유의 정체성을 유지하고 있다는 점에서는 긍정적이지만, 이는 다른 지역에서 이주한 주민들이 적응하고 정착하기에는 걸림돌이 될 수 있다. 사회조사에서는 제주 거주기간 10년 미만 응답자에게 '귀하는 제주생활(이웃, 문화, 언어, 지리 등)에 적응되었다고 생각하십니까?'라는 질문에 응답자의 약 54.5%는 잘 적응하고 있다고 응답하였지만, 약 15.4%는 적응이 안된다고 응답하였다. [그림 6]을 보면, 제주 생활에 적응되지 않는 이유로 가장 높은 비율을 차지한 것은 '언어, 풍습 등 지역 문화 적응(51.8%)'을 꼽았으며, 그 비율이 월등히 높게 나타났다. 다음으로 '지역 주민과의 관계(39.3%)', '여가 및 문화 향유 선택 부족(23.3%)', '교통 환경 및 접근성 부족(15.4%)' 등 순이었다. 제주에 정착하기 위해 필요한 정보로 '일자리 알선 및 직업 훈련에 관한 정보(33.1%)', '생활편의시설 위치에 관한 정보(24.8%)', '위치, 가격 등 부동산에 관한 정보(17.1%)' 등 순으로 이주민 정착에 대한 정책수요가 높게 나타났다.

[그림 5] 이주 후 만족도 (2023년)

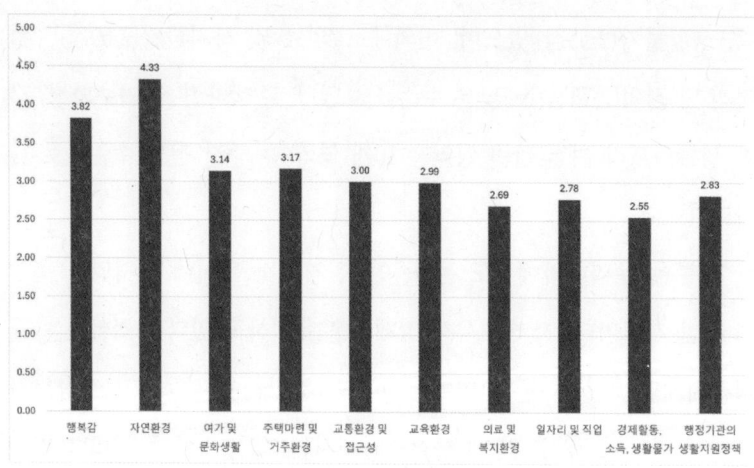

출처: 제주특별자치도, 「제주특별자치도 사회조사」

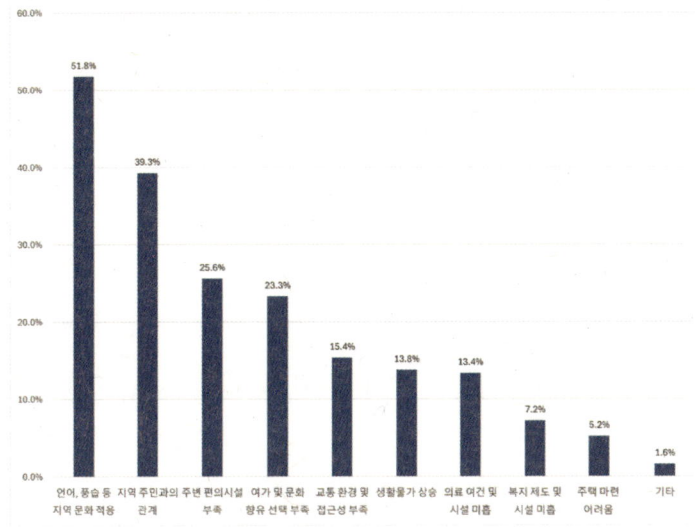

[그림 6] 적응이 되지 않는 이유 (1+2순위, 2023년)

출처: 제주특별자치도, 『제주특별자치도 사회조사』

4. 제주 이주민의 적응과 정착을 위한 정책*

제주에는 이주민의 안정적인 적응을 지원하기 위한 조례가 일찍이 마련되었고, 관련 정책들도 추진 중이다. 현재 이주민과 관련된 국내 주요 정책들은 인구정책, 귀농귀촌정책, 정착주민, 북한 이탈주민, 다문화가족 등 5개 방향으로 추진 중에 있다. 국내 대부분의 지자체들에서 인구정책과 귀농귀촌정책 차원에서 이주와 정착 문제를 다루고 있

---

* 이 장의 내용은 제주특별자치도·제주연구원(2021) 『제주 정착주민 기본계획(2022~2025)』 최종보고서 내용의 일부를 참고하여 서술하였다.

다. 북한 이탈주민의 정착과 다문화는 조금 특수하게 다뤄지는 측면이 있다. 정착주민만을 대상으로 자치법규를 마련하여 정책을 추진 중인 곳은 제주가 유일하다. 일반적으로 다른 지자체에서는 인구관련 조례 및 정책에서 이주 및 정착과 관련된 내용을 다루고 있는데, 「제주특별자치도 정착주민의 지역공동체 조성을 위한 조례」는 다른 지자체에는 없는 제주만의 독특한 조례라 할 수 있다.

현재는 전면 개정을 거쳐 「제주특별자치도 정착주민의 지역공동체 조성을 위한 조례」라는 이름으로 시행되고 있으나, 당초 이 조례는 2014년 4월에 「제주특별자치도 정착주민 등 지원에 관한 조례」라는 이름으로 발의되어 제정되었다. 조례는 "제주특별자치도로 이주한 정착주민이 안정적으로 적응하고 지역주민과의 상생 협력을 통해 궁극적으로 지역공동체를 조성하는데 필요한 사항을 규정"하는 것을 목적으로 한다. 조례의 주요 내용으로 정착주민 및 예비정착주민의 정의, 정착주민 지원, 기본계획 수립, 정착지원 등의 정보제공, 실태조사, 지원사업에 대한 분석 및 평가, 위원회의 설치, 홈페이지 구축·운영, 정착지원센터 운영 등을 포함한다.

조례에 따르면 정착주민이란 "제주특별자치도(이하 "제주자치도"라 한다)로 이주하여 제주자치도에 주민등록을 한지 5년이 경과되지 않은 사람"을 의미하며, 예비정착주민이란 "제주자치도 외에 주소를 두고 거주하면서 제주자치도로 이주해 살기를 희망하여 이주를 준비하는 사람 및 그 가족"을 뜻한다. 2010년 이후 최근까지 제주이주열풍과 함께 타 지역에서 다수의 사람들이 이주하였고, 이들의 순조로운 적응과 정착을 위해 다양한 정책적 노력이 있음을 확인할 수 있는 대목이다.

5. 이주민과 원주민의 화합으로 피어나는 마을, 선흘1리

본 고에서는 제주시 조천읍 선흘1리를 사례로, 이주민과 원주민의 화합을 통해 보다 활기찬 지역으로 변모해나가는 모습을 소개한다. 제주시 조천읍 선흘1리는 지리적으로 제주시 동부지역에 위치한 중산간 마을로, 조천읍의 12개 마을 중 두 번째로 큰 면적을 차지한다. 2024년 3월 기준, 선흘1리에는 1,030명의 주민이 거주하고 있다. 공식적인 통계는 없으나, 마을 이장 인터뷰에 따르면 원주민과 이주민의 비율이 약 50:50 수준으로 다른 마을에 비해 이주민의 비율이 다소 높은 것이 특징적이다.

2011년 이후 최근까지 제주시 및 조천읍의 인구는 꾸준히 증가하였는데, 이는 해당 시기부터 유행한 제주살이 열풍으로 인한 인구 유입에 기인한다. 2011년 말 제주시 총 인구는 약 42만 명이었으나, 2023년 말에는 약 49만 명으로 6만 8천여 명 넘게 증가하였다. 조천읍의 인구 변화를 보면, 2011년 말 조천읍의 인구는 20,752명이었으나, 2023년 말에는 25,756명으로 약 5천 명이 증가하였다. 선흘1리의 인구 추이도 유사한 경향을 보인다. 2011년에 선흘1리 주민은 794명이었으나 지속적으로 감소하다가 2015년 이후 증가하였다. 선흘1리의 인구 증가는 2010년 이후 제주살이 열풍으로 인한 제주도 전반의 인구 유입 증가와도 맥을 같이 한다. 이외에도 후술할 선흘초등학교의 학생 수 증가 사례를 볼 때, 생태교육 수요로 인한 유입인구 증가도 선흘1리의 인구 증가에 긍정적인 영향을 미쳤다.

선흘1리는 다양한 지역자원을 보유하고 있다. 동백동산 및 생태관광 프로그램, 낙선동 4·3성 등 제주 4·3 유적, 제주의 작은 학교 살리기 운동과 선흘초등학교, 그리고 최근 들어 주목받고 있는 그림 그리는 할머니들이 있다.

[그림 7] 세계자연유산마을 표지석　　　　　[그림 8] 동백동산 입구

출처: 저자 촬영(2024-11-15)

선흘1리는 동백동산이라는 생태자원을 보유하고 있으며, '습지를 품은 마을'이라는 별칭이 있다. 동백동산은 생태적 우수성을 인정받아

2007년에는 세계자연유산마을, 2011년에는 람사르 습지로, 2014년에는 세계지질공원 대표명소로 지정되었다. 동백동산은 제주 생태체험관광의 명소 중 하나로, 곶자왈에 넓은 연못이 만들어진 보기 드문 지형이다. 마을에 상수도가 보급되기 전에는 주민들은 동백동산 부근에서 식수를 구했으며 이름이 붙여진 크고 작은 연못이 100여 곳에 이른다. 사계절 마르지 않는 동백동산의 습지는 여러 수생식물과 곤충, 양서류가 서식하는 생태자원의 보고라 할 수 있다. 선흘1리 생태관광 프로그램은 동백동산을 중심으로 습지 탐방 및 해설, 스탬프투어, 음식문화체험 등이 운영된다.

한편, 선흘리는 제주 4·3사건에 의해 제주 내에서도 큰 피해를 받은 지역 중 하나로, 제주의 아픈 역사를 지닌 마을이다. 제주 4·3사건이 한창이던 1948년 11월부터 다음 해 3월까지 토벌대에 의해 중산간 마을들이 초토화되어 많은 희생자가 발생하였는데, 선흘리도 많은 피해를 입었다. 1948년 11월 선흘국민학교에 주둔한 군인들에 의해 마을이 초토화 작전으로 불타버렸다. 주민들은 선흘곶 인근의 동굴, 들판에 움막을 짓고 지냈으나, 은신처들이 발각되면서 많은 주민들이 총살당하는 등 희생을 당했다. 살아남은 주민들은 낙선동에 성을 쌓고 집단 거주하며 생활을 이어갔는데, 낙선동 4·3성은 당시 축조된 성 중 원형을 가장 잘 보존하고 있다. 지난 2019년에는 200여명의 선흘리 4·3희생자를 추모하기 위한 위령비가 건립되었고 매년 11월 15일에는 위령제가 열린다.

선흘1리의 인구 증가와 관련하여 선흘초등학교는 빼놓을 수 없는 부분이다. 선흘분교는 폐교 위기에 처하자, 인근의 학생들을 전입시키는 등 작은 학교 살리기 운동을 추진하였는데, 도 교육청은 선흘1리의 천혜의 자연환경을 활용한 생태교육으로 친환경, 지속가능한 교육의 가능성을 실험하고자 하였다. 도 교육청은 마을, 학교와 협의하여 선흘분교를 제주형 자율학교 중 하나인 '건강생태학교'로 지정하였다.* 학교와 동백동산을 기반으로 건강생태교육을 활발히 추진한 결과, 선흘분교의 학생 수가 점차 증가하였다. 선흘1리의 자연환경, 그 안에서 아이들이 자유롭게 뛰어놀며 배울 수 있는 교육환경에 매료된 학부모들이 이주하게 된 것이다. 2015년 선흘분교의 학생 수는 2015년에 21명이었으나, 서서히 늘어 2020년에는 92명의 학생이 재학하였다. 학생 수가 꾸준히 늘어 2022년에는 27년 만에 본교인 선흘초등학교로 승격하였다.** 2024년 말 기준 선흘초등학교에는 약 100명의 학생들이 재학 중이다. 전국적으로 농어촌지역의 인구감소 문제가 심각한 상황에서, 사람들이 이주하고,

---

* 교육부는 교육재정의 비효율성 문제를 완화하고자 1982년부터 '소규모 학교에 대한 통폐합 정책'을 추진하여 다수의 학교를 통폐합해왔다. '소규모 학교 통폐합 정책'은 교육적·사회적으로 중요한 쟁점이 되었고, 농촌의 인구감소, 학교의 소규모화와 통폐합, 인구감소로 이어져 농촌의 공동화와 황폐화를 가속화하였다1). 교육부의 '소규모 학교 통폐합 정책'에 대한 대응으로, 1990년대 한국 농어촌지 역에서 작은 학교 살리기 운동이 촉발되었고, 2000년대 들어 혁신학교 정책으로 이어졌는데, 제주는 '제주형 자율학교'로 이어졌다2). '다훈디 배움학교'는 2015년부터 운영되는 제주형 자율학교로, 교육청의 주도 하에 교직원, 학부모, 지역사회 모두가 협력하여 운영되고 있다.
1)노화동·정석. 2015. "농촌마을 폐교위기 극복을 위한 마을공동체의 역할-제주특별자치도 8개 마을의 임대 주택 제공사례를 중심으로". 한국농촌건축학회논문집. 17(3). 45-54쪽.
2)염미경. 2021. "마을 만들기 전략으로서 제주 농촌의 학교 살리기 사례 분석과 지속가능 지역교육공동체 탐색". 제주도연구. 55. 233-254쪽.
** 한라일보. 2022-9-30. 학교와 마을 힘 모은 '건강생태학교' 선흘초 본교 승격식.

폐교 위기의 학교가 본교로 승격한 사례는 주목할 만하다.

[그림 9] 선흘리 4·3희생자 위령비   [그림 10] 선흘초등학교 본교 승격식

출처: 헤드라인제주(https://www.headlinejeju.co.kr)   선흘초등학교(https://school.jje.go.kr/seonheul)

선흘1리가 최근 몇 년 사이에 새롭게 주목받고 있는 이유가 또 있다. 바로 '그림 그리는 할머니들' 때문이다. 평균 연령 85세의 할머니들은 일제강점기, 제주 4·3을 겪으면서 글을 제대로 배우지 못 하고 가족을 돌보고 일을 하며 살아왔다. 할머니들은 자신들의 일상생활, 삶의 기억을 그림으로 그려내고 있다. 서울에서 선흘1리로 이주한 최소연 작가는 마을의 대안 학교인 볍씨학교의 미술 선생으로 활동하였는데, 우연한 기회에 한 할머니에게 그림을 가르치게 된 것을 계기로 할머니들의 '그림선생'으로 활동하게 되었다. 최소연 작가는 할머니들에게 매주 그림수업을 진행하며, 2021년부터 매년 할머니들의 그림 전시회를 개최하고 있다.

2024년에는 12월 한 달 간 '딸, 어멍, 할망, 그리고 기막힌 신들의 세계'를 주제로 11명의 할머니들의 작품들을 전시하였다. 11명의 할머니

들이 각자의 집의 빈 창고와 마을의 농협창고에서 그림을 전시하였고, 투어 프로그램, 할머니들과 함께하는 드로잉 워크샵을 진행하였다. 필자는 2024년 12월 1일, 선흘체육관에서 있었던 개막식에 참석하고 마을 곳곳의 전시관들을 돌아다니며 할머니들의 작품들을 감상하였다. 할머니들의 가족, 선흘1리 주민, 지역의 여러 사람들이 모인 가운데 할머니들이 1년간 그림을 그리고 준비하는 과정들을 담은 영상으로 개막식이 시작되었다. 이후 전시회의 주인공인 11명의 할머니들이 화려하게 꾸민 채 입장하여 감사의 인사를 전하고, 노래를 부르고 춤을 췄다. 선흘초등학교 학생들로 구성된 오케스트라 공연에 할머니들이 흥겹게 춤을 추었고, 참석자 모두가 박수치며 마을의 잔치를 즐겼다.

개막식이 끝난 후, 마을 지도를 들고 전시관을 둘러보았다. 할머니들의 집 대문 옆에는 할머니들이 모델이 되어 촬영한 큰 포스터가 붙어있었다. 집에 들어가니 할머니들과 가족들이 관람객을 맞이하며, 주전부리를 내어주기도 하고 그림에 대해 설명해주기도 하였다. 할머니들이 사는 집의 농기구 창고, 소가 살던 외양간 등 빈 공간이 그림을 전시하는 공간으로 활용되었다. 제주 특유의 돌담집, 창고 공간, 그리고 그 안에 걸려있는 할머니들의 그림들과 서툰 글씨는 투박해 보이지만 그 자체로 멋진 작품이었다. 밭에 배추 모종을 심었는데 다 망가뜨리고 간 나쁜 고양이, 바닷가 마을에서 중산간 마을인 선흘로 시집와서 기르게 된 마냥 예쁜 소들, 제주 4·3의 기억, 밭을 바쁘게 돌아다니며 신었던 신발 등 할머니들의 삶이 깊게 배인 그림들은 소소한 재미를 준다. 또,

긴 세월 제주의 척박한 환경과 아픈 역사들을 거치며 꾹꾹 담아놓았을 속내를 말년에서야 멋진 그림으로 그려낸 것, 할머니들의 삶이 아로새겨진 그림 속의 제주어와 투박한 글씨들, 또 시골 마을의 할머니들이 화가로 전시회의 주인공이 된 서사, 그 모든 것들이 모여 감동을 자아냈다. 우연한 계기였지만, 마을의 이주민과 할머니들과의 만남이 없었다면 상상할 수 없을 일이다.

'그림 그리는 할머니들'로 인해 선흘1리 마을 전체에 변화가 일어나고 있다. 선흘1리는 '세대를 아우르는 미술관마을, 뮤지엄 선흘'을 선언하고 마을 사업들을 추진 중이다. 선흘1리는 이전에도 마을만들기 사업을 추진했으나 할머니들의 그림을 원동력으로 새로운 컨셉의 마을만들기 사업을 추진할 수 있게 되었다. 선흘1리는 할머니들의 그림을 주제로 한 마을 만들기로 2024년 제주형 마을만들기(제주다움) 사업에 선정되어 이를 추진 중이다. '뮤지엄 선흘'은 말 그대로 마을 전체가 하나의 미술관이 되는 프로젝트이다. 할머니들의 그림을 통해 마을 곳곳이 전시관으로 변모하였으며, 국내 및 해외에서도 많은 사람들이 찾고 있다. 할머니들의 그림 전시 공간은 마을 곳곳에 있어, 마을 길을 따라 산책하며 전시 공간에 방문하여 그림을 감상할 수 있다. 국내외 대학생들이 할머니들의 그림을 감상하고 견학하기 위해 마을을 방문하였고, 마을과 할머니들의 그림에 매료되어 수업을 돕는 자원봉사자들도 늘어났다.

[그림 11] 전시회 포스터

출처: 소셜 뮤지엄(https://www.socialmuseum.net)

[그림 12] 그림전시회 모습 (1)

본인의 그림을 소개하는 김옥순 할머니   제주 4·3 사건을 주제로 한 홍태옥 할머니 작품

출처: 저자 촬영(2024-12-01)

[그림 13] 그림전시회 모습 (2)

전시회 개막식

전시 공간 입구와 창고를 개조한 전시 공간 외부 모습

창고를 개조한 전시 공간 모습

소막할망 강희선 할머니 작품

출처: 저자 촬영(2024-12-01)

6. 나가며

지방소멸을 염려하는 다른 지역들과 비교하면 제주의 인구감소 현상은 아직 심각한 수준은 아니라고 볼 수 있다. 그러나 그간 제주살이 열풍, 한달살이 등으로 인구가 꾸준히 증가하였던 것과는 달리, 최근 들어 인구 유출 및 증가세 둔화 현상이 관찰되어 지역에서는 위기의식을 공유하고 있는 상황이다. 제주에서는 유입인구 감소, 청년층 이탈,

고령화, 총 인구 감소세 둔화, 동 지역과 읍면지역 간의 인구감소위험의 격차 등의 문제들이 포착되고 있다. 이에 제주도정은 지난 2024년 9월 '인구정책 신(新) 전략사업' 추진계획을 발표하고 제주의 인구문제에 대응하기 위해 노력하고 있다. 구체적으로, 이는 청년과 신혼부부의 주거 안정, 출산 및 육아 지원, 일-가정 양립 촉진, 정주인구 증가와 생활인구 확대를 위한 인구 유입 정책 시행에 대한 내용을 포함한다. 지방소멸이라는 시대적 과제를 공유하는 많은 지역에서도 인구 문제를 타개하기 위한 다양한 방안들을 모색하고 있다.

소멸위기를 염려하는 많은 지자체에서는 다른 지역의 인구를 유입하기 위한 정책들을 추진하거나 고민하고 있다. 결국에는 '뺏고 뺏기는 제로섬 게임'이라는 지적들도 있지만, 우리 지역이 소멸할 수도 있다는 절박함 역시 무시할 수 없는 것이 현실이다.

본 고에서는 급격한 인구 유입을 경험한 제주를 사례로, 과거부터 현재까지의 인구 유입 현황과 이주 및 정착에 대한 인식, 그리고 이주민들의 정착을 위한 지원 정책을 살펴보았다. 또한, 이주민이 다수 거주하는 선흘1리 마을을 소개하며, 이주민과 원주민이 융화되어 마을을 새롭고 활기차게 변화시킨 한 사례로 제시하였다. 그러나 조용하고 평화로웠던 중산간 마을에 점차 많은 '육지 사람'들이 이주하면서 발생한 여러 활동과 변화에 불편함을 느낀 주민들도 있었을 것이다. 한편, 제주의 독특한 언어와 문화는 새로운 삶을 꿈꾸며 이주한 사람들에게 적응과 정착의 어려움을 초래했을 가능성도 있다. 이에 정부와 지자체에서 다른 지역으로부터의 인구 유치를 위한 정책을 마련할 때, 어떻게, 얼마나 많은 사람들을 지역으로 유치할 것인지에 대한 고민할 뿐만 아니라, 이주민들이 정착 과정에서 겪는 어려움을 완화하기 위한 노력을 함께 고려해야 한다. 더 나아가, 이주민과 원주민 간의 문화적 차이로 인해 발생하는 불편함이 무엇인지 이해하고, 이를 해소하기 위해 서로 접촉하고 소통할 수 있는 기회를 마련하는 것이 중요하다. 즉, 인구정책은 단순히 인구를 양적으로 늘리기 위한 전략이 아니라, 지역에 활력을 불어넣을 새로운 사람들을 유인하고, 그들이 안정적으로 정착하며 살아가는 여건을 만든다는 관점에서 접근해야 한다. 이주민과 원주민이 함께 지역을 다채롭고 활력 있게 만들어가는 사례가 제주뿐만 아니라 다양한 지역에서 발견되기를 기대한다. ■

4장

국(國)·공(公)유지의 공(共)유지적 전환

정기황
(주)시시한연구소 소장

1. 들어가며: 두 발을 땅에 디디고 살아가기 위해

어쩌면 이 글은 누군가에는 많이 진부하고, 원론적으로 이해될 수도 있다. 그럼에도 불구하고, 반복해 말해야만 하는 것이 한국의 현실이다. 이는 인간으로 살아가기 위한 필수적인 조건이기 때문이다. 토지는 누구에게나 공평하게 주어져야 하는 자연권이지만, 현실에서는 누군가는 두 발을 땅에 디디기 위해 비용을 지불해야만 하고, 또 누군가는 그 비용을 통해 부를 축적하며 불평등이 형성된다. 더 나아가, 이러한 부는 세대를 거쳐 되물림 된다. 무엇보다 이런 부조리는 시간이 지나면서 일반화되고, 보편적인 현상으로 받아들여지고 있다.

땅은 상품이 될 수 없고, 되어서도 안 된다. 그러나 우리는 이를 망각한 채 살아가고 있다. 더 나아가, 한국은 정책적으로 이러한 망각을 조장해 왔다고 해도 과언이 아니다. 한국은 일제강점기와 군사정권기를 거치며, 공유지(共有地)를 국·공유지로 흡수하는 정책을 지속해 왔다. 특히, 이승만 정권에서 시작(1950)된 「국·공유지 운영관리법」(「국·공유재산법」)은 불하(매각) 중심의 재정정책으로 설계되었으며, 이는 토지의 사유화를 강화하는 방향으로 이루어졌다. 그리고 이러한 흐름은 현재까지도 지속되고 있다. 무엇보다 법과 제도에서 '공유지(共有地)와 공유(Commons)' 개념을 점차 소거하면서, 우리는 결국 이러한 개념 자체를 잊어버리게 되었다.

토지(제도)란? 원론적으로 보면, 인간은 땅 없이 살 수 없다. 또한 땅은 생산의 기반이다. 달리 말해, 인간은 땅 없이 살 수도 없고, 무언가를 생산할 수도 없다는 말이다. 땅은 인간이 생산한 것도 아니고, 생산할 수 있는 것도 아니다. 즉 땅은 누구에게나 주어진 자연권이고, 한계가 명확한 유한자원이다.

현실적으로 보면, 인간은 생산을 통해 부를 창출해야 하지만 생산기반인 토지가 없는 사람은 토지 소유자에게 지대(임대료)를 지불해야만 한다. 이 과정에서 토지 소유자는 노동 없이 부를 축적하게 된다. 높은 월세, 전세, 대출, 이자 등등 불로소득은 불평등과 양극화를 만들어낸다. 젠트리피케이션에서 갭투기, 전세사기 등 심각한 도시(지역)문제를 만들고 있고, 주택문제에서 부동산 관련 공기업의 부정부패, 도농격차, 지역격차까지 심각한 사회적 문제를 야기하고 있다.

이런 이유로 '토지(제도)' 개념은 국가(정부)의 근간으로 '조세제도'이자 '도시(계획)제도'였다. 또한 이런 이유로 인류는 토지의 권한을 분리하는 구조를 유지해 왔다. 기본적으로 절대적이고, 배타적인 권한을 누군가에게 독점적으로 부여하지 않으려 노력해 왔다.

성경 속 기원전 애굽에서 탈출해 40년 광야 생활을 마치고 가나안 땅에서 정착을 시작한 이스라엘 백성들이 그러했고, 신라에서 시작되어 백제, 고려, 조선시대까지 이어진 한반도의 토지제도인 '수조제'와 '산림천택'이 그러했다. 또한 인류 최초로 도시계획을 수립한 에베네저 하우저의 '전원도시론(1898)'에서도 토지공개념을 기초로 도시가 계획되었다. 인구의 절반이 기독교(구교와 신교)인이라고 발표되고, 한반도 지역의 전통을 따라 살아가고 있으며, 여전히 도시계획의 근간으로 '전원도시론'을 따르고 있는 한국에서 '토지개념과 토지제도'는 전혀 다른 방식으로 발전했다.

한국은 '조물주 위 건물(토지)주'라는 표현처럼 어떻게 소유주에게 절대적이고 배타적인 독점적 권한을 부여하게 되었을까? 한국은 부동산 투기와 불로소득으로 심각한 사회 양극화가 발생하고 있음에도 불구하고, 국가(정부)는 역할을 하지 않고 왜 시장에만 맡겨(방치)둘까?

2. '국(國)'과 '공(公)'과 '공(共)'의 차이

현재 한국은 토지소유권을 절대적·배타적 권리로 부여하고 있다. 일종의 토지재산권(Land property Rights)이다. 하지만 토지소유권은 대부분 일시적·임시적 권한인 점유권(Tenure/Authority)을 사용한다. 이런 한국의 토지소유권에 대한 속성은 일제강점기와 군사독재정권기의 법제도가 형성되고, 운영되면서 일반화되었다. 시작부터 그랬으니 극단적인 사유화와 사회적으로 심각한 양극화를 조장하고 있음에도 별다른 문제없이 지속될 수 있다고 할 수 있다. 심지어 '공익'을 위해 존재하는 국·공유지도 사유지와 다름없이 국가(정부)가 소유한 사유지처럼 관리·운영되고 있다. 이런 이유로 토지소유권의 권능, 한국의 토지소유권의 형성, 국·공유지의 관리·운영 현황 등에 대한 이해가 필요하다. 특히 개인을 넘어 공동체 기반이 되는 토지 구분인 국·공(公)·공(共)의 구분과 그 정의는 매우 중요하다.

토지의 '공' 개념

한국에서 '토지공개념'이 역사적으로 크게 대두된 시점은 세 번 있었다. 그중 두 번은 박정희 정권과 노태우(전두환) 정권 시기로, 이는 정부 주도의 과도한 개발정책과 토지 사유화(투기)로 인해 폭동이 발생할 가능성이 커졌기 때문이었다. 이에 따라 공시지가, 개발이익 환수 등의 제도가 도입되었으며, 공익 개발을 명분으로 「토지수용법」이 제정되었다.

당시 언론에서는 "어떻든 토지에 대한 공익 우선의 경향은 현대국가들의 공통된 추세이며, 토지사유권에 대한 고집은 이제 낡은 유물이 되어가고 있는 것은 어쩔 수 없는 시대적 조류라 할 수 있다"* 라고 보도할 정도로, 토지공개념이 시대적 흐름으로 여겨졌다. 그러나 결과적으로 토지공개념이 공공성을 확대하기보다는 정부 주도의 개발을 강화

---

* "「토지수용법」이 지난 62년에 제정되어 공익사업 수행에 필요할 때 정부·지방자치단체·공공기관 등 사업주체가 수용 또는 사용할 수 있는 토지의 범위를 광범위하게 규정하고 있다. 〈중략〉 토지에 대한 규제는 이용개발에 그치지 않고 기준지가(基準地價) 고시제를 두어 가격 면에서도 규제하고 있다. 그러나 이번에 평가수단이 제시한 소유권과 이용권의 분리는 토지에 대한 부분적인 규제를 전 국토로 확대, 토지정책의 근본적인 전환을 의미하는 것으로 풀이할 수 있다."(매일경제, 1977-12-08. 토지의 공개념은 시대적 조류)

하는 방향으로 작용했다. 이후 문재인(노무현) 정권 초기에는 공시지가 현실화와 토지공개념 도입을 주장했지만, 사회적으로 이를 '사회주의' 또는 심지어 '공산주의'로 취급하면서 정책적 변혁은 무산되었다.

한국 헌법은 자본주의 헌법으로 불리는 1919년 바이마르 헌법을 근간으로 하고 있으며, 불로소득을 소유자가 취득하지 못하도록 규정하고 있어 기본적으로 토지공개념을 포함하고 있다. 토지공개념의 기초가 된 헨리 조지의 『진보와 빈곤』에서는 다음과 같이 설명한다.

"토지는 인간이 존재하는 터전이자 환경이고, 필요한 물자를 공급받는 창고이며, 노동에 필수불가결한 원료이자 힘이다. 이러한 구분이 이해된다면 다음도 따라서 이해될 수 있다. 자연적 정의는 부의 사유를 인정하지만, 토지의 사유는 인정하지 않는다. 노동 생산물에 대한 사유의 정당성이 인정된다면 곧 토지 사유는 부인된다."*

그는 토지를 유한한 자원이자 공적 재화로 보고, 사유를 통한 불로소득의 부당성을 지적했다. 이는 자본주의 자체에 대한 비판이 아니라, 자본주의 체제 내에서 토지 사유제의 문제를 해소하거나 보완하기 위한 접근이었다.

토지에 대한 권능은 크게 토지를 사용할 권한인 '사용권', 토지를 처

---

* 조지, 헨리. 김윤상 역. 2019. 『진보와 빈곤(개역판)』. 비봉출판사. 344쪽.

분할 권한인 '처분권', 토지에서 나오는 수익에 대한 권한인 '수익권'으로 구분된다. 이 세 가지의 권능이 '사유'냐 '공유'냐에 따라 토지 소유 제도는 크게 네 가지 유형으로 구분된다. 현재 한국은 A(토지 사유제)에 가깝고, 토지공개념은 일반적으로 B(지대 조세제)와 C(토지 공공 임대제)에서 공적 영역이 강화된 형태로 볼 수 있다.

'공유'의 개념은 법인, 종중, 마을 등 사적 집단이나 이익집단이 공동으로 소유하는 형태, 지방정부나 공기업 등 공공기관이 소유하는 형태, 중앙정부 각 부처가 소유하는 형태 등 다양한 방식으로 나타난다. 이때 소유 주체의 유형과 가치, 그리고 수익의 분배 방식에 따라 공유 방식이 달라진다. 즉, 토지공개념은 공공이 '수익권'을 가지면서 이를 재분배하여 토지를 공적 재화로서 유지하고, '처분권'을 통해 공적 사용을 강화함으로써 유한한 자원으로서 토지의 한계를 지키는 개념이다. 따라서 토지공개념은 단순한 소유 방식의 변화가 아니라, 토지의 공공적 가치를 유지하고 활용하는 광범위한 개념이라고 할 수 있다.

토지소유권의 권능과 토지소유제도 유형

토지 소유권 권능 \ 제도	토지소유제도 유형			
	A. 토지 사유제	B. 지대 조세제	C. 토지 공공 임대제	D. 토지 공유제
사용권(使用權)	사	사	사	공
처분권(處分權)	사	사	공	공
수익권(受益權)	사	공	공	공

이런 의미에서 한국과 같은 A(토지 사유제)는 극단적으로 보면, 토지가 유한한 자원이기 때문에 토지 소유자는 무소유자를 착취(복속)할 수밖에 없는 구조를 가진다. 나아가, 이러한 구조에서는 국가 자체가 특정 계층이나 집단에 의해 사유화될 가능성도 배제할 수 없다. 전 세계적으로 이처럼 불로소득을 온전히 인정하는 극단적인 토지제도를 가진 국가는 거의 없다.

지주 · 전호(소작농)제와 국(國) · 공(公) · 공(共)유지

국(國) · 공(公) · 공(共)유지의 구분은 왜, 그리고 어떻게 형성되었을까? 이러한 구분이 처음 등장한 것은 일제 통감부가 설치된 후 토지 등 부동산 조사가 시작되면서부터다. 1907년 조사 문서를 보면, 국유, 황실유, 관유, 민유, 공유 등의 조선시대부터 사용되던 소유구조가 그대로 존재했으며, 동시에 일제와 자본주의 제도의 도입으로 인해 새로운 형태의 소유구조가 등장했다.

의정부 부동산법 조사회(1907년 6월) 문서

의정부 부동산법 조사회(議政府不動産法調査會)
광무(光武)11년 6월

조사사항

1. 토지에 관한 권리의 종류 · 명칭 및 그 내용

세목(細目)

  1) 인민의 토지소유권을 인정하는가 그렇지 않은가. 만약 인정한다고 하면 언제부터 그것을 인정하였는가

  2) 토지소유권의 제한 및 부담

  3) 국가는 어떠한 조건으로써 인민의 토지소유권을 징수할 수 있는가

  4) 소유권은 토지의 위와 아래에 미치는가 그렇지 않은가

  5) 토지의 경계에 있어서 쌍방 소유자의 권리의 한계

  6) 공유지(共有地)의 처분 및 관리에 관한 관습

  7) 차지권(借地權)의 종류 · 명칭 및 그 내용. 그 중 건물소유자의 권리

  8) 지역권(地役權)은 있는가. 만약 있다면 그 종류 및 효력

  9) 입회권(入會權)은 있는가. 만약 있다면 그 종류 및 효력

  10) 질권 · 저당권(質權 · 抵當權)의 설정 조건 및 효력

2. 관유 · 민유(官有 · 民有) 구분의 증거

3. 국유(國有)와 황실유(帝室有)의 구별 여하

4. 토지대장 또는 그와 유사한 것이 있는가. 만약 있다면 그 장부에는 어떠한 사항을 기재하는가

5. 토지에 관한 권리의 양도는 전부 자유로운가. 또한 그 조건, 수속의 어하

6. 지권(地券) 및 가권(家券)이라는 것이 있다고 들었다. 이는 어떠한 토지, 어떠한 건물에 대해서도 존재하는 것인가. 또한 그 연혁 및 기재 사항의 여하

7. 토지의 강계(疆界)는 항상 명확한가 그렇지 않은가. 만약 명확하지 않은 것이 있다고 하면 동일한 토지에 대해 2인 이상이 동일한 권리를 주장하는 경우가 적지 않을 것인바 이 경우에 어떠한 표준에 근거하여 정당한 권리자를 정하는가

8. 토지의 종목은 어떻게 구분하는가. 일본의 경우에는 전(田, 논), 전(畑, 밭), 택지(宅地), 산림(山林), 원야(原野) 등임
9. 토지장량(土地丈量)의 방법 여하
10. 이상 각항에 대해 시가지(市街地)와 기타의 경우에 다른 것이 있다면 그 차이, 기타 지방에 따라 관습을 달리하는 것이 있다면 그 구별

조선시대까지의 토지제도는 수조제(收租制)를 기반으로 하였으며, 전체 토지가 국가의 수조지(收租地)로 운영되었다. 이 체제에서는 토지의 사용권, 처분권, 수익권이 모두 국가에 귀속되었으며, 이는 토지 공유제(D)에 가까운 방식이었다. 조선 후기에는 병작제(竝作制)를 기초로 한 지주전호제(地主佃戶制)로 변화하였다. 이는 토지에 대한 배타적 소유권이 확립되는 과정이었으며, 지주가 전호(소작농)와 계약을 맺고 지대를 수취하는 방식으로 운영되었다. 이러한 변화는 국가 또는 왕에게 집중되었던 토지 소유권이 양반, 고위 관료 등의 계층으로 이전되면서, 이들의 소유권이 점차 강화된 것이라고 볼 수 있다.

조선 말기에는 기존에 알려진 대로 수확량의 1/10이었던 소작료가 5/10(절반)까지 수취되는 병작반수(竝作半收)가 보편화되었다. 이는 사실상 강탈에 가까운 착취 구조였으며, 결국 농민 봉기로 이어졌다. 이를 한국판 1차 인클로저 운동이라고 볼 수 있다. 그럼에도 불구하고, 일제 통감부가 설치된 후 시행된 부동산 조사 자료를 보면, 첫 번째 질문에서 "인민의 토지소유권을 인정하는가, 그렇지 않은가? 만약 인정한다고 하면 언제부터 그것을 인정하였는가?"라는 문구가 등장한다.

이를 통해 당시 조선에서 토지 소유권이 명확하게 정리되지 않았음을 알 수 있다. 또한, 이는 일제가 조선의 토지 관습과 제도를 기본적으로 파악한 후, 이를 바탕으로 더욱 상세히 조사하고 체계적으로 관리하려 했음을 보여준다.

이 조사는 기본적으로 토지의 도량형, 관리 제도, 지목(용도), 소유권, 그리고 권한(권리) 등에 대한 조사였다. 이후, 강제 합병이 이루어진 뒤 토지조사사업과 산림조사사업을 통해 일제는 조선 전역의 지적 사업을 진행하였고, 이에 따라 토지대장 작성을 위한 측량 작업이 시행되었다. 이 과정에서 일부 양반 관료들이 소유한 민유(民有) 토지와 황실이 관리하던 황실유(帝室有) 정도를 제외하면 대부분의 토지는 일제의 국유(國有)로 편입되었다.

일제의 주목적은 세금 징수였으며, 이렇게 조성된 국유지에는 수많은 소작농을 두어 운영하였다. 그러나 이는 조선 말기의 병작제를 보다 체계화하고 제도화한 것에 불과했다. 소작농들은 높은 세금 부담을 감당하지 못해 토지를 다시 반납하는 상황이 반복되었다. 특히, 마을의 공동자산이나 산과 하천 같은 공유지는 문서화된 토지 자료가 존재하지 않았기 때문에 소유권을 증빙할 방법이 없었고, 결국 국유화되었다.

조선시대에는 수조제와 병작제 등에서 드러나듯이, 토지를 소유했느냐보다 경작하느냐가 더 중요한 의미를 가졌다. 즉, 토지는 소유 대상인 교환가치가 아니라, 경작지와 경작권을 중심으로 한 사용가치로 규정되었다. 이외의 산과 하천은 산림천택으로 소유 자체가 불가하도록 규정하고 있었다.

일제강점기에는 세금을 부과하기 위한 수단으로 소유권 중심의 토지 제도로 개편되었으며, 이 과정에서 마을과 같은 공동체의 공유지조차 소유 구조, 용도, 규모에 따라 자본주의적 상품으로 전환되었다. 또한, 이러한 변화는 지주와 소작농의 관계를 형성하는 계기가 되었다.

대표적인 사례로는 농사의 기반이자 마을의 공동자산이었던 '공유지소(共有池沼)'의 국유화 과정이 있다. 공유지소는 웅덩이, 저수지 등의 농업용수 공급을 위한 필수 시설이었으며, 한반도에서는 산림천택과 마찬가지로 사적 소유권이 존재하지 않는 마을 공동체의 자산이었다.

일제는 이런 공유지소를 국유화하면서 "첫째 국가만능주의이오, 둘째 행정처의 과신이라 민간 공유로 확인함이 국유 편입에 비하여 불안정·불확정하다하는 것은 요컨대 인민의 지식과 도덕을 무시하는 동시에 차(此)를 오즉 국가에 취하야서만 발견하랴하는 것이니이엇지 인민을 무시함이아니며 국가를 만능시함이아니리오. 설혹 국가를 만능이라 할지라도 국가 사무처리의 임(任)에 당하는 행정관의 선의와 완전성을 절대로 신임하지 아니 할 것 갓흐면 그 소위 불안전·불확정의 반대인 '안전', '확정'을 도저히 기대치 못할지라."*라는 논리를 내세웠다.

수백 년간 문제없이 공동체가 사용해 온 공유지를 한 번도 관리·

---

* 동아일보, 1922-06-16, 울산군청에 질문하노래(공유지소 문제).

운영해 보지 않은 행정관과 국가가 관리한다는 것은 말 그대로 어이없는 일이었을 것이다. 따라서 행정 과신과 국가만능주의라는 비판 또한 매우 합리적이다. 하지만 이러한 행정 과신과 국가만능주의는 일제강점기를 지나 해방 후 군사정권기를 거치면서 제도화되었고, 현재에 이르러서는 아무런 의심조차 할 수 없는 상식이 되어버렸다.

실제로 현재 '한국농어촌공사'는 이러한 공유지소의 국유화 과정에서 만들어진 일제강점기 '수리조합'이 이어져 온 것이다. 여전히 공유지소를 관리하는 농어촌공사는 불합리한 관리·운영 체계를 유지하고 있다. 공유지소는 마을에서 수자원을 사용하고, 환경 조건이자 경관의 일부가 될 수밖에 없음에도 불구하고, 마을 공동체가 운영의 주체가 될 수 없기 때문에 수동적일 수밖에 없으며, 방치되는 경우가 많다.

이외에도 일제강점기의 영단주택은 대한주택공사가 되었고, 이후 토지주택공사(LH)로 이어지는 등 현재의 많은 공공기관과 제도들이 일제강점기에서 비롯되었다. 물론, 일제강점기에서 시작된 기관이나 제도라고 해서 반드시 문제가 있다고 할 수는 없다. 다만, 형성 당시의 목적과 이유를 면밀히 검토하고, 그 과정에서 나타난 문제점에 대한 이의 제기와 보완이 필요하다.

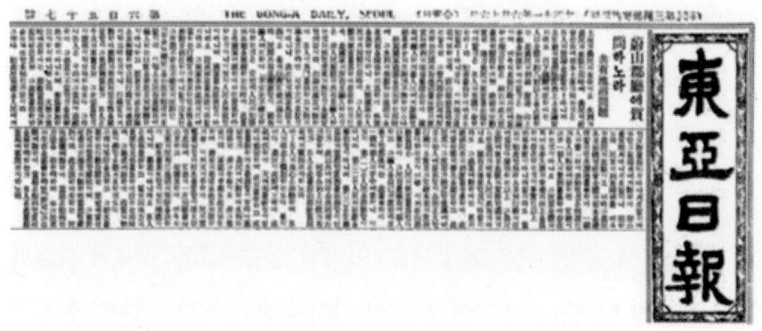

'울산군청에 질문하노라, 공유지소 문제'

　1920년대는 토지조사사업과 지적사업이 마무리되고, 도시 지역에 인구가 급증하는 시기였다. 1920년대부터 도시 개발이 시작되었으며, 1930년대에 이르러 본격화되었다. 1934년에는 한반도 최초의 도시계획법인 '시가지계획령'이 수립되었고, 1936년에는 경성시가지계획을 통해 대규모 도외지(신도시) 개발과 함께 경성의 확장이 이루어졌다. 당시 개발 과정에서는 개발 정보가 유출되고, 부동산 투기가 현재와 마찬가지로 성행했다. 그러나 현재와는 달리, 당시 경성의 지가(地價)는 농촌과 마찬가지로 집을 짓는 단가보다 낮았다.

　다음의 기사로 1930년대 초 경성의 국·공유지 현황을 추정해 볼 수 있다. "(1931년 2월 14일) 경성도시계획연구회에서 의안으로 논의된 중요한 안건은 경성부 내에 산재해 있는 국유토지와 임야는 현재 390만평에 달하는 바 그를 장래 도시계획의 유일한 재원으로 경성부에 양도를 받도록 하자는 것이었다. 현재 경성부 내의 총면적은 1,000만평으로 그중에 공(公)유지가 반수 이상에 달함으로 장래 도시계획상 그것이 유리한 점"*이라고 밝히는 이 기사는 국·공유지를 도시계획적으로 활용하는 방안을 검토했다는 것을 알 수 있다. 당시 경성부의 총면적은 1,000만평(약 33㎢)으로 추정되며, 1936년 이전의 경성(현재 도성 내와 용산 지역 포함) 대부분이 국·공유지였음을 짐작할 수 있다.

또한 국유지를 불하(拂下)하여 재원을 마련하는 것과 토지로 사용하는 방안이 함께 논의되었음을 알 수 있다. "재정이 고갈한 경성부에서는 목전에 급한 채무를 판상하기 위하야 부내에 산재한 국유지 중에서 가장 유망한 토지 5개소를 무상으로 양여를 밧기로"** 했다는 기사에서도 확인 할 수 있듯이 당시 국·공유지는 현재의 국·공유지에 대한 구분법과 불하 중심의 「국·공유재산법」과 거의 동일한 방식으로 운영되었다.

3. 국유지 불하(拂下)와 공익

'불하'는 한국의 토지제도를 다루면서 빼놓을 수 없는 특별한 개념이다. 특히 일제강점기 이후 국·공유지의 운영·관리 방향을 보여주는 함축된 용어다. 사전적으로는 "국가 또는 공동 단체의 재산을 개인에게 팔아넘기는 일"로 정의되어 있고, 1990년대 언어 순화 과정에서 가치중립적인 표현인 '매각'***으로 대체되었다. 조선 말기에는 국유재

---

* 동아일보. 1931-02-16. 교외 국유지 불하가 재원의 선결문제.
** 동아일보. 1931-05-17. 경성부에서 국유지 불하원.
*** 국립국어원의 '불하' 규범정보에서는 1993년 행정 용어 순화, 1995년(고시 제1995-32호) 일본어 투 생활 용어 순화, 1996년(고시 제1996-13호) 생활 용어 수정 보완으로 '불하'를 '매각', '팔아 버림'으로 쓰라고 정리되어 있다.

산이 일본에 불하되었으며, 일제강점기에는 일본인들에게, 해방 후에는 적산(敵産)이 불하되었다. 이러한 과정에서 국유재산의 불하는 정권이 권력을 유지하는 수단으로 활용되었음을 알 수 있다. 조선 말기에는 수탈과 매국의 수단으로, 일제강점기에는 일본인의 부 축적 수단으로, 해방 후에는 기업 등의 부 축적 수단으로 작용했다.

2007-2014년 국유지 면적(비율) 등 증감 세부 추이

기준년도	국토 총면적(㎢) (국유지 비율)	국유지 총면적(㎢) (비율)	행정재산면적(㎢) (비율)	보존재산 면적(㎢) (비율)	일반재산 면적(㎢) (비율)
2012	100,188 (24.0%)	24,056 (100.0)	23,129 (96.0)	0	927 (4.0)
증감	+40	+32	+98	–	-66
2011	100,148 (24.0%)	24,024 (100.0)	23,031 (96.0)	0	993 (4.0)
증감	+115	+7,364	+7,446	–	-82
2010	100,033 (16.7%)	16,660 (100.0)	15,585 (94.0)	0	1,075 (6.0)
증감	+136	+106	+154	–	-48
2009	99,897 (16.6%)	16,554 (100.0)	15,431 (93.0)	0	1,123 (7.0)
증감	+70	+135	+1,365	-1,159	-71
2008	99,828 (16.4%)	16,419 (100.0)	14,066 (86.0)	1,159 (7.0)	1,194 (7.0)
증감	+107	+103	+180	+60	-137
2007	99,720 (16.4%)	16,316 (100.0)	13,886 (85.0)	1,099 (7.0)	1,331 (8.0)
증감	–	–	–	–	–

출처 : 열린재정 재정정보공개시스템(openfiscaldata.go.kr)

해방 후 1952년 「국·공유재산법」을 제정하여 국·공유지를 합법적으로 사적으로 불하하고, 이를 통해 재정을 확보하는 것이 공익에 부합한다고 판단했다.

해방 직후 약 60%에 달하던 국·공유지는 국유지 통계가 만들어진 1991년까지 2/3가 불하되어, 불과 20% 남짓만 남았다. 이후 2010년까지 국유지는 약 16% 수준으로 감소했다. 그러나 2011년 갑작스럽게 국유지가 증가하며 20% 초반대를 유지하고 있다. 이는 2011년에 새만금 공유수면 매립사업, 비무장지대(DMZ) 토지 등록 사업 등을 통해 신규 토지가 대규모로 국유지화되었기 때문이다.

당시 정확한 토지 조사가 이루어지지 않은 상태였음을 확인할 수 있으며, 또한 일반재산으로 분류된 국유지는 지속적으로 매각되어 왔음을 알 수 있다. 해방 직후 전 국토의 절반 이상을 차지했던 국유지는 2010년 기준 약 17%로 감소했으며, 이는 전 국토의 1/4 이상이 매각되었음을 의미한다. 2011년에는 국유지 비율이 24%로 증가했으나, 여전히 OECD 국가 중 최하위 수준에 머물러 있다.

물론, OECD 국가의 경우 중앙정부가 보유한 국유지의 비율이 줄어드는 대신, 지방정부나 시민단체 등의 공적 소유로 전환되는 경향이 있다. 따라서 통계에서 나타나는 국유지 비율의 감소는 단순한 축소가 아니라, 보다 넓은 범위의 공적 소유 개념을 고려해야 한다. 한국은 지방정부(기초자치단체) 소유의 토지를 '공(公)유지'라 지칭하며, 그 비율은 5~10% 이내를 유지하고 있다.

소유 형태나 소유량보다 중요한 것은 국·공유지의 사용 목적이다. 하지만 국·공유지가 어디에 어떻게 왜 매각되었는지는 알 수 없다. 또한 현재 주택난뿐만 아니라 부동산 투기를 통한 불로소득과 그로 인한 양극화가 심각한 것을 고려하면, 국·공유지의 사용 목적은 더욱 중요하다. 「국·공유재산법」의 취지대로라면, 막대한 양의 국유지를 매각하여 얻은 것은 재정이고, 그로 인해 초래된 것이 사회 양극화다. 과연 재정 확보가 공익인가, 아니면 사회적 안정이 진정한 공익인가?

「국유재산법」의 모호한 '공익'

국유지는 지속적으로 매각(불하)되고 있지만, 그 과정과 내용은 투명하게 공개되지 않는다. 통계조차 일관되게 정리되어 있지 않다. 최근 「열린재정 재정정보공개시스템(openfiscaldata.go.kr)」이 구축되어 국유지 정보를 종합적으로 확인할 수 있게 되었지만, 여전히 미흡한 점이 많고 투명도도 낮다. 무엇보다도, 그 명칭에서 알 수 있듯이 국유지는 "재정"의 일환으로 관리되고 있으며, 이는 국유지가 재정·금융 관료와 전문가 중심으로 결정되고 있음을 의미한다. 즉, 국토 관리나 도시계획적 차원에서 국유지를 관리하는 철학이 부재하다는 뜻이다.

「국유재산법」은 1950년 제정된 이후, 폐지 후 재정 1회, 전부 개정 2회, 일부 개정 20회를 거치며 많은 변화가 있었다. 그러나 여전히 「국유재산법」은 "국유지를 국토를 구성하는 토지의 한 부분으로 인식하기

보다는 재산적 관점에서 하나의 부동산으로 다루고 있다."* 이는 법 개정이 여러 차례 이루어졌음에도 근본적인 철학에는 큰 변화가 없음을 보여준다.

한국의 많은 대기업이 해방 후 적산(敵産)을 포함한 국유지를 불하받아 성장하게 된 것도 「국유재산법」이 이를 뒷받침해 주었기 때문이다. 「국유재산법」의 변화 과정은 대부분의 연구에서 '재원조달을 위한 처분 위주의 정책(1945~1976)', '유지·보존 위주의 정책(1977~1993)', '확대활용 촉진정책(1994~)'의 세 시기로 구분한다. 하지만 '확대활용 촉진정책' 시기는 법 개정 이유와 실행에 따른 변화가 컸기 때문에 '확대활용 촉진정책(1994~2008)', '민간 매각 및 개발 확대정책(2009~2016)', '국민생활을 위한 활용 전환 정책(2017~)'의 다섯 시기로 세분화해야 한다.

무엇보다 '국민 생활을 위한 활용 전환'이라는 국·공유지의 공익적 가치를 반영한 정책이 도입되었다는 점이 중요한 의미를 갖는다. 이는 정책이 실질적으로 작동하고 성과를 확장시킨 것이라기보다는, 국유지 관리 철학에서 최초로 의미 있는 전환이 이루어졌다는 점에서 의의를 가진다. 「국유재산법」의 주요 개정 내용과 시기를 기준으로 볼 때, 이 다섯 시기의 특징은 다음과 같다.

---

*   전준우·이명훈. 2015. "공익적 목적의 국유지 유효활용 촉진을 위한 관리제도 개선방안". 도시행정학보, 28(2).

① 재원조달을 위한 처분위주의 정책(1945~1976): 일제의 적산인 행정재산을 매각해 재원조달, 5·16군사쿠데타 이후에는 경제개발계획의 재원조달을 위해 국유재산 매각

② 유지·보존 위주의 정책(1977~1993): 1977년 전면개정을 통해 국유재산관리계획을 도입·시행하였으나 소극적인 유지·보존에 그쳤고, 1985년, 1996년 두 차례에 걸쳐 국유재산실태조사 및 권리보전조치를 추진해 국유재산의 등기를 완료

③ 확대활용 촉진정책(1994~2008): 1994년 국유재산관리특별회계를 신설하고 국유지개발신탁제도를 도입해 적극적 활용을 위한 제도적 기반을 마련했고, 단순 처분 및 매각방식을 지양하고 신탁개발, 위탁개발, 기금개발 및 민간참여개발 등을 도입*

④ 민간 매각 및 개발 확대정책(2009~2016): 시장친화적인 매각·임대, 개발 방식의 다양화하는 제도를 도입**

⑤ 국민생활을 위한 활용 전환 정책(2017~): 일부분이지만, 국민생활의 편익을 증진시키는 생활밀착형 사회기반시설의 확충을 지원***

---

* 경제·인문사회연구회. 2017. 「국유지 관리 실태 및 활용 전략 연구」를 참고하여 재작성.
** 2009년 1월 30일 전부개정을 통해 법의 제1조 목적과 제3조 국유재산 관리·처분의 기본원칙을 신설해 현재에 이른다. "제1조 (목적) 이 법은 국유재산에 관한 기본적인 사항을 정함으로써 국유재산의 적정한 보호와 효율적인 관리·처분을 목적으로 한다. 제3조 (국유재산 관리·처분의 기본원칙) 국가는 국유재산을 관리·처분할 때에는 다음 각 호의 원칙을 지켜야 한다. 1. 국가전체의 이익에 부합되도록 할 것, 2. 취득과 처분이 균형을 이룰 것, 3. 공공가치와 활용가치를 고려할 것, 4. 투명하고 효율적인 절차를 따를 것"으로 개정 신설하였다. 전부개정으로 국유재산의 분류체계 변경(법 제6조), 국가의 국유재산 취득 재원 확보의무(법 제10조), 유휴 행정재산의 관리 강화(법 제21조 및 제22조), 국유재산 사용허가 및 대부계약의 갱신 허용(법 세35조제2항 및 제46조제2항), 국유지 개발방식의 다양화(법 제57조부터 제59조까지), 국가회계제도 도입에 따른 국유재산 평가 및 보고제도 개선(법 제68조부터 제70조까지) 등을 개정했다. 2011년 3월 30일 일부개정을 통해 제3조에 "3의2. 경제적 비용을 고려할 것"으로 국유재산 관리·처분의 기본원칙 보완(안 제3조제3호의2 신설)하였고, 총괄청의 행정재산 통합 관리(안 제8조), 국유재산종합계획 제도 도입(안 제9조), 국유재산관리기금 설치[(안 제2장의2(제26조의2부터 제26조의7까지) 신설], 대부보증금 제도 도입(안 제47조제2항 및 제3항 신설), 일반재산의 매각기준 개선(안 제48조), 민간참여개발 제도 도입(안 제59조의2 신설)을 개정하였다.
*** 2020년 3월 31일 일부개정을 통해 국유재산을 무상으로 관리 전환할 수 있는 요건을 확대함(제17조제2호다목 신설), 국유재산에 지방자치단체나 지방공기업이 주민생활을 위한 문화시설, 생활체육시설 등의 사회기반시설을 축조하는 행위와 일정한 요건에 해당하는 학교시설을 증축 또는 개축하는 행위를 허용함(제18조제1항제3호 및 제5호 신설), 행정재산의 사용허가를 받은 자가 그 재산을 다른 사람에게 사용·수익하게 할

1950-2020년 「국유재산법」 개정(제정) 이유

	개정(제정)년도 시행년도	개정 (제정)	개정(제정) 해당정권	개정(제정)이유
	1950. 04. 08. 1950. 04. 08.	제정	이승만 정권	국유재산을 보호하며 그 취득유지·보존·운용과 그 처분의 적정을 기하기 위하여 국유재산의 범위, 구분과 종류·관리기관과 처분기관 등을 정하려는 것임
	1956. 11. 28. 1957. 11. 14.	폐지제정		종전의「국유재산법」을 폐지하고 새로운 법을 제정하는 방식을 통하여 국유재산의 범위를 조정하고 국유재산의 분류를 종전의 행정재산과 보통재산에서 행정재산·보존재산 및 잡종재산으로 세분하며 보존재산의 운용·처분은 행정재산에 준하도록 하고 국유재산의 무단사용·수익행위 등에 대한 벌칙을 강화하려는 것임
①	1965. 12. 30. 1965. 12. 30.	일부개정	박정희 정권	국유재산의 처분에 관한 규정을 보완함으로써 합리적인 국유재산의 관리 및 처분을 기할 수 있도록 하려는 것임.
	1966. 03. 08. 1966. 03. 08.	일부개정		정부기구 개편에 따른 국세청의 신설에 수반하여 주식을 제외한 보통재산은 원칙적으로 국세청장이 관리 또는 처분하게 하려는 것임
	1967. 11. 29. 1967. 11. 29.	일부개정		국유재산의 효율적인 관리와 처분의 적정을 기하고자 국유재산에 관한 제도의 정비, 사무의 통일 기타 조정업무를 수행하는 총괄청의 기능을 강화하려는 것임.
	1970. 01. 01. 1970. 01. 01.	일부개정		국유재산의 관리청 명칭을 등기부 기타 공부상에 명시하도록 함으로써 각관리청간의 소관분쟁을 방지하고 소관청 불명 재산을 일소하여 국유재산의 정확한 파악과 효율적인 관리를 기하도록 하려는 것임
②	1976. 12. 31. 1977. 05. 01.	전부개정		국유재산의 관리개선을 위하여 현행법의 모순점을 시정하고 예산회계법에 맞추어 그 체계를 정비하려는 것임
	1981. 12. 31. 1982. 04. 01.	일부개정	전두환 정권	1981년 3월 30일이전에 무단점유된 소규모국유재산의 정리를 위한 매각특례를 정하고, 변상금징수제도를 개선하며, 은닉국유재산 환수에 따른 보완조치로서 선의취득자를 보호하기 위한 특례를 정하는 등 국유재산관리의 적정을 기하려는 것임
	1986. 12. 31. 1987. 01. 01.	일부개정		무단점유국유재산의 정리를 촉진하기 위하여 국유재산의 무단점유등에 따른 변상금을 그 점유자등에게 동 재산을 매각하거나 대부 또는 사용·수익의 허가를 하는 경우에는 면제하도록 하고, 소규모잡종재산의 매각에 대한 대금납부의 특례를 정하며 기타 현행규정상의 일부 미비한 사항을 개선·보완하려는 것임

수 있는 경우에 지방자치단체나 지방공기업이 행정재산에 대하여 사회기반시설로 사용·수익하기 위한 사용허가를 받은 후 이 를 지방공기업 등에게 사용ㆍ수익하게 하는 경우를 추가함(제30조제2항제2호 신설). 중앙관서의 장은 행정재산 이 용도폐지된 경우 장래의 행정수요에 대비하기 위하여 해당 재산에 대하여 사용승인을 우선적으로 해 줄 것을 용도폐지된 날부터 1개월 이내에 총괄청에 신청할 수 있도록 함(제40조의2 신설). 총괄청이 일반재산의 관리·처분에 관하여 위탁받은 사무를 특별법에 따라 설립된 법인에 재위탁할 수 있는 근거를 마련함(제42조제2 항), 벌금 상한액이 징역 1년당 1천만원 수준이 되도록 벌금액을 상향함(제82조)을 개정하였다.

국유재산법				
	개정(제정)년도 시행년도	개정 (제정)	개정(제정) 해당정권	개정(제정)이유
③	1994. 03. 01. 1994. 01. 05.	일부개정	김영삼 정권	유휴국유지의 활용을 촉진하기 위하여 국유지신탁제도를 도입하고, 국유재산의 매각대금 · 사용료 · 대부료 · 변상금의 분할 납부제도를 확대함으로써 국유재산을 이용하는 국민의 경제적 부담을 완화하는 등 국유재산법의 운용상 나타난 일부 미비점을 개선 · 보완하려는 것임
	1999. 12. 31. 2000. 07. 01.	일부개정	김대중 정권	지방자치단체가 비영리공익사업을 수행하고자 하는 경우 국유재산을 무상으로 사용할 수 있도록 하고, 국유지를 신탁함에 있어서 분양형 신탁제도를 도입하며, 국가가 소유하고 있는 주식의 매각방법을 다양화하는 등 국유재산의 활용 및 관리의 효율성을 높이려는 것임
	2004. 12. 31. 2005. 01. 01.	일부개정	노무현 정권	국유재산의 사용료 채권 등을 확보하기 위하여 국유재산의 사용료 등에 대한 보증금 예치제도를 도입하고, 사용료 등이 체납된 경우에는 관리청이 직접 이를 징수할 수 있도록 하는 한편, 국유재산 관리의 효율화를 위하여 행정재산에 대하여도 양여나 교환을 특정한 경우에 허용하고, 잡종재산의 위탁관리제도를 활성화하며, 그 밖에 국유재산의 관리 · 처분에 관한 현행 제도의 운영상 나타난 일부 미비점을 개선 · 보완하려는 것임
	2009. 01. 30. 2009. 07. 31.	전부개정		국유재산의 효율적 관리를 위하여 분류체계를 정비하고, 국유재산의 안정적 사용을 위하여 국유재산 사용허가 기간을 장기화하며, 국가회계기준 도입에 맞추어 국유재산의 가격평가 및 결산기능을 보완 · 강화
	2009. 05. 27. 2009. 07. 31.	일부개정		국유지에 대한 선의의 점유자를 보호하기 위하여 변상금은 무단점유를 하게 된 경위(經緯), 무단점유지의 용도 및 해당 무단점유자의 경제적 사정 등을 고려하여 5년의 범위에서 징수를 미루거나 나누어 내게 할 수 있도록 하려는 것임
	2009. 01. 30. 2010. 01. 01.	전부개정		국유재산의 효율적 관리를 위하여 분류체계를 정비하고, 국유재산의 안정적 사용을 위하여 국유재산 사용허가 기간을 장기화하며, 국가회계기준 도입에 맞추어 국유재산의 가격평가 및 결산기능을 보완 · 강화
④	2011. 03. 30. 2011. 04. 01.	일부개정	이명박 정권	국유재산 관련 정책여건의 변화 등을 반영하여 행정재산의 관리체계를 정비하고, 국유재산의 효율적 수급조정 수단을 마련하며, 시장친화적인 매각 · 임대 제도를 도입하고, 유휴 · 저활용 국유지의 적극적 활용을 위한 개발제도를 정비함으로써 국유재산의 효율적 관리와 재정의 건전성 확보에 기여하는 한편, 그 밖에 현행 제도의 운영상 나타난 일부 미비점을 개선 · 보완하려는 것임
	2011. 07. 14. 2011. 10. 15.	일부개정		현행 기획재정부장관이 발령하는 훈령으로 정하고 있는 정부출자기업체의 정부배당에 관한 주요한 사항을 법률에 명확하게 규정하고, 배당 결정과정의 투명성을 높일 수 있도록 관련 규정을 정비함으로써 국가의 출자지분인 국유재산의 관리를 철저히 하려는 것임
	2012. 12. 18. 2012. 12. 18. (2013. 06. 19.) (2013. 12. 19.)	일부개정		공무원 및 정부기업 직원의 주거용 행정재산의 적정한 관리를 도모하기 위하여 공무원 및 정부기업 직원의 주거용 행정재산의 요건을 명확히 정하는 한편, 현행 국유재산의 관리체계가 부동산 중심으로 되어 있어 특허권 · 저작권 등 지식재산의 효율적 · 체계적 관리에 한계가 있으므로 지식재산의 특성을 반영한 관리 · 처분기준을 마련하는 등 현행 제도의 운영상 나타난 일부 미비점을 개선 · 보완하려는 것임

국유재산법			
개정(제정)년도 / 시행년도	개정(제정)	개정(제정) 해당정권	개정(제정)이유
2016. 03. 02. 2017. 03. 02. (2017. 03. 03.)	일부개정	박근혜 정권	국가가 행정목적 수행을 위해 사용하거나 소유하고 있는 일체의 재산인 국유재산의 관리는 해방이후 정부수립 초기부터 최근까지 소극적인 유지·보존 방식에 치우쳐 있었음. 그 후 국유재산의 활용가치를 제고해야 한다는 지적에 따라 정부는 지난 2012년 국유재산기금을 설치하고 국유재산의 원활한 수급과 개발 등을 통해 효율 증대를 도모하고 있으나, 보다 적극적 개발·활용을 위한 제도적 기반 미비로 그 한계에 노출되어 있는 상황임 한편, 1970년대 새마을운동 사업시행 시 농촌의 마을안길확장 및 주택개량 사업 추진과정에서 국유지와 사유지 간 상호 점유된 토지가 다수 발생함에 따라 공공용으로 제공되고 있는 사유지에 대해서는 재산세를 납부하여야 하고, 점유 중인 국유지에 대해서는 대부료를 부담하는 비효율이 발생하고 있는 실정임. 이에 따라, 국유재산의 활용가치와 공공성·수익성·효율성 제고를 위해 개발방식을 다양화하고, 관련 제도 정비를 통해 국유재산의 자산가치를 높이는 것은 물론 국가 재정수입 확충에도 기여하려는 것임
2017. 08. 09. 2017. 08. 09.	일부개정		국유재산의 재산권 관리 강화를 위하여, 행정재산이 행정목적으로 사용되지 아니하게 된 경우 등 일정한 경우에는 지체 없이 그 용도를 폐지하도록 명시하려는 것임
2017. 12. 26. 2018. 06. 27.	일부개정	문재인 정권	국유재산의 활용도를 높이기 위하여 조림을 목적으로 하는 토지와 그 정착물에 대한 대부기간을 최대 10년에서 최대 20년으로, 대부 받은 자의 비용으로 시설을 보수하는 건물에 대한 대부기간을 최대 5년에서 최대 10년으로 각각 연장하고, 행정재산을 용도폐지하는 경우 그 용도에 사용될 대체시설을 제공한 자에게 그 부담한 비용의 범위에서 용도폐지가 되어 일반재산이 된 해당 재산을 양여하는 기부 대 양여를 하는 경우 종전에는 총괄청과의 협의를 거치지 아니하였으나, 국유재산의 효율적인 관리를 위하여 앞으로는 대통령령으로 정하는 가액 이하의 일반재산을 기부 대 양여하는 경우 외에는 총괄청과의 협의를 거치도록 하는 한편, 중소기업 창업자나 벤처기업에 대하여 국가 소유의 지식재산 사용료 등을 면제할 수 있는 근거를 현행법에 마련함으로써 이들의 생존율을 높이고 안정적으로 성장할 수 있는 토대를 마련하고, 국유재산의 효율적인 관리를 위하여 중앙관서의 장은 「국토의 계획 및 이용에 관한 법률」 또는 그 밖의 법률에 따라 국유재산의 귀속에 관한 사항이 포함된 개발행위에 관한 인·허가 등을 하려는 자에게 의견을 제출하려는 경우에는 총괄청과 미리 협의하도록 하려는 것임
2018. 03. 13. 2019. 03. 14.	일부개정		국유재산의 활용성 제고를 위하여 중앙관서의 장은 국유재산의 형태·규모·내용연수 등을 고려하여 활용성이 낮거나 보수가 필요한 경우 등에는 그 사용료 또는 대부료를 감면할 수 있도록 함 또한 비상장 물납증권을 매각 처분할 때 대부분이 물납자 본인이나 납세자의 친족 등 특수관계인에게 저가로 매각되고 있는데 일종의 탈세 또는 재테크 수단으로 활용되고 있으므로 시행령에 규정된 국세물납 증권의 처분 제한 규정을 법률로 상향하여 규정하고, 물납증권의 저가매수 금지 대상을 물납한 본인뿐만 아니라 납부자의 특수관계인으로 확대함으로써 조세회피를 방지하고 국세물납제도를 개선하는 한편, 유휴·저활용 국유지를 적극적으로 개발·활용하기 위하여 일반재산 개발의 범위에 토지를 조성하는 행위도 추가하되, 토지조성에 관하여는 전문성을 갖춘 수탁자가 수행하는 위탁 개발에 한정하여 실시할 필요가 있음. 이에 일반재산 개발의 범위에 건축행위 뿐만 아니라 위탁 개발에 한정하여 토지를 조성하는 행위도 추가함으로써 일반재산의 활용도를 제고하고 부가가치를 증대시키려는 것임

	개정(제정)년도 시행년도	개정 (제정)	개정(제정) 해당정권	개정(제정)이유
⑤	2020. 03. 31. 2020. 03. 31.	일부개정	문재인 정권	국유재산이 효율적으로 활용될 수 있도록 하고, 국민생활의 편익을 증진시키는 생활밀착형 사회기반시설의 확충을 지원하며, 국유재산 관리의 유연성을 높이는 등 현행 제도의 운영상 나타난 일부 미비점을 개선·보완하려는 것임
	2020. 06. 09.	타법개정		지방자치단체, 지방공기업, 학교, 법인 등의 사회기반시설(주민생활을 위한 문화시설, 생활체육시설 등)을 위한 사용을 용이하도록 개정
	2020. 10. 01.	일부개정		
	2021. 01. 01.	타법개정		
	2022. 06. 29. 2024. 07. 09.	타법개정	윤석열 정권	개정 없음

「국유재산법」의 51회 개정(제정) 중 타법개정과 일부개정의 용어 변경을 제외한 24회의 개정(제정)이유를 비교하였다.
출처: 법제처 국가법령정보센터(http://www.law.go.kr/)

한국의 국·공유재산 대부분은 일제강점기 일제가 공(共)유지를 강탈하면서 형성되었으며, 이들 대부분은 지역 공동체가 소유했던 토지, 하천(저수지) 등 공유자산이었다.

해방 후 군사(독재) 정권에서도 공유자산 개념 자체를 세금을 거두기 위한 다수의 소유권으로 축소시켰다. 한국에서 공공자산은 본래 공유(커먼즈) 자산으로서의 역할을 해야 하지만, 국유화 이후 불하를 통한 사유화가 이루어졌다고 할 수 있다.

2009년 전면 개정된 현재 「국유재산법」은 제3조에서 관리·처분의 원칙을 다음과 같이 규정하고 있다. "1. 국가 전체의 이익에 부합되도록 할 것, 2. 취득과 처분이 균형을 이룰 것, 3. 공공가치와 활용가치를 고려할 것, 4. 투명하고 효율적인 절차를 따를 것." 이를 통해 공유재로서의 국(공)유지 제도를 포함하고 있지만, '국가 전체의 이익'이라는 공익 개념이 명확하게 해석되지 않았다. 이후 '3의2. 경제적 비용을 고려할 것'이라는 조항이 추가되었으며, 이 조항은 '경제적 이익'을 '공익'과 동일한 개념으로 치환하며 오히려 국(공)유지의 임대와 매각 등 사유화를 강화하는 결과를 낳았다.

대표적인 사례로 민자역사 개발이 있다. 민자역사 개발은 1988년 서울올림픽을 앞두고 서울역과 영등포역 등의 개발을 위해 1987년 시작되었다. 그러나 시작부터 불법과 특혜가 개입되었으며, 대기업에 법정 최대 기간인 30년 동안 임대되었다. 2017년 계약이 종료될 시점에 정부는 대기업에 2년간 유예 기간을 부여했고, 이후 국회는 법을 개정하여 추가로 20년을 더 임대할 수 있도록 했다.

여전히 민간역사 개발은 지속되고 있으며, 공익을 강화하는 방향이 아니라 기업의 편의에 맞춰 발전하고 있다. 철도 전문기관이 도시계획과 개발 사업을 수행하고, 개발된 사업체에는 퇴직 공무원들이 재취업하는 구조가 형성되어 있다. 심지어 이렇게 개발된 곳에서 국가철도공단과 서울시 두 정부 기관이 비용 문제로 소송전을 벌이고 있다. 국가철도공단은 "서울시에 421억 변상금, 적법한 행정처분"이라고 주장하는 반면, 서울시는 "공단 측이 2700억 개발 이익을 거뒀고, 서울시가 지원했다"고 반박하며 소송이 진행 중이다. 국유지가 공익적으로 잘 사용되고 있는지가 판단 기준이 아니라, 정부 기관끼리 임대료를 지불해야 하는지를 두고 벌이는 소송이 되고 있다. 결국, 국유지가 정부 기관끼리 사고파는 사유지로 관리·운영되고 있음을 보여주는 것이다.

매각이 어쩔 수 없는 상황이었다고 하더라도, 그 매각이 적절했는지에 대한 확인은 필요하다. 그 확인은 「국유재산법」 제3조의 네 가지 조항에 부합하는지를 검토하면 된다. 국유지 매각은 국가 전체의 이익에 부합되는가? 국유지 취득과 처분이 균형을 이루고 있는가? 공공가치와 활용가치를 고려해 매각되고 있는가? 투명하고 효율적인 절차에 따라 매각되고 있는가?

대지(도시)를 처분하고, 산(농촌)을 취득

국유지를 동일한 조건(면적, 용도(지목), 금액)으로 비교적 입체적으로 확인할 수 있는 통계자료는 2014~2023년 자료뿐이다. 이 기간 동안 국유지는 24%, 공유지는 7% 정도의 비율을 유지하며 큰 변화가 없었지만, 국유지는 지속적으로 매각되어 왔다.

최근 사례만 보더라도, 2022년 8월 윤석열 정권은 16조 원의 국유재산을 매각해 재원을 마련하겠다는 계획을 발표했다. 이에 국책연구소인 한국개발연구원(KDI)은 2007~2018년 국유지 매각 전수자료(19만건)를 분석해 『국유재산 매각 효율성과 정책 과제』 보고서를 발표했다.

분석에 따르면 "2007~2018년 국유지는 민간 거래 가격보다 단위면적당 약 18~23% 낮은 가격에 매각"되었으며, 이는 "국유지가 헐값에 매각된 것은 대다수 거래가 수의계약으로 이루어졌기 때문"이라고 밝혔다. 수의계약 비중은 "2013년 75%에서 2018년 92%로 높아졌고, 2018~2021년 4년 동안의 연평균 비중도 97%"로 매우 높은 수준이었다.*

이에 기획재정부는 이례적으로 반박했다. "국유재산 매각은 경쟁입찰이 원칙이나, 법령상 수의계약을 통해 매각하는 경우에도 객관적 감정평가를 거쳐 공정한 시장가치를 반영하고 있다. 수의계약 매각 국유지의 감정평가액이 낮게 평가된 것은 활용이 곤란한 토지의 특성이 반영됐기 때문이며, 국유재산 매각 과정에서 법령에 따른 예외 사유를 제외하고는 공개경쟁입찰을 통해 공정하게 매각을 진행할 계획"이라고 밝혔다.**

그러나 기재부의 입장은 구체적인 반박이라기보다는 현행법에 따른 원칙론에 불과하다. 특별히 이 시기(2014~2023년)에 국유지가 집중적으로 매각된 것이 아니라, 정부 수립 이후 지속적으로 매각되어 왔음에도 불구하고 매각 정보는 일부 신문기사 등에서만 확인할 수 있을 뿐이다. 이는 국유지 매각의 투명성이 부족함을 의미한다. 또한 기재부와

*   한겨레신문. 2022-10-25. 나라 땅 18~23% 싸게 팔렸다…16조 국유재산 또 헐값 매각될라.
** 오마이뉴스. 2022-10-26. 수의계약 탓 국유지 헐값 매각 KDI연구에 발끈한 기재부.

캠코(한국자산관리공사)는 국유지를 지속적으로 매각해 온 기관임에도 불구하고, 이에 대한 문제의식을 갖기보다는 책임을 회피하는 태도를 보인다. 무엇보다 신문기사나 연구기관에서도 공익 여부에 대한 논의가 거의 이루어지지 않을 정도로 경제적 합리성이 일반화되었다.

근래 국유지를 보면, 비싼 땅은 매각하고 싼 땅은 매입하면서 전체 규모와 금액이 증가하는 것처럼 보이는 착시 현상이 나타난다. 큰 틀에서 보면, 대지(도시)를 매각하고 산(농촌)을 매입하는 흐름이라고 할 수 있다.

국유지의 지목별 면적으로 보면, 임야〉하천〉도로〉구거〉기타〉잡종지〉전〉답〉대〉과수원 순이다. 국유지의 지목별 금액으로 보면, 하천〉도로〉대〉기타〉잡종지〉구거〉임야〉전〉답〉과수원 순이다. 국유지의 지목별 단위면적당 금액으로 보면, 대〉잡종지〉도로〉기타〉하천〉답〉과수원〉하천〉구거〉임야 순이다.

가장 면적이 큰 임야는 매년 증가율도 가장 높다. 그럼에도 불구하고 단위 면적당 금액은 가장 낮고, 전체 금액도 하위권이다. 반면, 지가가 가장 높은 '대(지)'는 면적 변화가 거의 없다. 그럼에도 불구하고 전체 국유지 금액 증가는 '대'가 주도하고 있다. 이외에도 잡종지, 도로 등 도시 지역의 국유지와 전답, 과수원 등의 농촌 지역 국유지가 임야와 대지의 관계와 유사한 방식으로 변화하고 있다.

국유지 면적 지목별 현황(2014-2023)

	지목	2014	2015	2016	2017	2018	2019	2020	2021	2022	2023
1	임야	16,151	16,263	16,388	16,451	16,492	16,596	16,607	16,654	16,710	16,764
	증감	-	+112	+125	+63	+41	+104	+11	+47	+56	+54
2	하천	2,557	2,574	2,612	2,624	2,613	2,603	2,627	2,645	2,640	2,635
	증감	-	+17	+38	+12	-11	-10	+24	+18	-5	-5
3	도로	1,762	1,781	1,793	1,805	1,811	1,855	1,882	1,898	1,908	1,921
	증감	-	+19	+12	+12	+6	+44	+27	+6	+10	+13
4	구거	1,574	1,574	1,566	1,544	1,549	1,546	1,546	1,551	1,548	1,546
	증감	-	0	-8	-22	+5	-3	0	+5	-3	-2
5	기타	1,221	1,236	1,255	1,278	1,305	1,282	1,295	1,318	1,302	1,302
	증감	-	+15	+19	+23	+27	-23	+13	+23	-16	0
6	잡종지	488	498	502	506	510	514	519	524	525	524
	증감	-	+10	+4	+4	+4	+4	+5	+5	+1	-1
7	전	333	349	359	342	339	329	332	332	333	330
	증감	-	+16	+10	-17	-3	-10	+3	0	+1	-3
8	답	325	329	348	331	327	317	315	315	316	314
	증감	-	+4	+19	-17	-4	-10	-2	0	+1	-2
9	대	99	101	102	101	101	102	103	104	105	105
	증감	-	+2	+1	-1	0	+1	+1	+1	+1	0
10	과수원	11	13	14	13	14	14	13	14	14	14
	증감	-	+2	+1	-1	+1	0	-1	+1	0	0
	합계	24,521	24,718	24,940	24,996	25,062	25,158	25,239	25,355	25,401	25,455
	증감	-	+197	+221	+56	+66	+97	+81	+106	+46	+54

국유지 면적(전년대비 면적 증감), 단위: ㎢

출처: 열린재정 재정정보공개시스템(openfiscaldata.go.kr), 지목별 국유지 현황

국유지 금액 지목별 현황(2014-2023)

	지목	2014	2015	2016	2017	2018	2019	2020	2021	2022	2023
2	하천	1,002,522	1,010,361	938,365	946,198	938,539	953,895	1,106,472	1,292,367	1,279,971	1,276,298
	증감	-	+7,839	-71,996	-64,163	-7,659	+15,356	+152,577	+185,895	-12,396	-3,673
3	도로	953,316	959,474	1,022,702	996,694	989,759	1,017,714	1,059,500	1,272,611	1,284,938	1,283,084
	증감	-	+6,158	+63,228	+37,220	-6,935	+27,955	+41,786	+213,111	+12,327	-1,854
	대	605,933	637,961	737,779	734,848	744,934	808,097	864,968	1,045,294	1,055,443	1,063,439
	증감	-	+32,028	+99,818	+96,887	+10,086	+63,163	+56,871	+180,326	+10,149	+7,996
5	기타	477,444	500,231	547,270	558,762	569,525	598,035	626,461	753,998	741,192	739,192
	증감	-	+22,787	+47,039	+58,531	+10,763	+28,510	+28,426	+127,537	-12,806	-2,000
6	잡종지	435,412	465,020	528,608	527,959	557,572	580,363	621,889	725,379	732,078	732,634
	증감	-	+29,608	+63,588	+62,939	+29,613	+22,791	+41,526	+103,490	+6,699	+556
4	구거	378,873	367,585	302,077	290,239	290,503	289,405	301,495	457,278	451,295	448,420
	증감	-	-11,288	-65,508	-77,346	+264	-1,098	+12,090	+155,783	-5,983	-2,875
1	임야	301,985	312,258	335,196	332,611	342,346	348,331	367,598	462,973	451,652	454,151
	증감	-	+10,273	+22,938	+20,353	+9,735	+5,985	+19,267	+95,375	-11,321	+2,499
7	전	111,511	116,338	127,195	120,051	119,003	120,144	118,047	141,942	143,089	142,045
	증감	-	+4,827	+10,857	+3,713	-1,048	+1,141	-2,097	+23,895	+1,147	-1,044
	답	104,672	111,883	125,992	118,102	120,162	127,967	124,657	143,240	145,083	144,319
	증감	-	+7,211	+14,109	+6,219	+2,060	+7,805	-3,310	+18,583	+1,843	-764
	과수원	3,024	4,719	4,895	4,633	4,674	4,820	4,983	5,943	6,353	6,375
	증감	-	+1,695	+176	-86	+41	+146	+163	+960	+410	+22
	합계	4,374,692	4,485,830	4,670,080	4,630,098	4,677,016	4,848,771	5,196,070	6,301,025	6,291,094	6,289,957
	증감	-	+111,138	+184,250	+144,268	+46,918	+171,755	+347,299	+1,104,955	-9,931	-1,137

국 · 공유지 금액(전년대비 금액 증감), 단위: 억원

출처: 열린재정 재정정보공개시스템(openfiscaldata.go.kr), 지목별 국유지 현황

국유지 단위면적 당 금액 지목별 현황(2014-2023)

		2014	2015	2016	2017	2018	2019	2020	2021	2022	2023
6	대	6,120.5	6,316.4	7,233.1	7,275.7	7,375.6	7,922.5	8,397.7	10,050.9	10,051.8	10,128.0
	증감	-	+195.9	+916.7	+959.3	+99.9	+546.9	+475.2	+1,653.2	+0.9	+76.2
	잡종지	892.2	933.8	1053.0	1043.4	1093.3	1129.1	1198.2	1384.3	1394.4	1398.2
	증감	-	+41.5	+119.2	+109.6	+49.9	+35.8	+69.1	+186.1	+10.1	+3.7
3	도로	541.0	538.7	570.4	552.2	546.5	548.6	563.0	670.5	673.4	667.9
	증감	-	-2.3	+31.7	+13.5	-5.7	+2.1	+14.3	+107.5	+2.9	-5.5
5	기타	391.0	404.7	436.1	437.2	436.4	466.5	483.8	572.1	569.3	567.7
	증감	-	+13.7	+31.4	+32.5	-0.8	+30.1	+17.3	+88.3	-2.8	-1.5
2	하천	392.1	392.5	359.3	360.6	359.2	366.5	421.2	488.6	484.8	484.4
	증감	-	+0.5	-33.3	-31.9	-1.4	+7.3	+54.7	+67.4	-3.8	-0.5
	답	322.1	340.1	362.0	356.8	367.5	403.7	395.7	454.7	459.1	459.6
	증감	-	+18.0	+22.0	+16.7	+10.7	+36.2	-7.9	+59.0	+4.4	+0.5
	과수원	274.9	363.0	349.6	356.4	333.9	344.3	383.3	424.5	453.8	455.4
	증감	-	+88.1	-13.4	-6.6	-22.5	+10.4	+39.0	+41.2	+29.3	+1.6
7	히전	334.9	333.3	354.3	351.0	351.0	365.2	355.6	427.5	429.7	430.4
	증감	-	-1.5	+21.0	+17.7	0	+14.1	-9.6	+72.0	+2.2	+0.7
4	구거	240.7	233.5	192.9	188.0	187.5	187.2	195.0	294.8	291.5	290.1
	증감	-	-7.2	-40.6	-45.6	-0.4	-0.3	+7.8	+99.8	-3.3	-1.5
1	임야	18.7	19.2	20.5	20.2	20.8	21.0	22.1	27.8	27.0	27.1
	증감	-	+0.5	+1.3	+1.0	+0.5	+0.2	+1.1	+5.7	-0.8	+0.1
	합계	178.4	181.5	187.3	185.2	186.6	192.7	205.9	248.5	247.7	247.1
	증감	-	+3.1	+5.8	+3.8	+1.4	+6.1	+13.1	+42.6	-0.8	-0.6

국·공유지 단위면적 당 금액(억원/㎢), 단위: 억원

출처: 열린재정 재정정보공개시스템(openfiscaldata.go.kr), 지목별 국유지 현황

4. 공동체와 부동산의 치환

국·공유지의 매각을 각 공공기관의 권한으로 여기는 시민들이 많다. 또한, 국·공유지의 매각이 개인의 삶과는 큰 관계가 없는 일이라

고 생각할 수도 있다. 그러나 국·공유지는 주권자인 시민들이 정부에 위임해 둔 재산이다. 내 재산이 누구에게, 왜 매각되는지 정도는 알아야 하지 않을까?

현재 국·공유지는 약 30%에 달하며, 서너 걸음마다 한 번은 국·공유지를 밟을 정도로 우리 삶과 밀접하게 연결되어 있다. 한국보다 사유재산권을 더욱 강하게 보호하는 자본주의 국가인 미국에서는 두 걸음마다 한 번씩 국·공유지(Public Land)를 밟게 되며, 모든 국·공유지 정보를 실시간으로 앱을 통해 확인할 수 있다. 이 실시간 정보에는 매각 정보도 포함되며, 매각 시 지방정부와 지역 시민단체 등에 우선권을 제공한다.

지역 개발 또한 지역 주민이 주도하는 지역재단(Local Foundation)과 커뮤니티개발공사(CDC) 등을 통해 이루어진다. 미국의 국·공유지는 최대한 투명하게 공개되며, 지역 커뮤니티를 지원하는 자원으로 활용되면서 공익이 우선시되고 있다.

한국의 국·공유지 감소는 개발과 밀접한 관계를 맺고 있다. 1960년대 군사독재정권은 산, 하천, 시장 등 국·공유지를 개발하여 분양함으로써 사유화했다. 특히, 하천은 개발 자체가 불가능한 지역임에도 불구하고 하천 상부 개발과 공유수면 매립 등을 통해 인위적으로 부지를 조성한 뒤 개발이 진행되었다.

대표적인 사례로 대한주택공사가 설립한 후 1962년 최초로 개발한 아파트 단지인 '마포아파트'가 있다. 마포아파트는 철도 기지 위에 개발되었으며, 한국 최초의 재개발 아파트 단지이기도 하다. 대한주택공사는 일제강점기 영단주택을 모체로 하고 있다. 영단주택은 15평 내외의 서민·노동자 주택을 공급했으며, 마포아파트 역시 10평 내외의 소형 주택으로 이루어졌다. 현재 국민주택으로 불리는 85㎡(약 25평) 규모의 아파트와는 큰 차이가 있다.

당시 소설가 조정래는 『비탈진 음지(1973)』에서 마포아파트의 전체 경관과 주택 구조를 심각한 문제로 묘사했다.

"처음 이 아파트촌을 먼발치에서 보고는 무슨 공장들이 저렇게 빽빽이 몰려있을까 싶었다. 그런데 사람들이 그 속에서 살림을 하고 산다는 것이다. 머리 위에서 불을 때고, 그 머리 위에서 또 오줌똥을 싸고, 그 아래에서 밥을 먹고, 사람이 사람 위에 포개지고 또 얹혀서 살림을 하고 살아간다는 것이다."

이처럼 일반적으로 받아들여지지 않던 주거 유형을 정부가 주도하여 일반화해 왔다. 한국의 '아파트'는 정확하게 '아파트 단지'로 지칭해야 한다. 한국에서는 대부분 '아파트 단지' 형태이며, 단지이기 때문에 발생하는 문제도 많기 때문이다.

일제강점기 만들어진 영단주택은 해방 후 한국뿐만 아니라 일본에서도 거의 동일한 방식으로 주택공사가 설립되었다. 그러나 일본 주택공사는 분양주택을 건설하지 않고, 공공임대주택을 공급하며, 도시재생사업을 주도하는 공기업으로 발전했다. 반면, 대한주택공사는 국·공유지를 독점적으로 택지 개발하여 분양하고, 민간 건설사가 선분양

방식으로 개발할 수 있도록 지원하는 개발사로 기능했다.

아파트 단지는 내부 도로, 가로수, 가로등, 놀이터 등 공공(정부) 영역까지 사유화하는 방식으로 개발된다. 이러한 구조는 단지 전체를 사유화하여 내부 교통사고, 공동화, 집단이기주의 등 심각한 사회적 문제를 초래한다. 결국, 정부의 역할이 단지(개인)로 전가되었고, 공적 개입의 가능성 자체가 차단된 공간이 되었다.

국토교통부 주택공급 계획 사례

출처: 한국도시환경헤럴드, 2023-10-20. 공공재개발사업과 공공주도재개발사업의 차이에 대하여

전체 부지가 국·공유지가 아닌 재개발 지역이라 하더라도, 통계적으로 최소 30% 내외는 국·공유지일 수밖에 없으며, 산동네 등 열악한 주거지일수록 그 비율이 더 높아진다. 도로, 공원, 녹지 등을 포함한

국·공유지를 활용해 개발을 지원하는 방식으로 사유화가 이루어지고 있다. 무엇보다 원주민 재정착률이 10% 내외인 점을 감안하면, 기존 지역의 커뮤니티를 해체하고 국·공유지를 사유화하는 것과 다름없다.

아파트 단지를 포함한 한국의 개발 방식은 개발독재의 유산이며, 여전히 유지되고 있다. 정부가 주택 공급을 주도하고, 주택 유형은 획일화되었다. 국토교통부를 비롯한 주택 공급 및 개발 기관에서도 주거지나 주거 환경에 대한 설명은 하지 않는다. 오로지 토지 규모와 공급량만을 발표할 뿐이다.

아파트단지: 국·공유지의 사유화

한국은 헌법에 주택개발정책을 명시할 정도로 주택 문제가 심각한 나라다. 헌법 제35조에는 "③ 국가는 주택개발정책 등을 통하여 모든 국민이 쾌적한 주거생활을 할 수 있도록 노력하여야 한다"라는 조항 (1987년 제9차 개정헌법)이 포함되어 있다.

이 조항을 적극적으로 해석한다면 현재와 같은 심각한 주택 문제는 존재하지 않을 것이다. 하지만 현실에서는 이 조항이 사문화되어 유명무실한 상태다. 헌법학자 김상겸은 이에 대해 "경제적 약자의 쾌적한 주거생활권을 보장하기 위한 보다 적극적인 국가의 주택개발정책이 필요하다. 특히 국민을 위한 대량의 공공임대주택 건설은 국민의 생존을 위한 필수적인 국가의 과제이고 의무"로 해석해야 한다고 주장한다.*

이는 주거를 기본권으로 해석하고, 정부의 공적 역할을 강조한 것이다. 동시에 군사독재정권의 개발독재가 초래한 문제의 심각성을 보여주는 조항이기도 하다. 군사독재정권에서 토지공개념(1977)이 주장된 이유를 보면, "토지를 생산적인 목적을 위한 실수요자가 아닌 투기적 매점가가 급격한 지가 상승을 기대하며 불로소득을 통한 부의 축적을 노려왔기 때문"**이라고 밝히고 있다. 즉, 토지를 교환가치가 아닌 사용가치로 접근하며, 개발이익 환수 즉, 불로소득을 막겠다는 것이 핵심이었다.

결국, 군사독재정권조차 이러한 문제를 인식하고 있었던 것이다. 하지만 이러한 개발 문제는 이후에도 지속되었고, 오히려 정부 주도의 개발독재를 강화하는 방향으로 나아갔다.

1995년 재개발과 재건축의 문제를 지적한 신문기사에서는 "고층화로만 치닫고 있는 현행 재개발·재건축 사업의 관행을 깨뜨리기 위해서는 우선 공공부문의 적극적인 참여와 광역단위의 개발계획 수립이 필요하다"고 지적할 정도로 정부의 미온적인 태도를 비판했다.

구체적으로는 "재개발사업의 경우 정부가 지구 내 국·공유지를 출자하는 대신 도로, 공원, 학교시설 등 필요한 공공시설은 충분히 확보

---

* "지구상의 많은 국가와 달리 우리나라 현행 헌법은 국민의 주거생활권을 보장하기 위한 규정을 두고 있다. 그런데도 국가의 주택개발정책에는 경제적 약자에 대한 배려가 부족하다. 특히 주택개발정책에서 공공임대주택 정책이 미미하고 임대주택정책도 주로 민영임대주택에 초점이 맞추어져 있다. 이는 헌법 제35조 제3항이 국가에 부과하고 있는 주택개발정책 의무가 제대로 이행되고 있지 않다는 것을 보여준다."(천지일보. 2020-03-05. 김상겸(동국대 법학과 헌법학 교수), 국가의 주택개발정책과 쾌적한 주거생활권).
** 매일경제. 1977-12-08. 토지의 공개념은 시대적 조류.

토록 해야 한다"*라고 강조했다. 이는 재개발에 공적 자원이 투입되는 만큼, 이에 부합하는 공공의 적극적 개입과 공공시설 확보가 필요하다는 의미다. 또한, 도시적 차원에서 장기적인 계획(광역단위 개발계획)을 수립한 후 이에 따라 개발을 추진해야 한다는 점을 강조하고 있다.

재개발과 「도시 및 주거환경정비법」

	도시 및 주거환경정비법(도정법)
제1조 (목적)	이 법은 도시기능의 회복이 필요하거나 주거환경이 불량한 지역을 계획적으로 정비하고 노후·불량건축물을 효율적으로 개량하기 위하여 필요한 사항을 규정함으로써 도시환경을 개선하고 주거생활의 질을 높이는 데 이바지함을 목적으로 한다
제2조 (정의) 2	"정비사업"이란 이 법에서 정한 절차에 따라 도시기능을 회복하기 위하여 정비구역에서 정비기반시설을 정비하거나 주택 등 건축물을 개량 또는 건설하는 다음 각 목의 사업을 말한다
	가. 주거환경개선사업: 도시저소득 주민이 집단거주하는지역으로서 정비기반시설이 극히 열악하고 노후·불량건축물이 과도하게 밀집한 지역의 주거환경을 개선하거나 단독주택 및 다세대주택이 밀집한 지역에서 정비기반시설과 공동이용시설 확충을 통하여 주거환경을 보전·정비·개량하기 위한 사업
	나. 재개발사업: 정비기반시설이 열악하고 노후·불량건축물이 밀집한 지역에서 주거환경을 개선하거나 상업지역·공업지역 등에서 도시기능의 회복 및 상권활성화 등을 위하여 도시환경을 개선하기 위한 사업
	다. 재건축사업: 정비기반시설은 양호하나 노후·불량건축물에 해당하는 공동주택이 밀집한 지역에서 주거환경을 개선하기 위한 사업
제63조(토지 등의 수용 또는 사용)	사업시행자는 정비구역에서 정비사업(재건축사업의 경우에는 제26조제1항제1호 및 제27조제1항 제1호에 해당하는 사업으로 한정한다)을 시행하기 위하여 「공익사업을 위한 토지 등의 취득 및 보상에 관한 법률」 제3조에 따른 토지·물건 또는 그 밖의 권리를 취득하거나 사용할 수 있다

* 매일경제. 1995-09-28. 1995년 재개발 재건축 현황과 문제점(하)—광역단위 개발로 전환 시급.

한국에서 도시개발은 전면철거 방식만 존재한다고 해도 과언이 아니다. 흔히 말하는 재개발이 그것이며, 이는 「도정법」에 근거한다. 하지만 이 법은 주거환경 개선을 위한 것이고, 더 넓게는 도시 기능 회복을 목적으로 한다.

재개발이나 주거환경개선사업과 관련된 정의는 1958년 네덜란드 헤이그 도시재개발 국제회의에서 규정하고 있다. 이 회의에서는 "주거환경 개선은 불량주택의 정비, 도시 전체의 기능 회복, 저소득층의 주거 안정이라는 목적을 달성하기 위한 정책"이며, "지구재개발(redevelopment), 지구개선(rehabilitation and improvement), 지구보전(conservation) 등 크게 세 가지 방식으로 구분"된다고 정의했다. 또한, "지구재개발(redevelopment)은 가장 협의의 주거환경 개선 개념으로서 기존 건축물을 철거하고 계획적으로 정비하는 도시계획사업"*이라고 규정했다.

동일한 목적을 가지고 있음에도 불구하고 한국의 재개발이 심각한 사회적 문제를 초래하는 이유는 무엇일까? 첫째, 도시개발 방식 중 '지구재개발'은 협의적 개념에서 최후의 수단이어야 하지만, 한국에서는 개선과 보전이 가능한 지역까지 무분별하게 재개발하고 있기 때문이다. 둘째, 공공의 개입 축소, 대규모 아파트 단지 개발, 부동산 투기를 통한 불로소득, 도시계획(광역개발계획)의 부재 등이 복합적으로 얽혀

---

* 국토연구원 국토용어해설

문제가 발생하고 있다.

군사독재정권에서 주장했던 토지공개념을 근거로 도입된 공시가는 현재에도 실거래가의 70%에도 미치지 못한다. 공시가를 기준으로 부과되는 세금(공과금 포함)은 60가지가 넘는다. 이는 실질적으로 토지 소유자의 세금을 감면해 주는 효과를 가져온다. 또한, 모든 재개발은 「도정법 제63조」에 따른 "공익사업을 위한 토지 등의 취득 및 보상"에 근거해 진행되며, 이는 토지를 강제수용하는 공적 사업이다. 따라서 재개발을 반대하는 시민들의 기본권을 침해할 가능성이 높으며, 이 상황에서 공공의 개입이 축소되는 것은 매우 심각한 문제라 할 수 있다.

이러한 문제는 한국토지주택공사(LH)의 전신인 대한주택공사 주택연구소가 2000년 발표한 「공공의 재개발사업 확대방안」 보고서에서도 지적된 바 있다. 보고서에서는 재개발의 문제점을 "1) 자기구역 중심적 개발, 2) 사적 공간 위주의 획일적인 고층·고밀화, 3) 수익성이 낮은 노후·불량 주택지의 방치, 4) 최하위 소득계층의 소외, 5) 갈등과 불신의 만연"으로 정리했다.

이에 대한 대안으로는 보고서는 두 가지 방향을 제시했다. 첫째, "토지 용도 간, 지역 간 개발 비용과 이익을 교차 부담·분배"하는 광역 재개발 방식이다. 대표적인 사례로 "일본 주택도시정비공단(현 도시기반정비공단)의 도시 차원의 종합적인 주거환경 정비 사업"이 있으며, "현재의 직접 개발자의 역할에서 벗어나 계획과 개발의 조정자·관리자 역할을 확대"할 필요가 있다고 강조한다.

둘째, "주민 자조(Self-Help) 역량을 최대한 활용하는 방식"이다. 대표적인 사례로는 "미국 커뮤니티개발공사(CDC)가 있다. 미국에는 2,000여 개 이상의 CDC가 있으며, 이 중 90% 이상이 저렴한 주택 공급에 참여하고 있다. 또한, 주택 건설뿐만 아니라 지역사회의 정비와 건설 사업도 수행하는 공공지원 중개 기관으로서 도시계획 차원의 광역 개발과 지역사회 및 지역민이 주도하는 개발 방식을 대안으로 제시하고 있다."

이러한 도시계획의 근간은 하워드의 전원도시론에서도 확인할 수 있다. 그는 "전원도시에서 토지는 피신탁인에게 귀속되며, 피신탁인들은 (채무 증서를 지불한 뒤) 전체 공동체를 위해 땅을 보유하고, 그 결과 점진적으로 증가하는 가치의 모든 상승분은 자치체의 재산이 될 것이다. 또한, 지대가 상승한다 해도, 심지어 상당한 수준으로 인상된다 해도, 그 같은 임대료 상승분은 개인의 자산이 되는 것이 아니라 자치체에 의해 지방세의 인하에 사용될 것이다."*라고 설명했다.

이처럼 개발이익 환수와 지역 공동체의 지속가능성을 연계하는 것은 도시계획의 기본이자 핵심 가치다. 이는 「도정법」의 목적과 정의에 부합하는 도시로 나아가기 위한 필수적인 원칙이기도 하다.

---

* 하워드, 에버에저. 조재성·권원용 역. 2023. 『내일의 전원도시』. 한울 아카데미. 43쪽.

5. 나가며: 국가 소유의 사유지에서 공동체가 사용하는 공유지로의 전환

현재처럼 국·공유지가 대기업의 상업시설 개발이 아니라 도서관, 문화시설 등 공공 목적의 공간으로 전환되고, 아파트 개발을 통한 사유화가 아니라 공공임대주택 공급으로 주거 안정이 이루어진다면 어떨까?

또한, 내가 살고 있는 지역의 국·공유지 사용에 대한 결정권을 지역에서 가진다면 어떨까? 이는 당연한 권리임에도 불구하고, 우리는 이를 주장하지 못한 채 정부의 시혜적 사업에만 의존하고 있다. 이는 주권자인 우리가 국·공유지 운영과 관리를 정부에 위임해 놓았기 때문이다.

미국에서는 국·공유지 보존운동을 하는 시민단체들이 "이 땅은 우리 땅이다(This Land Is Our Land)"라는 슬로건을 내걸고 활동하고 있다. 이 단체는 2017년 1월, 도널드 트럼프 미국 대통령 취임 직후 결성되었으며, 미래 세대를 위한 환경 보존과 지역사회의 참여를 기반으로 국·공유지 보존 운동을 진행하고 있다.*

이처럼 도시를 모두가 '내 땅'으로 인식할 수 있다면, 국·공유지를 공동의 작품으로 바라보고 공공공간(Commons)으로 만드는 가능성을 확장할 수 있을 것이다. ■

---

* Our Parks(https://ourparks.org)

5장

자연의 회복력과 숲의 관리정책

홍석환
부산대 조경학과 교수

1. 자연 스스로의 회복력과 상반된 숲 관리정책

우리나라 숲에 가보면, 소나무가 군락을 이루고 있는 풍경을 흔히 볼 수 있다. 익숙하고 그럴듯한 이 모습을 우리는 자연이라 여긴다. 하지만 정말 그럴까?

우리가 당연하게 받아들이는 소나무 숲은 사실 자연이 스스로 선택한 풍경이 아닌, 인위적 선택의 결과다. 오래전부터 땔감과 건축자재를 얻기 위해 자연의 숲이 무분별하게 훼손되면서 숲은 점차 척박해져 갔다. 조선 중기 이후 인구가 증가하면서 숲의 훼손은 더욱 심화되었는데, 이 척박한 자리에는 우리 숲에서 자라야 할 활엽수 대신 강한 생존력을 지닌 소나무가 자라게 된 것이다. 땔감 생산을 위한 교란이 사라진 오늘날의 숲은 우리가 생각하는 것 이상으로 빠르게, 그리고 분명히 스스로의 힘으로 회복해가고 있다. 그럼에도 우리는 여전히 소나무를 유지하기 위해 다양한 인위적 개입을 이어가고 있다. 익숙함이라는 이유로 자연의 복원을 오히려 가로막고 있는 셈이다.

자연(自然)은 말 그대로 '스스로 그러한 것'이다. 여기에 인간이 개입하는 순간, 자연의 본래 상태는 교란된다. 더욱이 인간의 개입으로 발생한 다양한 문제들조차도, 자연은 스스로 치유하고 회복해왔다. 인간에 의해 '스스로 회복할 수 없는 수준'까지 훼손되지 않는 한, 자연은 거의 대부분 개입 없이도 본래의 질서를 회복할 수 있다. 지구 생명의 탄생과 진화를 관통하는 거시적 시간의 관점에서 보면, '회복 불가능한 훼손'은 없다고 봐도 과언이 아니다.

물론 예외는 있다. 회복 불가능한 훼손을, 현재 지구에 존재하는 모든 생명이 생을 마칠 때까지도 자연 회복의 징후조차 보이지 않는 상태를 의미한다면 조금은 나타난다. 이러한 수준의 훼손은 주로 콘크리트와 같은 인공 구조물로 인해, 자연이 개입할 여지를 원천적으로 잃어버린 공간에서 발생한다. 예컨대, 육지에서는 대형 콘크리트 건축물이나 도로, 하천에서는 댐이나 콘크리트 제방, 해안에서는 방파제나 부두가 이에 해당한다. 이처럼 자연의 흐름을 완전히 차단하는 구조물 앞에서는, 설령 아주 오랜 시간이 흘러도 자연 스스로의 회복력을 기대하기 어렵다. 그것은 곧 자연 앞에 세워진 '장벽'이 된다.

이러한 문제를 해결하려면 결국 인간의 개입이 필요하지만, 그리 복잡한 일은 아니다. 방해가 되는 구조물을 제거하기만 해도, 자연은 스스로의 회복력을 통해 빠르게 본래의 모습을 되찾는다. 인간이 만들어낸 환경 문제를 자연이 해결하도록 유도하는 방식, 이것이 바로 자연기반해법(Nature-based Solutions)이다.

국제자연보전연맹(IUCN)은 자연기반해법을 "생물다양성을 보전하고 인류의 복지를 증진하기 위해, 자연 또는 자연을 모방한 과정을 통해 사회적·환경적 도전 과제를 해결하는 방식"이라고 정의한다. 이러한 접근은 단순한 생태 복원을 넘어, 기후변화 완화 및 적응, 재해 위험 감소, 수자원 관리, 도시 열섬 현상 완화, 생물다양성 증진 등 다양한 분야에서 복합적인 효과를 발휘한다. 인공 인프라에 의존하기보다 자연

생태계가 지닌 본래의 기능을 되살리고 이를 활용함으로써, 자연기반 해법은 지속가능하고 경제적으로 가장 효율적인 해법을 제시한다.

시간이 흐름에 따라 자연은 조금씩, 혹은 빠르게 변화한다. 최근 '기후변화'라는 인류 역사상 볼 수 없었던 최대의 위기를 마주하면서 우리는 자연의 변화에 대해 민감하게 반응하기 시작했다. 거의 모든 자연현상에 대해 아무런 근거나 추론 없이 '기후변화' 때문이라는 수식어를 달고 있다. 인류가 직면한 가장 큰 문제이기는 하지만, 자연에서 일어나고 있는 모든 현상에 대해 그 원인을 '기후변화'로 돌리게 된다면 이후 해당 문제의 구체적 원인 파악과 해결 방안의 모색은 사라지게 된다. 그래서 어떠한 현상에 대해 기후변화를 이유로 드는 것은 매우 조심스럽게 접근해야만 한다. 문제를 직면하기보다는 어쩔 수 없는 현상으로 간주하면서, 회피를 위한 수단으로 이용되는 경우가 많기 때문이다.

최근 우리나라 숲에서 많은 논란을 야기하는 문제가 있다. 첫째는 탄소중립을 위해 진행해야 한다는 적극적 산림경영이며, 둘째는 소나무재선충을 재난으로 규정하고 진행하는 인위적인 방제이다. 전자는 숲에서 나무가 흡수한 탄소를 활용한다는 명목으로 진행되는데, 내략 30년에 한 번씩 숲의 나무를 잘라서 이용하고, 다시 묘목을 심어 기르는 방식을 되풀이하는 것이다. 후자는 한번 소나무에 들어가게 되면 속수무책으로 소나무가 죽게 되는 소나무재선충에 대한 대응이다. 이러한 대응책에 대해 간단하게 설명하면, 소나무재선충이라는 선충과 이 선충을 옮기는 하늘소류를 죽이는 사업이다. 이를 위해 우리는 '특별법'까지 제정하면서 인위적 방제에 몰두하고 있다. 왜 이런 현상들이 나타나는지에 대한 자연의 불균형 현상을 설명하고 이해하는 과정은 숨긴 채, 오직 인위적인 방제만이 답이라 정해놓고 진행하고 있다.

목재생산을 위한 적극적인 산림경영의 이면에는 산림전문가들이 절대 알리려 하지 않는 심각한 문제가 숨어있다. 목재생산을 위한 거의 모든 비용에는 국민의 세금이 투입되는데, 투입되는 세금과 견주어 30년 후에 들어오는 수익은 너무 적기 때문에, 90% 이상의 적자를 본다. 그럼에도 불구하고 만약 이 사업을 통해 탄소를 대량 흡수할 수 있다면 적극적인 세금의 투입이 용인될 수도 있을 것이다. 그러나, 이 또한 정반대의 결과를 보여주고 있다. 30년 동안 막대한 세금을 투입하여 생산한 나무는 가구재나 건축재 등 오랫동안 탄소를 저장하는 목재로 사용되지 않고, 대부분이 하루아침에 모두 대기 중으로 탄소를 내보내는 땔감으로 사용된다.

이미, 국제적으로는 자연의 회복력을 충분히 활용하는 자연기반해법이 탄소흡수에 가장 효과적이라 얘기하고 있다. 그런데 왜 유독 우리나라만 이렇게 탄소를 대량 배출하는 사업을 적극적으로 추진하는 것일까?

소나무재선충 또한 목재생산을 통한 탄소흡수량 증진 사업의 이면과 유사하다. 지금까지 재선충을 막는다는 방제에 사용한 세금이 국비만 무려 1조 6천억 원에 달한다. 국비와 함께 지출한 지방비는 합산되지 않은 지출액이 위와 같다. 이렇게 막대한 세금을 소진했음에도 불구하고 소나무재선충은 전국으로 더욱 빠르게 확산되고 있다.

의문이 들 수밖에 없다. 그리고 반드시 질문을 해야만 한다. 왜 방제하면 할수록 소나무재선충은 급속도로 확산되는 것인가? 방제는 합리적인가? 숲에서 소나무가 죽어가는 현상은 과연 '스스로 그러한 것'에 해당하지 않는 것일까? 특정 생명체의 대발생은 분명 어떠한 균형이 깨져서 발생하는 것 아닌가? 깨진 균형은 스스로 돌아오지 않는가? 자연에서 일어나는 문제를 해결할 수 있는 '최선의 방법'인 '자연기반해법'은 왜 유독 소나무재선충이라는 문제에는 적용될 수 없을까?

이런 문제들에 대한 합리적 의심은 아직까지 우리 사회에서 극소수의 몇몇만이 지적하고 있다. 절대다수 국민들에게 산림이라는 공간에서 벌어지는 일은 무관심의 영역이라 논의 자체가 이뤄지지 않는다. 이에, 관심의 사각지대에서 각종 사업을 통해 이권을 거머쥘 수 있는 소수집단이 사업 확장에 열을 올릴 뿐이다. 산림에서 일어나는 일에 대한 모든 권한을 단 하나의 기관인 산림청이 독점하고 있기에 나타나는 현상이다. 소수의 합리적 문제 제기를 쉽게 덮을 수 있는 이유이기도 하다.

일반적으로 정부는 해당 분야의 사업이 합리적으로 발전될 수 있도록 관련 지원을 도모하고, 사회적으로 문제를 야기할 수 있는 부분의 견제를 통해 그런 일이 발생하지 않도록 하는 업무가 중심이 되지만, 산림청은 막대한 국가 예산을 사업자에게 분배하는 데에 업무가 집중되어 있다. 그렇기에 산림청의 말은 절대적이며, 어떠한 비판도 받아들여지지 않는 구조가 철옹성처럼 견고하게 형성되어있다. 국토의 63%에서 이루어지는 절대적 독점체제가 60년 넘게 이어져 온 것이다.

지금 우리는 산림청의 정책이 과연 자연의 회복력을 충분히 고려하고 있는지, 인위적인 관리만이 유일한 해법인지를 객관적인 시선으로 다각도로 점검하고, 필요한 문제제기를 해야 할 시점에 서 있다. 잘못된 정책이 있다면 과감히 방향을 바꾸어야 한다. 극소수의 이익을 위해 불특정 다수가 손해를 보는 구조는 더 이상 외면할 수 없다. 이 글은 그러한 불합리를 수면 위로 끌어올리고, 불편한 진실에 한 걸음 다가서고자 하는 작은 시도이기도 하다.

2. 숲의 회복력과 자연기반해법

탄소흡수를 위한 숲 관리 정책의 문제

날로 심각해지고 있는 기후위기 해결을 위한 국가적 노력의 일환으로 「기후위기 대응을 위한 탄소중립·녹색성장 기본법」이 2022년 3월 시행되었다. 이 법에서 "탄소중립"은 대기 중에 배출·방출 또는 누출되는 온실가스의 양에서 온실가스가 흡수되는 양을 상쇄한 순배출량이 영(零)이 되는 상태를 말한다. 탄소중립을 위해서는 첫째, 배출량을 줄이고 둘째, 흡수량을 늘려야 한다. 가장 쉬운 방법은 배출량을 줄이는 것이지만, 과도한 탄소를 배출하면서 만들어진 자본주의 사회구조 속에서 편리한 삶을 포기하면서까지 '절약'을 실천할 리 만무하다. 또한

'절약'은 자본주의의 가장 큰 적이 되기 때문에 자본이 가만 놔둘 수 없다. 그렇기에 자연스럽게 현재의 배출량은 그대로 둔 채, 흡수량 증진에 집중하고 있다. 또한, 국제적으로 이미 기후위기 해결에 가장 효과적인 방법으로 대두되고 있는 자연 스스로의 회복능력인 자연기반해법은 철저히 배제된 채, 막대한 사업비와 노동력이 투입되는 인위적 해결 방식에 집중하려 하고 있다는 것은 심각한 우려를 낳는다. 기후위기 해결이라는 본질보다는, 경제적 이익과 연계된 또 다른 사업 확대에 초점이 맞춰진 것으로 보이기 때문이다.

현재까지 대기 중에 배출된 탄소를 다시 흡수할 수 있는 인위적 방법 중 효과적인 방법은 전무하다. 오직, 자연의 회복력을 이용한 자연의 회복력을 이용한 흡수량 증진 방법이 존재할 뿐이다. 현 시점에서 거의 유일한 방법은 다름 아닌 식물이 스스로 생명을 유지하고 번성하려 행하는 광합성이다. 대기 중 이산화탄소를 흡수하여 탄소를 격리하고 산소를 다시 되돌려주는 기작인 것이다. 우리가 할 일은, 식물이 안정적으로 잘 자랄 수 있는 공간을 최대한 많이 확보해 주면 된다.

그런데, 이 방법은 또 다른 관점에서 큰 난관에 봉착하고 만다. 식물이 안정적으로 잘 자랄 수 있는 대규모 토지를 확보해야만 하는 문제가 그것이다. 기존 식물이 자라지 않던 토지를 식물이 자랄 수 있는 토지로 전환해 주어야 가능한데, 이러한 토지 대부분은 경제적 활용도가 높아, 식물에게 토지를 양보할 수 없다. 특히나, 우리나라와 같이 인구밀도가 높고 새롭게 녹지를 조성할 가용공간이 극히 제한되는 곳에서는 현실적으로 가능하지 않다. 복원은커녕 지금도 활발하게 탄소를 흡수하면서 저장량을 안정적으로 늘리고 있는 오래된 숲을 개발하는 데에 열을 올리고 있는 상황이다. 당장 눈앞의 경제적 이익이 더 달콤하기 때문이다. 아마존 개발 같은 이야기는 더 이상 지구 반대편만의 문제가 아니다. 숲에서 나무가 잘리고 건물이 들어설 수 있게 되면 토지가격이 수십 배 상승하기에 어느 산주도 숲이 성숙하기를 바라지 않는다.

이미 개발된 대면적 토지를 숲으로 전환하기는 현실적으로 가능하지 않기에 생각해 낸 것이 기존 산림의 효율성 증진이다. 나무가 숲을 이루고 있는 곳에 인위적으로 개입하여 자연적으로 자라는 상태보다 더욱 활발하게 식물이 자라게 하거나, 나무가 고정한 탄소를 더 오랫동안 저장하는 등의 방법이다. 이는 실질적으로 나무가 무한하게 탄소를 흡수하면서 저장량을 확대할 수 없으니, 어느 정도 자란 나무를 잘라서 이용하고(이 과정에서 다른 탄소배출원을 대체할 수 있다고 믿는다.), 다시 어린나무를 심고 가꾸는(추가로 탄소를 흡수할 수 있다고 믿는다.), 숲의 순환을 빠르게 하겠다는 발상이다. 공장식 축산과 같은 개념을 숲에도 적용할 수 있다는 논리이다.

이러한 인위적 방식을 세금으로 지지하기 위해 「탄소흡수원 유지 및 증진에 관한 법률」이 개정되어 2022년 탄소중립·녹색성장 기본법과 동시에 시행되었다. 이 법률은 육지 탄소흡수원의 대부분을 차지하고 있는 '산림의 탄소흡수 기능을 유지하고 증진함으로써 기후변화에 대응하고 저탄소 사회구현에 이바지함을 목적'으로 하고 있다. 언뜻 그

럴싸한 주장으로 들리지만, 우리나라가 추진하고 있는 이 전략은 국제적으로 가장 효과적인 방법으로 인정받고 있는 자연기반해법과는 정반대의 방향이라는 점을 분명히 인식할 필요가 있다.

탄소 흡수량 증진을 위한 최선의 방법은 신규 조림 사업이다. 단, 이는 최소한 지난 50년 동안 수목이 자라지 않았던 토지에서만 가능하다. 하지만 앞서 언급했듯, 그런 토지는 이제 거의 존재하지 않는다.

결국 시선은 이미 나무가 자라고 있는 기존 숲으로 향하게 된다. 수종 갱신, 풀베기, 덩굴 제거, 어린나무 가꾸기, 솎아베기, 수확 등과 같은 산림 경영 활동이 탄소를 더 빠르게, 더 많이 저장할 수 있다고 주장하며, 현재의 법과 정책은 이들 사업을 적극적으로 추진하는 데 초점을 맞추고 있다.

그러나 이 모든 사업은 탄소 흡수 효과가 과학적으로 충분히 검증되지 않았다. 더 큰 문제는, 이들 대부분이 이미 탄소를 흡수하고 있는 기존의 식생을 잘라내거나 제거하는 방식이라는 점이다.

탄소를 흡수 중인 나무를 없애고도 흡수량이 늘어난다고 주장하는 건, 언뜻 그럴듯해 보여도 자세히 들여다보면 의문이 들 수밖에 없다.

그러나, 사업을 추진하는 논리는 다르다. 좋은 상품을 위해서는 희생이 수반되어야만 한다. 마치, 질 좋은 수박을 생산하기 위해 단 하나의 수박만을 남기고 모두 제거하는 것처럼 말이다. 수박을 커다랗게 키우기 위해서는 당연히 수고로움과 비용을 감수해야 한다고 주장한다.

그런데 잠깐만 생각하면 왜 이런 사업이 잘못되었는지 너무나 쉽게 이해할 수 있다. 탄소흡수량 증진 사업의 핵심은 단위 면적당 생물량을 늘려, 보다 많은 탄소를 흡수하고 저장하도록 유도하는 것이다. 수박밭은 단 하나만의 큰 수박을 생산하기 위해 존재한다. 그 하나의 수박을 위해 다른 모든 식물과 작은 수박들을 제거하는 것이다.

식물량이 가장 많은 수박밭은 버려진 수박밭이다. 온갖 다양한 풀들이 틈을 찾을 수 없을 정도로 빽빽하게 밀생하는 그런 상황이 단위 면적당 가장 많은 식물량을 확보할 수 있는 방법인 것이다. 즉, 지금 법령에서 제시하고 있는 사업은 숲의 단위 면적당 탄소흡수량을 급격히 감소시키는, 추구하는 목적과는 정반대의 사업을 진행하는 것이다.

IUCN*은 자연기반해법을 '자연생태계의 보호와 지속가능한 관리, 복원을 위한 조치'로 정의한다. 국제적 정의와 비교하였을 때, 우리나라의 위 법률을 바탕으로 행하는 탄소흡수원 증진 방안은 자연 스스로의 회복력 즉, 자연기반해법이 배제된 채로 고안되었음을 확인할 수 있다.

지난 2021년 산림청은 탄소흡수원 기능증진을 위해 2050년까지 30년간 '30억 그루 나무심기' 사업을 제시했다. 이 사업은 숲을 구성하는 수목의 나이가 30년 이상이 되면 흡수량이 급격히 떨어진다는 자체 분석에 근거한다. 이에, 흡수 기능이 떨어지는 산림의 수목을 모두 베어내고 새로 어린나무를 식재하는 사업이 탄소흡수량을 증진한다고 주장

---

*   IUCN, 2016, Nature-based Solutions to address global societal challenges.

하고 있다. 이를 통해 2050년에는 연간 배출되는 탄소 중 3,400만 톤을 감축하겠다고 하였다.

그러나 해당 주장에 대한 과학적 설명은 지극히 비상식적이다. 특히, 바이오매스에 대한 주장은 납득하기 어렵다. 살아서 탄소를 흡수하고 있는 나무들을 잘라낸 후, 전기생산을 위한 땔감으로 사용하는 것을 탄소 감축으로 인정하고 있기 때문이다. 정부의 주장은 다음과 같다. 전기를 만들기 위해서는 석탄이나 석유 등의 화석에너지를 이용해야 하는데, 이것을 나무로 대체했기에 탄소를 감축했다고 하는 것이다. 그런데, 정작 나무로 전기를 생산하기 위해서는 석탄이나 석유보다 훨씬 많은 양의 탄소를 배출하게 되므로 대체되지 않는다. 탄소흡수 사업이 아닌 추가 배출 사업이 되는 것이다. 또한, 각종 대기오염물질도 비교할 수 없을 만큼 더 많이 발생시킨다. 나무를 베고 심으면서 발생하는 각종 환경문제는 덤으로 안고 가야만 한다.

우리 숲의 본래 모습

현재 우리나라 숲에서 나타나는 가장 큰 변화는, 숲이 건강하게 안정화되면서 과거 척박한 토양에서 자라던 소나무림이 빠르게 활엽수림으로 대체되는 것이다. 숲이 성장하며 안정화되기 이전의 과도기적 과정이라 보면 된다. 소나무림의 번성은 마치 우리나라 역사가 시작되면서 지금까지 이어져 온 것으로 생각하지만, 실제로는 우리 숲이 스스로 만들어낸 자연적 현상이 아님을 반드시 짚어야만 한다. 조선시대 중기부터 서서히 나타난 현상일 뿐이다. 이는 숲이 스스로 할 수 있는 나무의 생산량과 인간이 소비하는 나무 소비량의 불균형으로 인해 발생한 인위적이면서 일시적인 현상인 것이다.

인구가 늘어나면서 우리나라의 숲이 생산할 수 있는 나무 에너지량에 비해 소비하는 나무 에너지량이 더 많아지게 되면서부터 숲이 점차 벌거숭이 산으로 바뀌었다. 버는 양보다 쓰는 양이 많으니, 저축한 돈을 쓰게 되고 이 상황이 지속되니 통장이 텅 비어버리는 상황까지 간 것이다. 이러한 수급의 불균형은 한국전쟁 이후까지 한참을 이어오게 되는데, 급격한 경제성장이 이루어진 비교적 최근까지도 계속되었다.

과거에는, 숲에서 나무가 자라기 무섭게 잘라다 땔감으로 이용했으니 숲은 척박해질 수밖에 없었다. 이렇게 척박한 숲이, 아이러니하게도 나무가 화석연료로 대체된 이후부터는 다시 비옥한 숲으로 변화되고 있다. 소나무 숲은 인위적 간섭이 없을 경우, 자연의 힘에 의해 빠르게 제자리로 돌아가기 때문에, 우리나라 대부분의 숲은 땔감 이용이 중단된 이후 이미 비옥한 토양에서 잘 자라는 활엽수림으로 전환되었어야 했다. 경제성장 이후 에너지원은 전환되었지만, 숲의 자연 회복이 지연된 이유는 땔감 외에 또 다른 인위적 교란이 우리 숲에서 지속되었기 때문이다. 그 교란이 바로 산림청의 숲가꾸기 정책이다.

소나무 숲은 인위적 교란이 없을 경우, 자연적 힘에 의해 활엽수로 대체된다. 큰 소나무 숲에서는 언뜻 작은 소나무가 자랄 것이라 생각되지만, 소나무 수관 아래에는 어린 소나무가 자라지 않고, 오히려 활엽수가 자라기 때문이다. 이 기작에 대한 설명은 여기서는 넘어가도록 한다. 다만, 인위적 훼손이 없는 소나무 자연숲의 기억을 떠올려보라. 그 아래에 어린 소나무가 자라는 경우는 본 적이 없을 것이다.

마침, 소나무숲의 교란이 사라지면서 빠르게 활엽수로 대체되는 상황에 우리나라에는 IMF라는 큰 파도가 몰아쳤다. 1998년 IMF 당시 실직자를 위한 공공일자리사업 일환으로 적극 확대된 사업 중 하나가 숲의 어린나무를 자르는 숲가꾸기 사업이다. 당시 어린나무는 대부분 활엽수였으니, 소나무만 남기고 활엽수는 모조리 베어지는 신세가 되었다. 명확한 이유 없이 그리고 외환위기를 훌륭히 극복한 지 오랜 시간이 지난 지금까지도 이 사업은 중단되지 않고 오히려 더 큰 규모로 진행되고 있다. 이런 결과로, 우리 숲이 건강한 활엽수 숲으로 대체되는 시간이 한참이나 지체되고 말았다.

뒤에서 언급하겠지만, 숲의 자연적 흐름을 막는 이러한 인위적 개입은 또 다른 부작용으로 연결되는데, 지금 소나무재선충의 창궐로 이어지고 있다고 판단된다. 우리 토양이 척박해지게 된 과정을 유추하고, 다시 활엽수림으로 바뀌는 상황이 건강한 숲으로의 회복임을 확인할 수 있는 근거를 조금 살펴보자.

먼저 1931년 기록된 조계산송광사사고-산림부-*의 내용이다.

* 조명제·김탁·정용범·정미숙 역주. 2009. 『조계산송광사사고 – 산림부-』 혜안. 138~139쪽.

"우리 절은 지금으로부터 730년 전 고려 명종 27년(1197)에 고승인 보조국사가 창건하여 여섯 번의 중창을 거쳐 현재에 이르렀다. 건물 70여 동이 있는데 무엇보다도 희귀한 활엽수의 큰 목재를 사용하여 세운 것을 보아도 예전 숲의 모습을 두루 살펴 알기가 어렵지 않다. 본 사업구역의 식물대는 난대 북부에 속하고 해발고도가 낮아 기후가 온난하면서 토질이 비교적 비옥하여 상당히 많은 수종이 자란다. 대표적인 나무는 졸참나무, 떡갈나무, 황철나무, 단풍나무, 층층나무, 피나무 등의 활엽수와 적송이다. 현존 사찰의 건축재로 사용되었지만 모든 활엽수가 수령이 오래되고 점차 남벌되면서 침엽수가 침입하여 현재는 오히려 침엽수의 면적이 반 이상이 되었다. 본 사업구역은 1923년부터 벌채를 시작하여 지나치게 벌채하는 남벌이 계속되고 있다. 그래서 숲의 모습이 점점 파괴되어 (중략) 활엽수는 점차 자취가 사라지면서 침엽수로 대체되는 중이다."

이 책은 한국전쟁 과정에서 송광사의 대부분 건물이 불탄 1951년 이전 기록된, 불타지 않은 건물이 있었던 상황을 묘사하며 그 건물들 대부분이 활엽수 대경목으로 지어졌음을 기록하고 있다. 당연히 송광사 주변의 숲은 모두 활엽수 대경목들이 자라는 숲이었음을 확인할 수 있다. 그런데, 일제강점기가 시작되고 1923년부터 오래된 활엽수 숲이 남벌되면서 침엽수(소나무)가 침입하고 있다고 적시하고 있다. 해당 문헌에서는 소나무림의 확장이 기존 숲이 파괴된 것과 관련이 있다고 지적하고 있다. 현존하는 가장 오래된 목조건물들은 대부분 활엽수로 지어졌다는 것도 마찬가지 근거가 된다.

동일한 내용이 최근에도 확인되는데, 국립산림과학원이 발표한 자료*를 살펴보자.

* 가강현·박현·박원철. 2009. "국립산림과학원의 최근 송이 연구 동향 소개." 한국균학회 2009년도 춘계학술대회발표논문집. 5쪽.

"한국의 송이 생산량은 1985년에 1,313톤을 기점으로 매년 감소 추세에 있다. 주된 이유로는 송이산의 방치, 산불, 그리고 소나무를 가해하는 해충들에 의한 소나무림의 감소이다. 과거 솔잎을 긁어 땔감으로 사용할 때에는 다소 척박한 형태의 소나무림으로 자연스럽게 유지되어 송이 생산량이 꾸준히 늘어날 수 있었다. 그러나 산림에서 유래한 땔감 대신 석탄, 석유, 가스 등의 화석연료 사용이 급증함에 따라 소나무 숲에 각종 활엽수가 들어오면서 점차 울창하게 변화되었고, 그로 인해 다소 척박하고 빛이 많이 들어오는 환경을 좋아하는 송이가 번성하기 어려운 환경으로 변화되었다."

두 문헌을 종합하면, 우리 숲은 과거 울창했던 활엽수숲을 남벌하면서 숲이 척박해지고, 이 여파로 자연스럽게 척박한 곳에서 경쟁력이 높은 소나무림이 발달하게 된 것이 된다. 1980년대 이후 난방과 취사를 위한 연료가 대부분 나무에서 화석연료인 석유와 천연가스로 급변한 이후부터는 숲이 다시 비옥해지면서 소나무림의 쇠퇴와 함께 활엽수림의 증가로 이어지고 있음을 알 수 있다.

소나무림의 발달과 쇠퇴는 비단 우리나라뿐만 아니라 유사 기후대를 형성하는 이웃나라인 일본과 중국에서도 나타난다. 이들 나라 또한 과거 땔감으로 에너지를 얻던 시대 발달했던 소나무림이 화석에너지로 전환되면서 소나무림의 급격한 쇠퇴가 일어났다. 후타이 카즈요시(二井 一禎)*가 기술하고 있는 일본의 소나무림 번성과 쇠퇴에 대한 기술에서도 별반 다르지 않은데, 그는 소나무림이 일본 산림 내에서 우점하게 된 것은 불과 500년 전부터라고 적시하고 있다. 당시 소나무림의 발

* 후타이 카즈요시(二井 一禎). 조용기 역. 2015. 『소나무재선충병은 숲의 전염병』. (사)한국산림기술사협회. 23~24쪽.

달 이유는 벼농사 시작과 함께 서서히 진행된 인구의 증가라고 하였다. 인구의 증가는 자연스럽게 농지의 확대로 이어졌고, 산림지역을 농토로 개간하기 위해 숲을 불태워 없애는 화전 또한 빠르게 확대되는 계기가 되었다. 화전은 오랫동안 쌓였던 산림토양의 영양분을 빠르게 소진하는 농업 방법인데, 그 결과 활엽수림이 소나무림으로 빠르게 전환되었다. 결국, 일본의 소나무림 발달과 쇠퇴 역사 또한 산림의 수탈과 에너지 종류의 전환에 의해 일어난 교란의 역사이다.

이러한 내용은 단순히 역사적 기술에만 의존하지 않는다. 과학적으로도 분석되는데, 산림청 국립수목원의 한 연구보고서*를 살펴보자. 이 연구에서는 1980~2010년의 최근 30년간 기상자료를 통해 우리나라의 식생기후분포도를 제작하였다. 기후자료를 사용한 시점은 기후변화에 의한 온도상승이 최근보다는 그리 크게 나타나지 않은 시기임에도 불구하고 소나무림으로 발달이 예측되는 지역은 우리나라 그 어느 곳에도 없음을 알 수 있다. 기후변화 때문에 소나무림이 급속히 줄어드는 것이 아니라, 교란된 숲이 빠르게 제자리를 찾아가는 과정에서 소나무림이 줄어든다는 것이 과학적 해석이라는 의미가 된다.

식생기후도의 형태는 '심각한 인간의 교란이 없다면 만들어질 수 있는 숲의 형태'인데, 다소 종 구성의 차이는 있지만, 우리나라 모든 지역에서 낙엽활엽수림이 혼재되어 자라는 수림대로 발달한다는 것이다.

* 　산림청 국립수목원, 2020, 『한국의 식물상 지역과 식생기후』, 62~65쪽.

결국 소나무림의 발달은 자연적인 현상이 아니라, 심각한 인위적 교란에 의해 만들어진 일시적 현상이라는 것이다. 이러한 일시적 숲의 유지를 위해 또다시 '심각한 교란'을 만들어내는 것은 기후변화 완화나 탄소중립, 생물다양성 유지 등 현대 환경문제 해결 측면에서 어떠한 긍정적 의미도 가지지 않음을 명확히 알 수 있다.

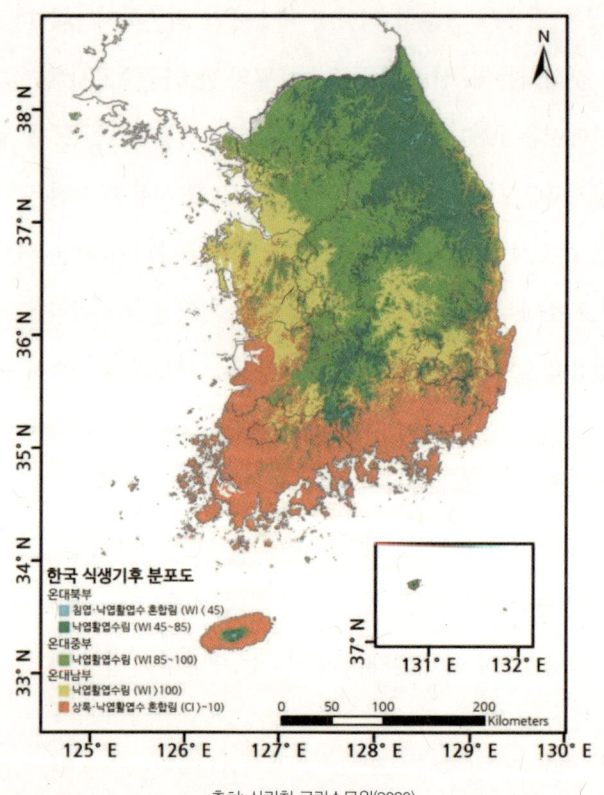

1980~2010년의 기상측정값을 활용하여 Kira(1991)의 기준에 따라 작성한 한반도 남부의 식생 기후 분포도

출처: 산림청 국립수목원(2020)

토양 속 영양분이 풍부할수록 나무는 잘 자라게 되고, 나무가 잘 자라는 숲이 지금 우리가 직면한 환경문제 개선에 효과적임은 당연하다. 우리 숲은 오랫동안 이어진 인간의 심각한 교란을 떨쳐내고 다시 비옥하고 건강한 숲으로 그 회복력을 발산하고 있다. 숲의 회복력 강화를 위해 지금 필요한 것은 숲가꾸기와 같은 인간의 간섭이 아닌, 단지 교란을 멈추는 것이다.

기후위기와 숲의 회복력

연료의 생산이라는, 인간이 살아가기 위해 반드시 필요했던 교란은 아이러니하게 화석연료를 활발하게 이용함으로써 멈추게 되었다. 그리고 에너지 전환으로 인해 우리 숲은 자연 스스로의 회복탄력성에 힘입어 소나무 숲에서 활엽수 숲으로 빠르게 전환되고 있다. 여기서 우리가 물어야 할 질문은 하나다. 활엽수 숲으로의 변화가 기후위기 시대에 도움이 되는지, 아니면 막대한 피해가 되는지이다. 이 부분은 숲 관리 정책의 올바른 적용에 있어 다른 그 어떤 부분보다 중요하다. 왜냐하면 아무리 숲이 자연적인 회복력에 의해 활엽수 숲으로 발달한다고 해도 이 숲이 기후위기를 더욱 가속화시키거나 환경에 악영향을 미친다면 인위적으로 그 흐름을 막는 것도 고려해야 하기 때문이다.

과거에도 지금도 소나무림의 쇠퇴는 어떤 식으로든 인간이 해결해야 할 문제인 것으로 인식되어왔다. 그러나 이런 우려와는 달리, 특정

종의 쇠퇴나 고사로 인해 숲 전체가 훼손된 사례는, 적어도 우리나라에서는 보고된 바 없다*. 이유는 우리나라의 본래 숲은 앞서 살펴본 것과 같이 특정한 어느 한 종이 우점하는 숲이 아니기 때문이고, 시간이 지나면서 더욱 좋은 숲으로 '발달'하기 때문이다. 기후적으로 그러한 위치에 국토가 있다는 의미이다. 이러한 기후특성은 우리나라가 식물이 자라지 못하는 사막이나 영구동토로 변화되지 않는 이상은 지속될 것이며, 현재의 기후변화는 오히려 식물의 생장을 활발하게 유도하는 방향으로 진행되고 있기에 최소한 식물 생장 측면에서는 걱정거리가 되지 않는다.

숲의 탄소저장량 변화는 숲의 발달과 쇠퇴 여부를 판단할 수 있는 괜찮은 자료가 된다. 숲의 탄소저장량이 증가한다는 것은 숲이 스스로 제 기능을 다하고 있다는 의미가 되기 때문이다. 언뜻, 숲에서 소나무나 구상나무 등 침엽수가 집단적으로 고사하는 현상은 매우 심각해 보이기도 하지만, 침엽수림의 쇠퇴는, 반대로 말하면 활엽수림의 확산이 된다. 아고산식생대의 구상나무림 고사지역은 신갈나무를 중심으로 한 활엽수가 대체하고 있고, 저지대 소나무림 또한 다양한 활엽수들이 대체하기 때문이다. 따라서 숲의 쇠퇴가 아니라 숲의 구성요소가 변화하는 현상으로 이해해야만 한다. 이런 관점에서 우리가 질문해야 할 것은 '침엽수의 쇠퇴로 인한 탄소저장량을 활엽수가 대체할 수 있는가?'이다.

---

* 홍석환. 2022. "탄소중립 관점에서 본 산림경영의 문제와 자연기반해법." 환경법과 정책, 29, 21-48 쪽.

앞서 언급했듯이 소나무림의 발달은 인간에 의한 심각한 교란행위로 나타나는 일시적 현상일 뿐이다. 따라서 교란이 약해지거나 사라지게 되면 빠르게 다시 활엽수림으로 회복된다. 이것을 숲의 2차천이라 한다. 숲의 2차 천이 과정에서 발달하는 대표적인 수목의 종류는 참나무류(Quercus spp.)이다. 주로 저지대 완경사지에 발달하는 상수리나무림과 해안과 계곡부의 상대적으로 따뜻한 지역에 발달하는 졸참나무림, 남사면의 급경사 건조지에 발달하는 굴참나무림과, 반대로 저지대 습윤지에 발달하는 갈참나무림, 북사면의 상대적으로 온도가 낮고 햇볕이 적은 지역에 발달하는 신갈나무림, 고지대 능선부 평지지형에 국지적으로 발달하는 떡갈나무림이 대표적인 우리나라의 참나무들이다.

소나무와 참나무류의 탄소흡수량은 산림청이 60년 이하의 어린나무들을 대상으로 조사한 결과가 있다. 이 자료에서 소나무와 참나무류의 연령별 탄소흡수량 변화추이가 시사하는 바는 자연의 회복탄력성 가치를 가늠할 수 있다는 측면에서 매우 크다고 할 수 있다. 일시적으로 발달하는 소나무의 경우 탄소흡수량과 저장량이 참나무류에 비해 현저히 떨어지는 것을 확인할 수 있다. 특히, 40년 정도 지난 이후, 숲이 어느 정도 성숙단계에 들어가면서부터는 그 차이가 더욱 커지게 된다. 시간이 지나면서 숲에 저장되는 탄소는 꾸준히 누적되게 되므로, 숲을 오랫동안 베지 않고 자연상태로 유지하는 것이 탄소저장량 증진에 훨씬 효과적임은 당연하다. 특히, 참나무류림에서 누적되는 탄소저장량은 소나무림에 비해 월등히 크다. 이러한 차이는 우리 숲을 구성하는 본래의 수목들인 참나무류는 일시적으로 우점하는 소나무보다 훨씬 오랜 기간 동안 안정적인 숲 구조를 유지할 수 있기 때문에, 더욱 중요하게 평가되어야 한다.

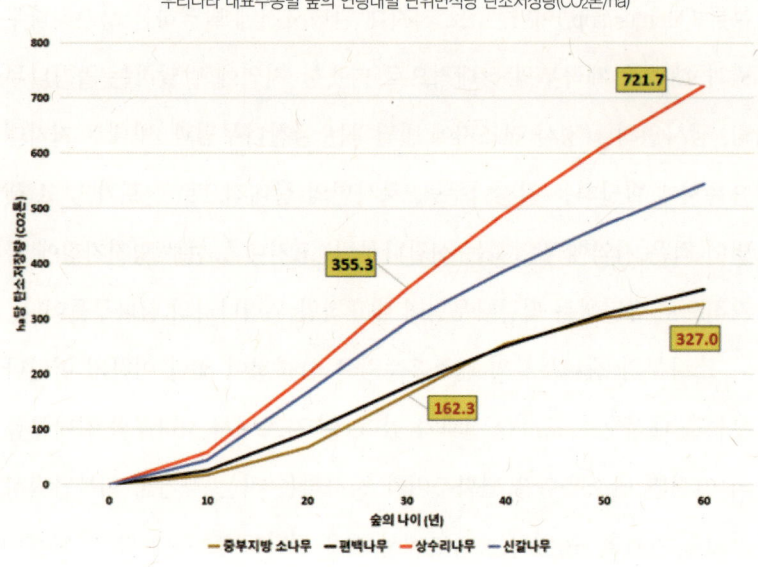

30년의 활엽수림을 베어내고 소나무나 편백나무를 식재할 경우, 30년 이후 기대되는 722 CO_2톤/ha에 이르는 숲의 탄소저장가치를 고작 162 CO_2톤/ha로 낮추게 된다.

출처 : 산림청·국립산림과학원(2012) 자료 재구성

숲의 주요 구성 수종이 소나무에서 참나무류 혹은 낙엽활엽수 혼효림으로 변화한다는 것은 그 자체만으로도 우리 산림이 긍정적으로 변화함을 의미한다. 아울러, 기후위기에 대응하는 가장 현명한 방법이기도 하다. 같은 시간 동안 최소 두 배 이상 많은 탄소를 대기 중에서 흡수하여 고정할 수 있기 때문이다.

또 하나, 산림청은 앞 그래프를 작성한 원자료를 바탕으로 숲이 30년 이상이 되면 탄소흡수량이 급격히 감소하기 때문에 나무를 베어내고 새로 심어야 한다고 주장한다. 이는 자료에 대한 왜곡이라 할 수 있다. 30년 이후에 축적하는 탄소가 되려 초기 30년 동안 축적한 탄소량보다 많기 때문이다. 특히, 현재 참나무류 숲으로 발달하고 있는 지역을 모두 베어내고 편백나무나 소나무 등으로 대체하는 사업을 탄소흡수량 증진 사업으로 진행하고 있는데, 이럴 경우 얻을 수 있는 효과는 전무하다. 오히려 숲의 탄소저장 능력을 크게 저하시키는 결과를 초래할 뿐이다. 탄소흡수 사업이 아니라 배출 사업일 뿐이다.

이런 내용은 최근 지구의 수많은 숲 지역에서 조사한 실측데이터를 분석하여 발표하는 연구 결과들에서도 확인된다. 프레기쳐와 에우스키르헨(Pregitzer and Euskirchen)*은 온대림의 총 탄소저장량이 수령 30년까지는 급증하다가 이후부터 70~80년 정도까지는 완만히 증가한다. 그러다 또다시 상황이 반전되어 이후부터 급격히 증가한다고 하였다. 앞부분은 산림청이 제시한 그래프와 일치한다. 안타깝게도 우리나라 숲에서 수령 60년 이상의 숲은 단 1%도 안 되기 때문에 80년 이후 어떻게 탄소저장량이 변화하는지 전혀 검증할 수 없다. 수령 60년까지

---

* Pregitzer, K.S., Euskirchen, E.S., 2004. "Carbon cycling and storage in world forests: biome patterns related to forest age". *Global Change Biology*, 10(12), pp.2052-2077.

의 축적데이터만을 확인할 수 있는 우리나라 숲의 탄소흡수량 통계의 올바른 해석은 다른 오래된 숲을 참조하는게 가장 합리적일 것이다. 이럴 경우, 우리 숲은 탄소흡수량 추이가 급증하는 시점에 도달하지 않았다는 해석이 합리적이다. 없는 자료를 막연히 추정하는 것보다, 동일 기후대의 수많은 자료를 비교하는 것이 훨씬 과학적이고 객관적인 해석이기 때문이다*. 온대림을 대상으로 한 또 다른 연구인 루이스 등 (Lewis et al.)**의 연구에서는 인위적 숲 관리가 도움이 되기는커녕 심각한 문제를 가져온다는 결론에 이르는데, 자연림의 탄소저장량이 조림과 수확을 반복하는 경영림에 비해 무려 42배나 많다는 결과를 발표하였다. 저렇게 수확한 탄소는 거의 모두 하루아침에 다시 대기 중으로 발산되기 때문이다. 이러한 영향들이 누적되면서, 숲가꾸기 사업이 국토 평균 기온 상승에 일정 부분 영향을 미쳤을 가능성이 높다.

    이러한 분석을 바탕으로, 우리나라의 산림 정책은 기존의 인위적 개입 중심 방식에서 벗어나야 한다. 앞으로의 정책방향은 최소한의 비용으로 최대의 효과를 얻으며, 숲의 회복탄력성을 인정하는 자연기반해법을 적용하는 쪽으로 전환되어야만 한다. 기후위기 완화를 위한, 배출된 탄소를 가장 많이, 효과적으로 포집할 수 있는 유일한 방법이기 때문이다.

---

*   홍석환. 앞의 논문.
** Lewis, S.L., Wheeler, C.E., Mitchard, E.T.A., Koch, A. 2019. "Restoring natural forests is the best way to remove atmospheric carbon". *Nature*, 568, pp.25–28.

척박한 환경에서 형성된 소나무림은, 인위적 간섭이 없다면 활엽수림으로 자연스럽게 전환된다.
출처 : 저자 촬영

3. 숲의 회복력과 소나무재선충

끝나지 않는 숲의 인위적 교란행위

    소나무는 목재의 가공이 쉬워 선박 제작 등에 활용되었는데, 선박용 목재를 확보하기 위해 본격적인 재배가 시작되었다고 알려져 있다.* 소나무의 지속적 보전과 이용은 목재의 가공이 상대적으로 다른

---

* Richardson, D.M., Rundel, P.R., Jackson, S.T., Teskey, R.O., Aronson, J., Bytnerowicz, A., Wingfield, M.J., Proches S. 2007. "Human impacts in pine forests: past, present and future." *Annual Review of Ecology, Evolution and Systematics*, 38, pp.275-297.

낙엽활엽수류에 비해 손쉽다는 데에서 찾을 수 있다. 또한 꾸준히 벌목하면 할수록, 숲이 척박할수록 잘 자라는 장점이 있기에 그랬을 것이다.

과거와 달리, 최근에는 우리나라에서 생산되는 목재보다 훨씬 고급의 목재가 자유롭게 수입되기 때문에 소나무는 목재로서의 가치보다는 문화적, 경관적 가치로서 높게 인식되고 있다. 물질적 가치보다는 비물질적 가치가 극단적으로 과대평가되고 있다. 이는 다른 나무들에 대한 잘못된 인식, 특히 과거 경험과학을 통해 고급 목재로 다양하게 사용해 왔던 활엽수들을 단순히 '잡목'으로 취급하고 획일적으로 가치가 없는 나무로 인식되도록 한 잘못이 크다.

예를 들어보자. 목재가 치밀하고 건조 후에도 갈라짐이나 뒤틀림이 거의 없어 정밀성을 요하는 목기구, 특히 바닥의 수평을 정확히 맞춰 나무를 다듬는 도구인 대패의 집을 만들 정도로 훌륭하여 붙여진 이름인 대팻집나무가 대표적이다. 역시 목재가 견고하고 치밀하여 공예품이나 조각재, 농기구 등을 만들 때 주로 사용되었던 최고급 목재 중 하나인 박달나무 또한 그렇다. 일제강점기 당시 일본이 오대산에서 박달나무 고목을 수확하기 위해 계곡을 따라 운송궤도를 만들고, 이곳에서 생산한 모든 박달나무를 일본으로 보낼 정도로 고급의 목재였다. 아름다운 무늬와 부드럽고 따뜻한 감촉 등으로 고급 가구재로 각광받고 있는 단풍나무, 물푸레나무, 물박달나무, 벚나무, 층층나무, 가래나무, 느티나무, 고로쇠나무 등 자연에서 스스로 자라난 수많은 다양한 나무들이 각자 제 특성에 맞게 이용되어 왔는데 지금은 이들 나무들의 이름

대신 오직 '잡목'이라 칭하면서 '숲가꾸기'라는 이름 하에 무차별적으로 잘라내고 있다. 이렇게 잘리면서 큰 나무가 되지 못하니, 고급 목재의 대부분은 국내에서 자급되지 못하고 수입에 의존하는 실정이다.

의문이 든다면, 당장 인터넷을 검색하여 목재의 가격을 확인하기 바란다. 우리나라에서 이런 종류의 목재가 수급되지 않기에 일반적으로는 영어로 불리지만, 유사한(대부분 같은 속(屬, Genus)에 속하는) 종류이니 가격비교는 할 수 있다. 파인(소나무)으로 판매되는 목재와, 오크(참나무류), 애쉬(물푸레나무류), 월넛(가래나무류), 메이플(단풍나무, 고로쇠나무 등), 체리(벚나무류) 등의 활엽수 목재의 가격 말이다. 소위 '잡목'을 제거하는 '숲가꾸기'라는 사업은 오히려 미래의 고급 목재 자원을 제거하는 행위이다. 이러한 나무들을 베어내고 기후에 적합하지 않은 소나무를 자라게 할 이유는 없다.

홍석환 등*의 연구결과에 따르면 도시지역에서 온도와 가장 높은 상관관계를 보이는 환경요인은 녹지의 부피, 즉 잎을 달고 있는 수목 체적의 단위 면적당 총합이었다. 즉, 단순한 녹지의 면적보다는 광합성량을 결정하는, 단위 변석당 잎의 양이 훨씬 중요하다는 것이다. 산림지역에서도 역시 동일한데, 기후위기 시대에 심각하게 고민해야 할 정

* 홍석환·이경재·한봉호, 2005. "시가화지역 토지이용 및 녹지구조에 따른 온도변화 연구." 한국환경생태학회지, 19(4), 375-384쪽.

책 중 하나가 바로 숲가꾸기 사업이다. 숲가꾸기 사업은 다양한 목적에 의해 이루어지나 기본적으로는 잘 자랄 수 있는, 우량하다고 판단되는 (인간의 선택에 의해 잘려질 나무를 선택하지만 정확할 수 없다. 어릴 때 몸무게가 많이 나간다고 해서 건강하다고 할 수 없는 것과 같은 이치이다.) 적정 수목만을 남기고 우량수목의 생장에 방해되는 주변의 나무를 제거하는 솎아베기(Thinning)와 수목이 높고 곧게 자랄 수 있도록 해 주는 가지치기(Pruning)가 핵심이다. 그러나 자연상태에서 스스로 잘 자라는 나무는 우량수목의 범주에서 제외되는 것이 현실이다. 벌목 후 인위적으로 식재했기 때문에, 식재한 수목 외에는 제거대상이 될 뿐이다. 따라서 대부분의 숲가꾸기 사업은 식재한 수목의 유지를 위해 자연천이가 진행되는 낙엽활엽수를 제거하는 방식으로 진행된다.

1990년을 전후로 매우 짧은 시간은 우리나라 거의 모든 가구가 난방에너지가 전환되는 급변의 시간이었다. 10년도 채 되지 않는 짧은 시간 동안 도시 가구의 대부분은 연탄에서 석유와 천연가스로 대체되었으며, 땔감을 쉽게 얻을 수 있는 시골은 나무에서 석유로 에너지를 바꾸었다. 이때부터 숲의 나무를 베지 않게 되니 자연스럽게 소나무림의 빠른 도태와 함께 활엽수림의 발달이 본격적으로 진행되는 선환을 맞게 되었다. 그런데 소나무림에서 활엽수림으로 전환되기 직전인 1997년 우리나라 전체를 뒤흔든 경제위기가 온 것이다.

IMF 직후 일자리를 잃은 국민을 위한다는 명목으로 시작된 숲가꾸기 사업은 1998년부터 본격적으로 시행된다. 결국, 가난했던 시절 땔감 생산이라는 인간의 과도한 간섭을 벗어나 겨우 안정화가 시작되나 싶던 상황에서 다시 아무런 의미를 가지지 않는, 단지 실직자를 위해 일당을 나눠줄 용도로 나무를 베어내는 교란행위가 재개되고 말았다. 이렇게 본격화된 사업은 외환위기를 벗어난 이후에도 멈추지 않고 지금까지도 계속 확대일로를 걷고 있다.

땔감의 생산을 위한 교란과 숲가꾸기를 통한 교란은 언뜻 매우 비슷해 보이지만, 식물의 종 구성을 결정하는 측면에서 확연히 다르다. 난방을 위해 불을 땔 목적으로 숲을 이용할 때는 단순히 작은 활엽수 나무들을 베는 데에만 그치지 않는다. 불이 가장 잘 붙고 노약자도 힘들이지 않고 거둬올 수 있는, 바닥에 떨어진 마른 낙엽과 가지를 모조리 갈퀴로 긁어온다. 이렇기 때문에 숲은 바닥의 흙이 고스란히 드러나고 표토의 양분은 모조리 씻겨 내려가 척박한 환경이 지속되게 된다. 소나무림이 건강하게 유지되도록 최적의 환경을 꾸준히 마련해준 것이다.

반면, 숲가꾸기 사업은 어린 나무만 잘라낼 뿐, 바닥의 낙엽이나 낙지를 수거하지는 않는다. 이에 표토에 더디나마 양분이 쌓이게 되는데, 이로 인해 소나무림은 유지되기 어렵고, 활엽수림이 발달할 수 있는 환경이 조성된다. 그러나 숲가꾸기된 토양에서 자라나는 활엽수림은 또 다른 문제에 봉착하게 된다. 비록 발아는 했지만 제대로 건강하게 자랄 수 있게 도와주는 토양의 영양이 현저히 부족하기 때문에 제대로 자라지 못하게 된다. 적게나마 토양에 축적된 영양분이 숲가꾸기로 인해 대부분 사라졌기 때문이다.

숲가꾸기의 효과

숲가꾸기를 통한 수목의 밀도조절은 남은 수목의 생장량이 크게 증대되어 빠른 시간 내에 고급 목재를 생산할 수 있다는 가설에 기인한다. 최근에는 숲가꾸기가 원활한 공기흐름을 유도하여 온도 저감과 미세먼지 저감, 수자원함양, 산불예방, 병해충 저감, 쾌적한 환경 조성 등의 다양한 이점을 지닌다고 산림청은 주장하고 있다. 마치 모든 문제를 이 사업 하나로 해결한다는 '만병통치약' 수준이다. 그러나 이들은 명확하게 검증되지 않았다. 이러한 검증되지 않은 통념은 과거 다른 나라들에서도 있어 왔는데, 조금씩 시대가 바뀌고 과학적 데이터를 쌓게 되면서 객관적 검증이 진행되었다.

소나무림을 대상으로 검증작업을 진행한 힌드마치와 레이드(Hindmarch and Reid)*의 연구가 대표적이다. 대규모 소나무림 내부에 무려 50ha의 면적을 간벌하면서 간벌지 내부에 1ha를 그대로 남겨두었다. 자연 그대로의 거대한 소나무숲에 둘러싸인 50ha의 숲가꾸기 한 숲

---

* Hindmarch, T.D., Reid M.L. 2001. "Thinning of mature lodgepole pine stands increases scolytid bark beetle abundance and diversity." *Canadian Journal of Forest Research*, 31(9), pp.1502–1512.

이 존재하고, 다시 그 내부에 간벌하지 않은 1ha를 남긴 실험이다.

3개의 서로 다른 환경에 놓인 숲을 조사한 결과, 숲가꾸기 한 숲은 자연숲과 비교하여 온도가 무려 약 2.5℃ 높아졌고, 숲가꾸기 지역 내부에 잔존하는 자연숲은 약 1℃ 정도 온도가 올라갔다. 연구는 3년간 지속되었고 이 차이는 크게 변하지 않았다. 결국 숲가꾸기는 숲의 온도를 단숨에 급속히 상승시키고, 주변에까지 크게 영향을 주고 있음이 확인되었다.

지구 온도가 1.5℃ 오르게 되면 인류의 생존 자체가 위협받을 수 있다는 경고에 비추었을 때, 2.5℃가 상승하는 것을 상상해 보라. 현재까지 진행된 우리나라 숲가꾸기 사업은, 본격적으로 진행된 1998년부터 2023년까지의 사업 면적만으로도 국토 총 산림의 무려 130%나 된다. 이러한 영향들이 누적되면서, 숲가꾸기 사업이 국토 평균 기온 상승(약 2℃ 정도 상승시켰을 것으로 추정된다.)에 일정 부분 영향을 미쳤을 가능성이 높다. 요약하면 숲을 건강하고 좋게 만들기 위한 숲가꾸기 사업으로 인해 우리나라 전 국토의 온도가 급속도로 높아진 원인으로 판단할 수 있다.

앞선 통계데이터는 1998년부터의 면적을 산정한 것인데, 우리나라 산림관리 전략은 1988년을 기점으로 바뀌게 된다. 1987년까지는 나무가 없는 무립목지에 나무를 심어 녹화하는 사업이 주된 사업이었던 반면, 1988년부터는 더 이상 대규모로 나무를 심을 곳이 없다고 판단한 후에는, 이전 식재한 나무를 간벌하는 등의 숲가꾸기 사업을 주된 사업으로 전환했다. 무립목지(나무가 없는 산림)에 나무를 심는 동안에는 온도가 높은 나대지가 온도가 낮은 숲으로 전환되는 것이니 산림은 꾸준히 온도를 낮추는 요인으로 작용했을 것이다. 그러나 산림관리 전략이 바뀐 1988년 이후부터는 이전과 같은 온도 저감 요인으로 작용하지 못했을 것으로 추정할 수 있다.

우리나라 대표 도시의 연평균 온도변화 추이

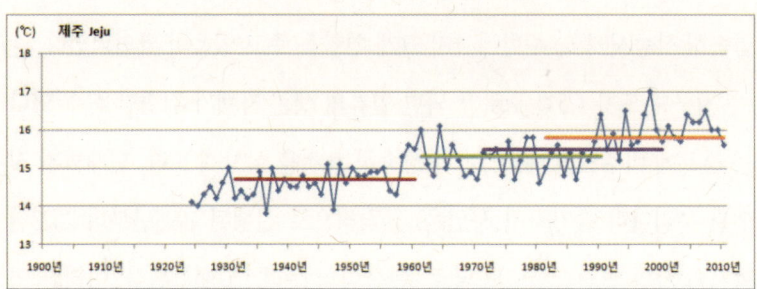

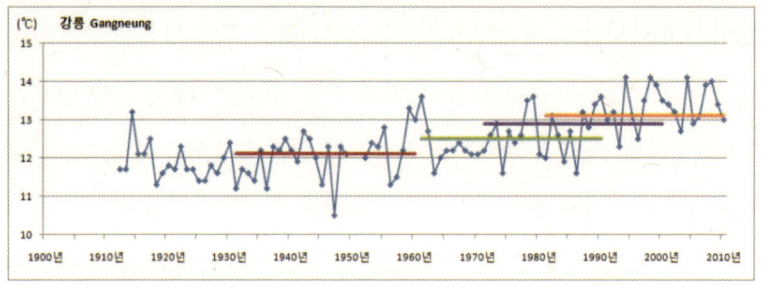

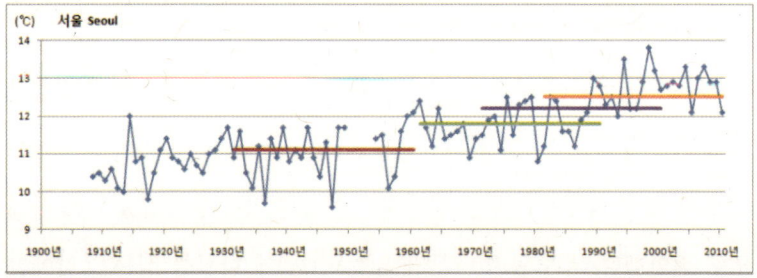

1990년대 초·중반 이후 온도가 급격히 상승함을 확인할 수 있다.
출처: 기상청

앞서 설명했지만, 우리나라는 1990년 전후 10년 사이의 짧은 시간 동안 거의 모든 가정에서 사용하는 에너지가 한꺼번에 바뀐 나라이다. 실로 대단한 급진전이 아닐 수 없다. 산업이 발달하고, 삶이 빠르게 윤택해지면서 국가 전체의 에너지사용량 또한 급증한 시점이다. 반대로 생각하면, 화석연료 사용으로 배출된 온실가스를 흡수할 수 있는 숲의 벌목이 사라지게 되는 시점으로, 배출한 온실가스를 다시 흡수하는 숲의 기능도 좋아지는 시점이었다. 그런데, 국가의 숲 관리정책이 뒤바뀌면서 반대로 숲의 탄소흡수 능력을 줄이고 온도를 높이는 방향으로 역행하고 말았다.

1990년대 초·중반 이후 우리나라 거의 모든 도시의 온도가 급격히 상승한 것은 절대 우연이 아니다. 1988년부터의 산림정책 변화가 이전까지 온도 저감 사업 중심에서 온도 상승 사업으로 전환된 것은 주목해야만 할 부분이다.

최근 60년 동안 사라진 숲과 1988년부터 본격화된 조림지를 중심으로 한 숲가꾸기 사업, 1998년부터 자연림까지 확대된 숲가꾸기 사업에 의한 영향은 우리나라 전체 평균온도를 약 2℃ 이상 상승시킨 요인으로 판단할 수 있다. 숲에 대한 인위적 영향이 이 정도로 강력하다는 의미이다. 그럼에도 불구하고 우리나라 온도가 그리 높아지지 않은 것은 숲가꾸기 되지 않은 숲이 스스로 성장하면서 온도를 낮춘 자연의 회복력이 이를 상쇄했기 때문이다. 우리나라 숲은 아직 성숙하지 않은 어린 숲이기에, 아무리 인위적으로 막으려 해도 자연 스스로의 회복탄력성을 막지는 못하기 때문이다. 특히, 소나무림이 활엽수림으로 전환되는 필연적인 상황은 대부분의 소나무림에서 나타나게 되었고 이들 지역이 온도를 낮추는 데에 크게 기여했다고 볼 수 있다. 스위스 전역을 대상으로 3년간 진행한 폰 악스 등(von Arx et al.)의 연구*는 시사하는 바가 크다. 연구자들은 연중 가장 뜨거운 여름철 한낮 온도를 측정한 결과, 소나무림이 낙엽활엽수림보다 무려 3.5℃나 높음을 확인하였다. 해당 연구를 바탕으로 우리나라 숲의 변화와 온도의 관계를 살펴본다면, 소나무림이 자연 스스로 활엽수림으로 변화된 지역의 경우 온도가 이만큼 낮아졌다고 유추할 수 있는 것이다.

산림청은 분명 우리나라 기후대에서 산림은 낙엽활엽수림 중심으로 발달한다고 과학적인 검증을 마쳤다. 하지만 이러한 과학적 사실에도 불구하고 소나무림의 유지를 위해 열중하는 것은 분명 기후변화 시대에 위기를 타개하고자 하는 자연 스스로의 노력에 역행하는 행위가 아닐 수 없다. 기후위기 시대를 현명히 헤쳐 나갈 수 있는 방법 중 가장 쉬운 방법은 숲의 회복력을 믿고 따르는 것이다.

소나무재선충의 확산 원인이 근본적으로는 온도와 습도 등의 기후 스트레스이기에, 인위적 산림관리는 더욱 치명적일 수밖에 없다.

---

* von Arx, G. M. Dobbertin, Rebetez, M. 2012. "Spatio-temporal effects of forest canopy on understory microclimate in a long-term experiment in Switzerland." *Agricultural and Forest Meteorology*. 166-167. p.144-155.

소나무재선충 방제의 효과

먼저, 소나무재선충의 생활사를 간단히 이해해 보자. 소나무재선충은 약해진 소나무에 침입하여 빠르게 번식한다. 이 과정에서 물관과 체관을 막아 소나무가 죽게 된다. 소나무재선충은 스스로 다른 나무로 이동할 수 없기에 다른 약해진 나무로의 이동을 도와줄 매개자가 필요하다. 바로 솔수염하늘소와 북방수염하늘소 등이 매개한다. 딱정벌레목에 하늘소과에 속하는 종들이다. 이들의 생활사를 살펴보면, 성충은 4~9월에 소나무의 나뭇가지나 잎을 갉아먹고 생활하며, 가을에는 약해진, 혹은 죽은 소나무에 낳은 알에서 깬 유충이 겨울 동안 소나무 목질부를 갉아먹으며 성장한다. 이렇게 생장한 유충이 봄에 성충이 되어 날아가는 과정에서 소나무재선충이 달라붙어 확산되는 것이다. 공생의 관계라 볼 수 있다. 재선충은 소나무를 죽게 함으로써 하늘소의 유충 서식처를 확보해주고, 하늘소는 재선충이 확산될 수 있도록 다른 나무로 옮겨주는 관계이기 때문이다.

이런 생활사에 의해, 겨울철에는 소나무 안에 서식하고 있는 유충과 소나무재선충을 죽이는 작업이 진행되며, 4월부터 가을까지는 소나무에서 탈출한 하늘소 성체를 죽이는 방제가 진행된다. 이러한 방제사업은 크게 물리적 방제와 화학적 방제의 두 가지 유형으로 구분된다.

물리적 방제는 감염된, 혹은 감염 가능성이 높은 수목을 제거하여 파쇄하는 방법과 숲가꾸기를 통한 소나무림의 건강성 회복 등의 사업을 말한다. 이는 나무 내부의 매개충과 재선충을 죽이기 위한 방식이니 주로 겨울철에 진행된다. 화학적 방제는 사전 예방적 나무주사와 매개충인 솔수염하늘소 방제를 위한 살충제의 살포, 솔수염하늘소 유충과 재선충 방제를 위한 훈증처리가 있다. 두 종의 생활사에 의해 숲의 살충제 살포는 봄부터 가을까지 진행되며, 나무주사와 훈증처리는 주로 물리적방제와 함께 겨울에 진행된다. 간간이 생물학적 방제도 거론되나 거의 적용되지는 않는다.

각각의 방제방식은 모두 이론적으로 설명이 가능하다. 아주 작은 실험실에서 완벽한 통제가 이루어지는 상황을 만들고 극소량의 나무를 대상으로 한다면 가능하다는 것이다. 그러나 현실에서는 이론과 같은 방제는 절대로 가능하지 않으며, 오히려 부작용이 훨씬 많이 나타난다. 거대한 산림에서 피해제거목을 옮기는 과정에서 작은 나무조각 하나하나를 모두 제거할 수는 없는 노릇이기 때문에 그렇다. 옮기는 작업 대부분은 포크레인이 수행하는데, 작업과정을 상상하면 충분히 이해할 수 있을 것이다. 그리고 더 심각한 문제는 이 과정에서 숲의 나무들이 잘려나가고, 땅이 파헤쳐지면서 빠르게 온도가 상승한다는 점이다.

소나무재선충의 물리적 방제는 필연적으로 숲의 나무를 줄이는 동시에 교란을 유발시킨다. 숲가꾸기와 유사한 과정이다. 이러한 교란은 숲의 건강성을 증진하기보다는 오히려 안정된 숲을 교란시키기 때문에 그 자체로 숲의 건강성이 악화된다. 따라서 주로 약해진 나무들을 먹이로 하는 딱정벌레들이 급증하는 효과를 불러온다.

앞선 힌드마치와 레이드*의 연구가 대표적인데, 페로몬트랩에 잡힌 딱정벌레는 자연상태인, 교란되지 않은 소나무숲에서는 11종 2,991개체에 불과했던 반면, 간벌이 진행된 소나무숲에서는 무려 19종 14,046개체가 확인되어, 딱정벌레 개체수가 4배 이상 급증한 것이 확인되었다. 결국, 간벌이라는 대표적인 숲가꾸기 사업이 진행되면서 숲의 온도가 빠르게 상승하고, 숲이 건조해지면서 소나무의 생육환경이 악화된 것이다. 이로 인해 남겨진 소나무조차 쇠약해지게 되니, 이 틈을 타 딱정벌레가 빠르게 유입되고 번성한 것이라 볼 수 있다.

이러한 현상은 우리나라 연구에서도 크게 다르지 않은데, 숲가꾸기를 진행한 소나무림을 대상으로 소나무재선충병의 확산을 비교한 연구**에서 간벌지역은 자연상태 그대로 둔 소나무숲에 비해 훨씬 많은 재선충피해를 입었음이 확인되었다. 특히, 어린나무가꾸기 사업의 경우 숲가꾸기 과정에서 자른 나무를 그대로 두었을 때 남겨진 나무의 90%가 고사한 반면, 사업을 진행하지 않은 자연 상태의 숲에서는 단 10%만이 고사한 것으로 나타났다. 재선충의 확산여부를 확인하기 위해 재선충에 감염된 솔수염하늘소를 투입한 결과이다. 결국 물리적 방제는 오히려 숲의 건강성을 해치게 되고 소나무재선충을 확산시키는 요인이 됨을 명확히 알 수 있다.

---

*   Hindmarch, T.D. and M.L. Reid, 앞의 논문.
**   전권석·김철수·박남창·허태철·홍성천. 2011. "소나무림 숲가꾸기 종류가 소나무재선충병의 제어에 미치는 영향." 한국산림과학회지, 100(2), 165–171쪽.

화학적 방제는 더욱 심각한데, 거대한 산림지역에 살충제를 집중적으로 살포하는 과정에서 매개충뿐만 아니라, 수많은 익충을 포함해 안정된 생태계의 핵심 구성요소인 곤충에 심각한 위해를 가하게 됨으로써 숲의 생태계 전반을 파괴시킨다. 이러한 심각한 문제에도 불구하고 재선충의 방제라는 단일 문제조차 효과가 없음이 확인되고 있다. 국립산림과학원이 중심이 되어 진행한 소나무재선충병 방제를 위한 살충제 항공살포의 효과를 확인하는 연구*에서는 방제의 효과는커녕, 오히려 역효과가 발생하고 있었음을 확인할 수 있었다. 경남 양산시 금정산일대에서 진행된 실험에서, 살충제를 항공에서 살포한 지역은 방제 이후 234그루가 추가로 재선충에 감염된 반면, 방제작업 없이 그대로 둔 지역은 이후 109그루만 추가로 감염된 것이다. 살충제를 투여한 곳에서 무려 2배 이상이나 많은 소나무가 추가로 재선충에 감염되었다는 결과를 산림청 국립산림과학원이 확인해준 것이다. 상황이 이러함에도 불구하고 기존의 관행적 방제사업은 다름 아닌, 이런 연구결과를 작성한 당사자들에 의해 꾸준히 확대되고 있으며, 방제예산은 해마다 증가하고 있는 상황이다.

---

* Suh, D.Y., Jung, J.-K., Lee, S.K., Seo, S.-T. 2021. Effect of aerial spraying of thiacloprid on pine sawyer beetles)Monochamus alternatus) and honey bees (Apis mellifera) in pine forests, *Entomological Research*, 51. pp.83-89.

숲의 자연 회복력

소나무재선충의 방제방법에는 크게 위의 두 가지 방법이 있고, 이 외에 발전된 것은 없다. 극히 일부 친환경 천적을 이용한 방제주사나 페로몬트랩 등의 적용이 거론되고는 있으나 뚜렷한 한계를 지닌다. 그렇다면 마지막 남은 질문을 하나 해야 한다. 과연 이런 방식의 방제라도 하지 않으면 정말 안 되는가? 라는 질문이다.

이 질문에 대한 답은 이미 이 모든 과정을 우리나라보다 훨씬 이전에 경험해 본 일본이 답을 주고 있다. 일본은 지금 우리가 하고 있는 이러한 방제를 1997년에 포기했다. 아이러니하게 우리나라가 일본의 방제방식을 답습하면서 본격적으로 이런 사업을 진행한 시기 즈음이다. 과연 일본은 어떻게 되었을까?

앞서 다양하게 설명한 내용들을 요약하면, 소나무재선충의 방제는 효과가 없다고 귀결된다. 오히려 방제를 하면 할수록 더 악화되는 '긁어 부스럼'만이 있을 뿐이다. 일본이 1997년부터 방제를 포기한 이후 소나무재선충 발병면적은 서서히 줄어들었는데, 1996년과 2021년의 소나무재선충 발병면적을 비교하면 1/4수준으로 줄어들었다. 우리나라가 일본의 방제방식을 답습하는 사이 소나무재선충이 급속히 확산된 것과 정반대의 결과를 보여준다.

결국 자연적인 숲의 회복력은 숲을 건강하게 만들고 소나무재선충과 같은 산림병해충도 빠르게 줄인다는 것이 확인된 것이다. 이는 자연의 회복탄력성이 얼마나 강력한지 알 수 있는 명확한 근거가 된다. 그러나 지금도 우리는 인위적인 재선충 방제에 열을 올리며 막대한 세금을 쏟아붓고 있다. 관계부처는 자신들의 연구결과와 반대되는 사업을 위해 더 많은 예산을 받아내기 위해 노력하는데, 이 예산은 거의 모두 숲에서 자연적으로 자라나는 나무들을 베어내는 데에 사용될 뿐이다.

　기후시계는 지금도 빠르게 악화일로에 있다. 이 와중에도 자연은 스스로 제 역할을 충실히 하고 있다. 숲의 관리정책은 자연의 역할에 방해되기 보다는 촉진을 위한 방식으로 바뀌어야만 한다. 스스로의 회복력을 믿고 국민의 세금을 최대한 아끼면서 문제를 해결할 수 있는 자연기반해법으로의 전환이 시급하다. ■

6장

사회연대경제를 활용한 회복력 있는
지속가능한 지역사회로의 전환

강내영
연구공방 사람 선임연구위원/경희대 후마니타스칼리지

1. 들어가며

왜 사회연대경제 활성화인가?

우리가 살고 있는 문명은 어떤 시스템일까? 기본적으로 에너지와 돈이 투입되기 때문에, 그것을 가진 기업이 기술경쟁력을 갖고 쾌적함, 편리함, 스피드를 추구하며 사람들에게 상품을 판매한다. 사람들은 이러한 편의를 얻기 위해 기업의 물건을 구매하고, 이를 위해 돈이 필요하다. 쾌적함, 편리함, 스피드가 강조될수록 대량 소비가 필요하며 이를 위해 대량 생산이 이루어진다.

이 과정에서 돈이 더욱 필요해지고, 환경이 오염되고, 빈부격차가 생긴다. 사람들은 더 많은 것을 얻기 위해 서로 경쟁하고, 질병과 건강에 대한 문제는 더욱 심각해지며, 그 안에서 개개인의 마음은 더 빈곤해진다. 이로 인해 스트레스가 쌓이게 된다. 이런 현상은 글로벌화라는 이름으로 진행이 되고 있고, 사람과의 관계나 나눔, 공동체와 같은 가치들은 점점 소멸하고 있다.

우리는 경제성장이라는 틀 속에서 문명을 논하고 있고, 정부나 지자체도 이 논리를 놓지 못하고 있다. 여전히 경제성장을 통해 복지를 실현하고 사회를 더 나아지게 하겠다고 주장한다. 하지만 경제성장이라는 틀을 지속가능성이라는 틀로 변화시키지 않으면 지금과 같은 위기는 더욱 가속화될 것은 자명하다.

이미 우리는 매년 이러한 위기를 피부로 체험하고 있다. 감염병으로 일상이 어려움을 겪기도 했고, 농림수산업과 같은 1차 산업이나 이를 기반으로 하는 가공업과 같은 2차 산업까지 타격을 받고 있다. 실제로 자기 지역을 벗어나 타 지역으로 농사 기반을 옮기거나 아예 포기하는 사람들도 늘어나고 있는 것이 현실이다. 가뜩이나 청년들이 빠져나가면서 지방소멸 문제가 심화되고 있는데, 그 산업기반마저 없어지면 실제로 지역 소멸의 위기는 더 가속화될 수밖에 없다.

이렇게 사람들의 발길이 끊긴 지역은 더 이상 발전하기 어렵다. 지역 인프라가 무너지고, 결국엔 경제성장도 멈추게 된다. 이처럼 경제성장 중심으로 지구를 움직여 온 우리 인류는 지구온난화로 인한 예측 불가능한 재난 상황에 직면해 있다. 이러한 문제를 최대한 예방하기 위해서는 성장 일변도에서 벗어나 지속가능한 성장으로 방향을 틀어야만 하는 것이다. 그러나 당장 그 방향을 튼다고 해서 현재의 문제가 즉시 해결되지는 않으므로, 이에 대응하고 회복할 수 있는 회복력(Resilience)을 갖추는 것이 중요하다.

회복력이란 위기와 변화 속에서 개인, 조직, 지역사회가 회복하고 적응하며 지속적으로 발전할 수 있는 능력을 의미한다. 현대 사회에서 자연재해, 경제적 위기, 인구 감소 등의 복합적인 문제를 해결하기 위해서는 기존의 조직 중심적 접근 방식에서 벗어나 지역 중심의 전략이 필요하다.

물론 행정에서도 이러한 문제를 위한 노력을 기울이고 있다. 정부는 인구 감소 지역을 선정해 적극적으로 대응하고 있다. 행정안전부는 2021년 전국의 89개 시군구 지역을 인구 감소 지역으로 지정했다. 인구 감소 지역으로 선정된 지역에는 2022년부터 10년간 매년 정부출연금 1조 원을 지원하고 있으며, 인구 감소 지역으로 선정된 지역에 소재한 중소기업을 위해 3,700억 원 규모의 특례 대출과 보증을 제공하고 있다. 또한, 인구 감소 지역 중소·벤처기업의 투자를 위해 200억 원 규모의 '인구 활력 펀드'도 조성하는 등 지역에 사람이 머물 수 있도록 적극적으로 나서고 있다.

그러나 이러한 행정의 노력이 민간의 활동과 엇박자를 낸다면 노력한 만큼 성과를 내기는 어려울 것이다. 따라서 지역 전체가 연결·순환될 수 있는 인프라를 구축하고, 민간의 자율성을 훼손하지 않고 특정 분야에 한정되지 않는, 정도 주도가 아닌 지원의 관점에서 바라보는 자세가 필요하다.

민간 부문에서는 사회연대경제의 역할이 두드러지고 있다. 사회연대경제는 시민의 삶과 밀접하게 연결돼 있어 지역에 사람이 남도록 하는 다양한 방법을 고민하고 있다. 다시 말해 사회연대경제(Social and Solidarity Economy)는 지역 활성화를 위한 중요한 실행 전략으로 부각되고 있다.

실제로 해외 사례를 보면, 사회적경제는 재난 극복에서 의미 있는 역할을 하였다. 1995년 일본 고베와 한신 대지진에 대응하는 소비자 생협과 지역사회단체들의 재해 극복 사례는 잘 알려진 사례이다. 대지진으로 6천여 명이 사망하고 140조 원의 피해가 발생하면서 고베 시민들은 망연자실했다. 정부가 미처 대응하지 못하고 있을 때 고베 생협은 150개 점포의 문을 모두 열어 보유한 물건을 기존 가격대로 판매했으며, 생협 중앙회는 전국의 생협에 긴급구호를 요청하여 지원품을 보내도록 했다.

또한, 생협의 자원봉사자들은 교통망이 끊어진 상황에서 자전거로 물품을 운반하는 등 실질적인 지원을 제공했다. 뿐만 아니라 사회연대경제는 재난 극복 과정에서 선의의 활동을 통해 새로운 사업을 창출하기도 했다. 예를 들어, 한신 대지진 피해 복구하는 과정에서 '한신 고령자·장애인 지원 네트워크'의 활동이 주목받았다.

당시 지자체가 집을 잃은 주민에게 가설주택을 제공했지만, 이 가설주택 단지에서 많은 고독사가 발생했다. 커뮤니티의 해체로 심리적 상실감에 대한 대책이 없었기 때문이다. 네트워크는 돌봄관리시스템을 만들어 가설주택에서 생활하는 사람들에게 방문 활동, 교류카페, 의료상담, 복지상담, 심리치료 등 다양한 활동을 전개하면서 커뮤니티 복원과 심리적 상처 치유에 기여했다.

이저럼 사회연대경제는 지역사회 문제를 해결하고 재난으로부터 회복하는 데 뛰어난 역량을 발휘한다. 이에 대한 관심은 여러 지역에서 높아지고 있다. 예를 들어, 프랑스 몽-생-바쎙시(Mont-Saint-Vincent)의 Jean Girardon 시장은 다음과 같이 말했다.

"사회연대경제 기업이야말로 세계화의 변방에 있는 지역에 새로운 희망을 주고 있다. 사회연대경제는 내생적이며, 질 높은 지역개발에 기여함으로써 지역이 스스로 존재할 수 있는 에너지를 찾도록 한다. 동시에 사람들을 경제활동의 중심에 다시 세울 수 있도록 한다."

실제로 한국사회적기업진흥원에서 2023년에 발표한 연구를 보면, 정부 정책의 전환으로 인해 사회적경제기업에 대한 직접 지원이 축소되더라도, 지방소멸이 가시화될수록 사회적경제에 대한 수요는 커질 것으로 전망하고 있다. 상상해 보면, 구내식당에서 유기농 식단과 지역 농산물 식단을 제공하고, 음식물 쓰레기를 줄이려는 노력, 자전거와 카풀 같은 공유 및 혼합 모빌리티 플랫폼을 통한 이동성 개선, 마을 또는 지역 단위의 에너지 전환, 혁신적인 사회주택 확대, 어린이집 또는 여가 센터 활동의 활성화 등 다양한 방식으로 사회연대경제를 선택할 수 있다. 이를 통해 생태적 전환을 가속화하고, 더 큰 사회 정의를 실현하며, 공공 서비스를 개선하고, 창출된 부가가치를 통해 지역 경제를 활성화할 수 있다. 사회연대경제는 미래를 위한 경제 모델로서 지역의 전환과 회복력을 강화하는 데에도 도움이 된다.

다음의 〈그림 1〉은 회복력이 높은 지역사회와 낮은 지역사회가 재난 이후 복구까지의 과정을 보여주고 있다. 재난 이전에는 두 지역사회가 유사한 사회경제적 성과를 가지고 있지만, 재난 발생 이후에는 서로 다른 충격과 회복 기간을 갖는 것을 알 수 있다. 회복력이 높은 지역사회는 낮은 사회에 비해 재난으로부터의 충격을 덜 받고, 회복에 있어서도, 보다 신속하게 정상화를 이루는 것을 확인할 수 있다.

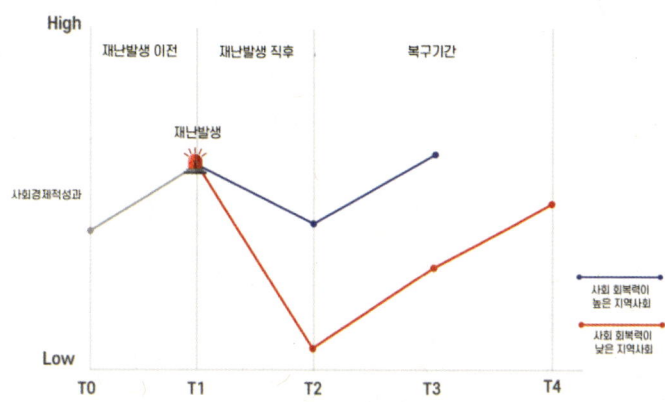

〈그림 1〉 회복력 수준에 따른 지역사회의 사회경제적 성과의 변화

출처: 이대웅·권기헌. 2017. "재난분야의 회복탄력성 결정요인 분석". 한국정책학회보, 26(2).

사회연대경제와 회복력 있는 지역사회 만들기 전략

우리 시대는 기후변화로 인한 자연재해와 환경파괴, 에너지 위기, 식량위기, 금융위기, 부의 불평등과 경제불안정으로 인한 개인의 삶의 위기, 공동체의 파괴 등 사회-생태-경제에서 만성적인 위기를 겪고 있다. 독일 사회학자 울리히 벡(Ulrich Beck)은 이미 1986년 자신의 저서인 〈위험사회〉에서 자연적 재난과는 다르게 성공적인 근대화의 과정에서 초래된 정치적, 경제적, 사회적, 기술적 변화의 산물로써 지금의 사회를 '위험사회'라고 규정했다.

그렇다면 이런 위기에서 우리에게 필요한 것은 무엇일까? 하나의 힌트는 마이클 루이스(Michael Lewis)와 팻 코너티(Pat Conaty)가 『전환의 키워드, 회복력』이라는 저서에서 '회복력'을 핵심가치로 내세우고 있는 것이다. 다시 말해 이런 위기에서 사회-생태-경제를 구할 키워드는 '회복력'이라는 주장이다.

그렇다면 회복력을 가지는 지역 공동체는 어떤 형태로 재구성되는 것이 바람직할까? 그 구체적인 기능으로는 사회적 약자에 대한 안전망, 치안 유지나 방재와 같은 지역 치안, 그리고 교육 기능 등이 요구된다. 그러나 이러한 기능들은 다수의 개인, 시민조직, 기업, 지자체 등의 협력에 의해 비로소 충족될 수 있다. 따라서 지역 공동체에는 위의 기능을 담당하기 위한 전제로서, 우선 다수의 이질적인 주체가 공존하는 소통의 장으로서의 역할이 필요하다.

하지만 현재 지역사회에서는 이러한 기능을 지속 가능하게 할 주체가 점점 사라지고 있으며, 이미 거의 상실된 상태라는 점이 문제로 지적된다. 결국, 지역공동체의 회복력 재구축이 필요하다는 결론에 도달하게 된다. 이 과정에서 어떤 주체가 이 역할을 담당할 수 있을지, 그리고 그 주체가 어떤 특징을 지니고 어떤 관계망을 형성해야 하는지가 중요한 질문이 될 수 있다.

최근 일본뿐만 아니라 유럽과 미국에서도 지역공동체 재구축의 주체로 협동조합이나 마을 기업 등 사회연대경제로 대변되는 새로운 '지역 행위자'에 대한 기대가 높아지고 있다. 이러한 새로운 지역 행위자는 크게 네 가지의 특징을 가진다. 첫 번째 특징은 조직이 개방적이고 수평적인 체제라는 것이다. 지역 공동체의 문제 해결에 의욕적으로 임하고 일정한 성과를 내는 조직들은 권위나 권력, 자본력에 따른 지배관계나 상하관계가 거의 존재하지 않는다. 구성원이나 이해관계자 간의 역할 분담에 따른 실권 범위의 차이는 있지만, 공통된 이념을 공유하는 '개인'의 연결을 중심으로 개방적이고 수평적인 체제를 구축하고 있다.

두 번째 특징을 꼽으면 관계 구조이다. 이들 조직은 미션에 공감하여 모인 핵심 구성원뿐만 아니라 더 많은 사람들을 지속적으로 참여시키고 활동할 수 있도록 재정 기반을 마련하고 있다. 구체적으로는 시장의 논리가 침투하기 어려운 영역에서의 활동을 전개하거나 발굴하고, 상호거래 등의 방법을 통해 지역사회 내의 상호 관계망을 구축하는 데 인적·물적 자원을 동원하고 있다. 사람과 사람 사이의 연결과 수평적 네트워크를 활용하고 육성하는 점이 중요한 특징이라 할 수 있겠다.

세 번째 특징은 자원 구조이다. 이들은 활동 과정에서 인력, 기존 조직, 네트워크, 지역 시설-설비, 전통 예능, 자연 등 지역의 자원을 충분히 활용하고 있고, 이러한 지역 자원의 활용을 통해 지역 내 사람, 물건, 자금, 정보의 순환을 촉신하고 있다.

마지막으로 네 번째 특징은 활동 내용과 그 성과이다. 새로운 지역 행위자들은 일반기업이나 행정기관이 수익성이나 개별성 등의 측면에서 대응할 수 없었던 복지 및 지역 주민 서비스 분야에서 혁신적인 활동을 전개하고 있다. 또한, 주민의 요구를 면밀히 파악하여 재화와 서비스를 개선하고, 동시에 지역 밀착형 마케팅을 통해 새로운 비즈니스 기회를 창출하고 있다. 이러한 순환이 이루어지면 특정 수혜자에게 고정되는 것이 아니라 더 많은 사람들이 활동에 참여할 수 있게 된다. 일본에서는 자치회 등의 지역 연고 조직이나 상점가, 상공회 등의 전통적인 조직들이 커뮤니티비즈니스와 같은 개념과 만나면서 새로운 활동으로 전환하거나 다른 조직과의 연계를 모색하고 있으며, 이러한 모습이 일본 지역사회의 독특한 풍경이라고 할 수 있다.

그렇다면 이러한 특징을 가진 새로운 지역 행위자들을 어떻게 발굴하고 육성할 수 있을까? 우리가 흔히 범하기 쉬운 실수는 각 제도에 맞춰 새로운 조직을 계속 만들어내려는 경향이다. 하지만 새로운 조직을 만들기 이전에 우리가 생각해야 하는 것은 공동체 형성의 원동력이 무엇인지 판단하고 이를 키우는 방식으로 접근해야 한다.

앞서 일본의 사례에서 보았듯이, 전통적인 조직도 새로운 지역 행위자로 거듭날 수 있는 것처럼 지역 행위자는 제도나 형식과는 관계없이 계속 변화할 수 있다는 것이다. 따라서 공동체 형성의 원동력은 주체의 자원구조와 목적, 나아가 지역 특성 및 정책과 밀접하게 연결된 '사회적 자본'*과 맞닿아 있다.

---

* 사회적 자본은 '신뢰', '규범', '네트워크'와 같은 사람들의 의식이나 개인·집단 간의 연결을 통해 사회의 효율성을 높이는 자본으로 작용한다. 지역 공동체는 오랫동안 이러한 사회적 자본을 기반으로 유지되어 왔으며, 현재 유럽 사회연대경제 논의에서도 사회적 자본을 활용하여 공동체 형성을 지원하는 것이 지역 주체의 사회적 존재 의미로 강조되고 있다.

따라서 지역 행위자를 육성하려면 사회적 자본을 확충하는 것에 초점을 맞추고, 이를 통해 지역 행위자들을 발굴하고 이들이 활동을 전개할 수 있도록 지원해야 한다. 이렇게 함으로써 행정이나 지역사회는 지역과 관련된 조직이나 집단에 대해 그 형태가 어떠하든 동일한 관점에서 사회적 자본을 평가하고 비교하는 것이 가능하다. 즉, 기존의 전통적인 조직이든 협동조합이든 영리기업이든 법인 형태나 섹터 등에 구애받지 않고, 각 조직이 보유한 사회적 자본이라는 보이지 않는 자원의 축적과 구축 현황, 그리고 그것이 지역공동체 재구성에 미치는 영향에 대해 비교 분석할 수 있다.

이를 통해 사람들의 협동적 행동을 촉진하고 사회의 효율성을 높이며, 참여를 통해 새롭게 구축될 수 있다고 가정한다면, 지역 주체들의 사회적 자본을 적극적으로 활용하고 사회적 활동을 활성화하며, 더 많은 사람들의 참여가 지역의 사회적 자본을 강화하는 순환 구조를 만들어낼 것이라고 생각한다.

또한, 지금까지 사회연대경제 주체들이 중시하고 강조해 왔지만, 눈에 보이지 않았던 사람들의 '의식'이나 '관계성'과 같은 자원을 가시화할 수 있다. 신뢰, 규범, 네트워크 등이 활동에서 중요한 요소라는 점은 많은 사람들이 직관적으로는 이해하고 있다. 그럼에도 불구하고 이 요소들은 '보이지 않는 것', '설명할 수 없는 것'으로 간주되며 부수적인 요소로만 여겨졌다. 여기에 사회적 자본 개념을 도입하면 보이지 않는 사회적 요소를 객관적인 시각으로 분석이 가능해지고, 경제 및 정치와의 관계도 명확히 설명할 수 있으며, 타 지역과의 비교도 가능해 진다.

지금까지 회복력을 가진 지속가능한 지역으로 전환해가기 위해서는 개별 조직이 아닌 지역사회의 관계와 활성화를 중심으로 접근해야 한다는 점을 강조했다. 이제부터는 어떻게 회복력을 가진 지속가능한 지역으로 전환해 갈 수 있을지, 사례를 통해 구체적인 그림을 그려보는 시간을 가져보려 한다.

2. 분야별 사례로 이해하기

지금의 위기에 맞서 지역사회가 회복력을 가지고 지속가능한 지역으로 전환해가기 위해서는 어떤 요소들이 중요할까? 우선, 가장 우리가 살아가는 데 필수 요소인 먹거리나 주거 문제를 빼놓을 수는 없을 것이다. 마찬가지로, 에너지 없는 세상은 상상하기조차 어렵다. 또한, 고령화나 핵가족화를 넘어 핵개인화되고 있는 사회에서 돌봄 역시 빼놓을 수 없는 요소일 것이다. 그리고 이 모든 것들을 가능하게 하는 경제적 문제도 핵심적인 요소다.

따라서 이러한 요소들이 지역사회에서 주도적으로 해결될 수 있다면, 우리는 그 지역사회가 지속가능하다고 말할 수 있지 않을까? 지금부터 이 요소들을 중심으로 지역사회를 재구성해 보고자 한다.

먹거리를 중심으로 한 지역 재구성

질문을 하나 해 보자. "내일 지구가 멸망한다면 마지막으로 하고 싶은 일은?" 스피노자는 사과나무를 심겠다고 했고, 영화 카모메 식당의 사치에와 미도리는 끝내주게 맛있는 음식을 먹겠다고 했다. 코로나 시기에 같은 내용으로 사람들에게 설문조사를 했었는데 가족과 함께 최후의 만찬을 하고 싶다는 의견이 제일 많았다. 그만큼 우리에게 먹거리는 가장 마지막 순간까지도 절실하면서 빼놓을 수 없는 요소임을 보여준다.

실제로 재난이 닥쳤을 때 제일 중요한 것은 먹거리이며, 그러한 먹거리를 유지하는 푸드 파이프라인의 확보가 지역 회복력의 척도가 되지 않을까 한다. 굳이 재난 상황이 아니더라도 인구가 과소화되고 있는 일본의 경우에 주거지와 가게 간 거리가 멀어 생존을 걱정해야 하는 식료품 접근 곤란 인구, 이른바 '쇼핑 난민'이 급속도로 늘고 있다. 일본 농림수산정책연구소가 2020년에 내놓은 '식료품 접근 곤란 인구 추계 결과 보고서' 자료를 살펴보면 자신의 주거지와 마트·편의점·백화점 간 거리가 500m 이상이고, 자동차를 이용하기 어려운 65세 이상 비중이 25.6%로 나타났다. 이는 인구수로만 900만 명이 넘는 것으로 추산됐다. 75세 이상을 기준으로 하면 그 비율은 31%에 달했다.

〈그림 2〉 일본의 65세 이상 쇼핑 난민 수 추이

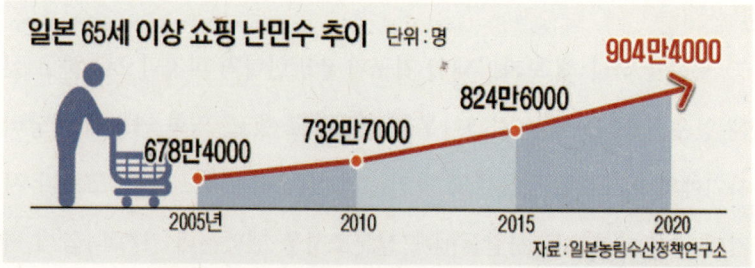

출처: 농민신문, 2024-09-20, 농촌에선 머나먼 식료품점…쇼핑난민 '900만명'

　먹거리조차도 글로벌 푸드 체인으로 지역사회가 영향을 받는 상황에서는 농업지대가 많은 농촌의 지자체가 오히려 '식품 사막'이 되는 아이러니한 상황이 빚어지고 있다. 여기에 지구온난화로 농촌의 생산력도 영향을 받는 상황에서 인구 과소화까지 겹치면 이러한 현상은 옆 나라 일본의 문제가 아니라 우리의 문제가 될 것이다. 만약 재난 상황까지 더해진다면, 그 결과는 상상하기도 힘든 상황으로까지 치달을 수도 있다. 따라서 지역사회가 먹거리 자급력을 갖추는 것은 재난 상황이 닥치더라도 회복력을 가지고 지속가능한 지역사회로 가기 위한 선택이 아니라 필수조건이다.

　그렇다면 어떻게 하면 지역사회가 먹거리 자급력을 가질 수 있을까? 사실 일본의 많은 지자체들이 지역 활성화의 일환으로 최근에 주목하고 있는 것이 친환경 급식이다. 치바현(千葉県)이스미시(いすみ市) 경우가 대표적인 사례다. 이스미시는 단순히 학교 급식의 안전성을

높이는 데에만 초점을 맞추지 않았다. 농가를 비롯해 환경단체, 사업자, 시민과 시청이 함께 환경과 경제의 양립을 목표로 협의회를 만들고 이 협의회를 중심으로 종합적인 관점에서 유기농산물 학교급식의 필요성과 가능성을 논의해 왔다. 그 결과, 이스미시는 '이스미시 생물다양성 전략'을 기반으로, 유기농 농산물 학교급식으로 아이들을 어떻게 키우고 싶은지, 지역의 농업을 어떤 방향으로 이끌고 싶은지, 지역의 환경과 식문화를 어떻게 보존하고 발전시킬 것인지, 이스미시가 어떤 지역으로 인식되고, 우리는 어떤 지역에서 살고 싶은지 등을 논의하였다. 즉, 이스미시가 친환경 농산물의 학교급식을 추진한 것은 자신의 지역 자체를 어떤 방향으로 만들고 싶은가, 라는 고민과 동의어였던 것이다.

아스미시는 단순히 농업·환경·교육을 분리해서 바라보지 않고, 이들 요소를 유기적으로 연결하는 종합적인 과제로 인식하고 협력한 결과 친환경 급식이 시작되었다. 사실, 이스미시에서 친환경 쌀 생산은 거의 이루어지지 않았다. 하지만 학교 급식에 전면적으로 사용되면서 현재는 30헥타르 규모의 산지로 성장했다. 그 생산량의 약 절반은 지역 학교 급식에 사용되면서 농가의 소득 안정에도 기여하고 있다.

또한, 유기농 쌀과 유기농 채소를 재배하는 농가들은 지역 아이들을 자신이 생산한 유기농산물로 건강하고 현명하게 키운다는 자부심을 느끼고 있다. 언론에서도 많이 다루어졌고, 이러한 노력이 높이 평가되어 이스미시는 친환경 급식으로 유명세를 타게 되었다. 이를 계기로 이스미시로 이주하거나 새롭게 친환경 농업을 시작하려는 사람들도 늘어나고 있다. 협의회 설립 초기에는 농약 살포에 반대하는 환경단체와 관행농업을 하는 농가가 대립했지만, 아이들이 중재자가 되어 지금은 서로에게 도움이 되는 관계로 발전하고 있다.

이뿐만 아니라, 학교 급식의 친환경 쌀이나 친환경 채소를 가정에서도 먹고 싶어하는 시민들을 위해 이를 판매하는 가게가 생기고, 친환경 농산물을 가공해 상품화하는 사람들이 늘어나는 등 시내 곳곳에서 상생의 움직임이 생겨나고 있고 지역경제 활성화로 이어지고 있다. 이스미시에서는 전국적으로 학교 급식이 친환경으로 바뀌면 일본이 안고 있는 먹거리, 농업, 환경, 의료 등 다양한 난제들을 해결할 실마리를 제공할 것이라 기대하고 있다.

일본보다 한발 앞서 우리는 이미 모든 지자체가 친환경무상급식을 시행하고 있다. 실제로 일본에서는 최근에 언론사와 지자체 등에서 한국의 사례를 보기 위해 빈번히 취재와 견학을 오고 있다. 그렇다면 우리는 이왕 시행하고 있는 친환경 무상급식을 어떻게 활용할지 적극적으로 고민해 봐야 할 것이다. 이스미시의 사례에서 힌트를 얻어, 단순히 학교에 친환경 급식을 제공하는 것에만 초점을 맞출 것이 아니라 지역 전체로 시선을 돌려 어떻게 관계를 맺게 하고 순환시킬 것인지를 고민해야 한다.

관계 맺기 과정과 순환 과정에서 창출되는 부가가치는 결국 지역사회로 환원될 것이고, 자연스럽게 지역의 먹거리 자립도는 높아질 것이다. 사실 이에 대한 해답은 이미 마련되어 있다. 바로 '국가푸드플랜'이다. 지금은 국가식량계획이라고 해서 농림축산부가 주관하고 있는데 이 정책을 지자체가 활용해 볼 필요가 있다. 다만 이를 활용할 때는 일본의 이스미시의 사례처럼 지자체 내 한 부서의 전유물이 아니라 지역 전체로 위상을 높여서 고민하고 실천하는 전략을 세워야 한다. 실제로 대통령직속 농어업농어촌특별위원회에서는 국가식량계획의 핵심과제인 '먹거리 선순환 체계 구축'과 '지역사회 먹거리 돌봄 사업의 연계'가 필요하다고 강조한 바 있다.

통합돌봄으로 지역안전망 구축하기

지자체 예산 중에 가장 많은 부분을 차지하는 것이 바로 복지 예산일 것이다. 그만큼 지역사회복지는 지자체 행정에서도 가장 신경 쓰이는 분야일 수 있다. 하지만 사람들 간의 관계는 점점 옅어지고 예측 불가능해지는 사회가 심화될수록 도움을 필요로 하는 사람들은 늘어날 것이고, 지금도 행정력은 한계에 이르고 있는 상황이다. 그렇다고 무한정 복지 예산을 투여할 수도 없는 상황에서, 지역 내의 서로 돌봄 계를 갖추고, 비어 있는 곳을 메울 수 있는 환경을 조성해 나가는 것이 가장 시급한 과제일 것이다.

그렇다면 어떻게 해야 할까? 사실 이미 그 필요성은 절감하고 있으며, 국가적인 노력이나 연구, 활동이 없는 것은 아니다. 커뮤니티 케어, 지역사회 통합 돌봄이라는 용어로 모델사업이 진행되고 있고, 민간에서도 자발적으로 실험을 하고 있다. 하지만 어떤 지역을 만들고 싶은지에 대한 다양한 이해관계자가 함께 비전과 전략을 세우고 진행하는 것이 바람직할 것이다.

예를 들어, 가나가와현 요코하마시(横浜市)에 있는 복지클럽생협(福祉クラブ生協)의 사례를 살펴보자. 1989년 1,000여 명의 조합원으로 설립될 당시는 먹거리 공동 구매가 우선이었다. 하지만 시간이 흐르면서 지역 주민들의 필요가 반영되기 시작했다. 구체적으로 국가 정책은 최소한의 안전망을 제공하는 최소 복지 시스템을 갖추고 있지만, 주민들은 그것이 자신들의 현실에 와 닿지 않음을 느꼈다. 특히 고령기에 접어들었을 때, 시설이 아닌 자신에게 익숙한 지역에서 최대한 오래 살 수 있도록 지원하는 안전망의 필요성을 절감하게 되었다.

〈그림 3〉 복지클럽생협의 옵티멈 복지 개념도

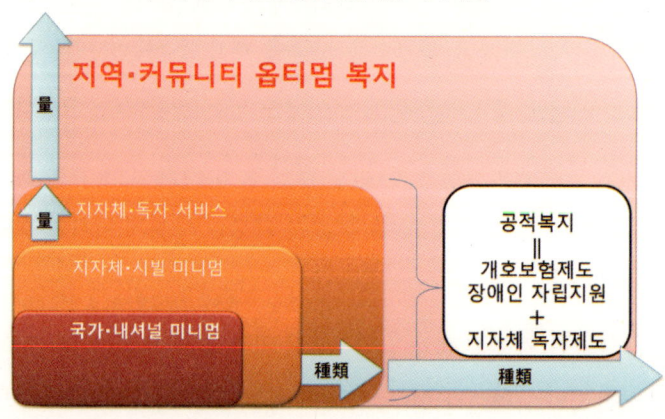

출처: 복지클럽생협 홈페이지(https://www.fukushi-club.net/about/comiop)

그래서 이들은 지역주민 모두에게 적정하게 복지서비스가 제공되어야 한다고 생각하게 되었고, 그렇게 해서 만들어낸 개념이 국가나 지자체 등의 행정에서 제공하는 최소 복지에 더해, 자신들이 필요로 하는 서비스의 양과 종류를 붙인 '적정 복지'라는 개념을 만들어냈다. 다만, 적정 복지를 이루기 위해서는 행정에 요구만 하는 방식이 아니라, 최소 복지는 행정에서 충실히 이행하도록 요구하고, 그 이상의 지역적 요구는 공동체가 스스로 만들어내는 방식으로 설계되었다.

이 역할을 수행하는 것이 바로 워커즈컬렉티브(노동자협동조합, 이하 워커즈)이다. 예를 들어, 먹거리를 배달하다 보니 도시락을 원하는 수요가 있다는 것을 알게 되었고, 이에 따라 도시락을 제공하는 워커즈를 만들어 서비스를 시작했다. 그 후 탁아와 노인 돌봄 서비스에 대한 수요도 확인할 수 있었다. 마찬가지로, 각각의 필요에 맞는 서비스를 제공하는 워커즈가 담당하고 있으며, 현재 사업은 18개 분야로 확장되었다. 조합원 수는 1만 6,140세대에 달하며, 가나가와현 산하 27개 지자체와 행정구역으로도 확대되고 있다(2024년 4월 현재). 서비스 종류도 다양해서 단체 회계 등의 행정을 대신해 주거나, 거동이 불편한 사람을 대신해 장을 봐주거나, 콘서트에 데려다주는 등 일회성 서비스도 이용할 수 있다.

이곳의 특이한 점은 이뿐만이 아니고 서비스의 가격 결정 방식도 새롭다. 노인 돌봄 서비스의 경우 지역 내 건강한 조합원이 주로 서비스를 제공하는데 이 조합원은 나중에 자신이 늙고 힘들어져 같은 서비스를 이용할 때 본인이 부담스럽지 않도록 시장 가격보다 낮추어서 가격을 설정한다. 왜냐하면 여기서는 일이 고용, 피고용 관계가 아니라 서로 도움을 주고받는 순환적 관계로 인식하고 있기 때문에 자신이 이용자가 됐을 때 적정 수준이 얼마인지를 생각하기 때문이다. 이처럼 서로의 관계 속에서 자연스럽게 돌봄이 존재하도록 시스템을 만듦으로써 앞으로 예상되는 돌봄 공백을 메워나갈 수 있는 지역력(地域力)*을 가진 지역사회가 될 수 있으리라 본다. 또한 돌봄은 다양한 영역과도 연계하여 들여다보고 대비해 가야 한다. 예를 들어 기후 난민, 에너지 난민, 쇼핑 난민 등의 다양한 영역에서 소외되거나 배제되는 계층들이 있고, 이들에 대한 안전망과 대책이 함께 고민되어야 한다는 것이다. 하지만 이러한 틈새 문제들을 행정이 일일이 대처하기는 어렵다. 결국, 민간과의 협력이 필수적이며, 앞서 복지클럽생협의 사례와 같이 사회연대경제조직들이 역할을 수행할 수 있도록 지원하는 제도와 환경이 필요하다.

에너지자립과 순환의 지역만들기

지구온난화와 관련해서 탈탄소 정책은 전 세계 모든 나라의 중요한 테마가 되고 있다. 한국 역시 국제사회의 노력에 동참하고 건강한 미래

---

* 지역력은 일본에서 만들어 낸 신조어이며, 개념 정의가 정부나 지자체, 단체별로 다양하다. 예를 들어 지역력 활성화 연구실에서는 '지역 주민과 기업이 지역사회의 문제를 자율적으로 해결함으로써 끌어 낼 수 있는 잠재력'이라고 정의하고 있고, 홋카이도에서는 '행정기관을 비롯해 주민, 자치회, NPO, 기업 등 지역의 다양한 사람들이 서로 협력하여 가까운 문제를 해결하고 지역을 활성화하는 힘'이라고 정의하기도 한다. 다양한 정의 속에서 공통되는 요소는 '지역을 구성하는 사람이나 단체의 협력에 의해 만들어지는 힘'이라는 것이고 이러한 지역력을 키워나가는 과정을 임파워먼트(empowerment)라고 한다.

를 만들기 위해 2020년 10월 28일 '2050 탄소중립 선언' 및 12월 10일 '2050 탄소중립 비전'을 선포하였다. 즉, 지금과 같은 화석에너지의 사용을 멈추고 재생가능한 청정에너지로 전환하는 것이 필수적이라는 뜻이다.

일본에서는 지역소멸의 해법으로 에너지 자립마을을 적극적으로 활용하고 있다. 그중에서도 자기 지역에 처한 상황과 과제를 잘 살피고, 지역 전체를 조망하면서 진행한 사례를 통해서 어떤 지역으로 만들어 갈 수 있을지 생각해 보자. 그러한 사례로 '우유와 와인과 청정에너지의 마을'이라 불리는 이와테현(岩手県) 쿠즈마키쵸(葛巻町)의 사례를 살펴보자.

전통적으로 쿠즈마키쵸는 해발 1,000m급 기타카미산맥에 둘러싸여 평균 기온이 8.4도인 고원지대로서 서늘한 기후를 활용한 낙농과 마을 면적의 85%를 차지하는 산림을 활용한 임업을 발전시켜 왔다. 낙농업은 방목지를 관리하기 위해 설립된 제3섹터의 일반 사단법인 카츠마키쵸 축산개발공사가 주도하고 있다. 이 공사는 소의 하계 방목 외에도 낙농가로부터 위탁받은 송아지의 육성 사업, 우유 생산, 치즈와 요구르트 등의 가공품 제조, 숙박시설 경영에 이르기까지 폭넓게 사업을 전개하고 있다. 임업은 예로부터 목단 생산이 활발하게 이루어서 왔다. 숯의 수요가 줄어든 이후에도 임업이 기간산업인 것은 변함없으며, 계획적인 산림사업 실시와 더불어 조림을 진행해 온 낙엽송 목재의 브랜드화 등 다양한 노력을 통해 진흥을 도모하고 있다.

또한, 산에 자생하는 머루는 덩굴이 가지에 얽혀 산림사업에 방해가 되는 것으로 여겨져 왔지만, 1979년부터 이 머루를 원료로 한 와인 제조에 도전하여 현재 제3섹터인 주식회사 이와테쿠즈마키 와인이 와인 제조를 담당하고 있다. 당초 머루는 산미가 강해 와인 제조에 적합하지 않다고 여겨졌지만, 개선을 거듭한 결과 현재는 와인 콩쿨에서 다수의 상을 수상하는 등 높은 평가를 받고 있다.

여기에 더해 쿠즈마키쵸는 '청정에너지 마을'로도 불리고 있다. 사실 이 청정에너지 마을은 낭비, 방해물로 여겨지던 것을 보물로 여기는 발상의 전환을 통해 이루어질 수 있었다. 예를 들어, 산간 고랭지에 불어오는 쓸모없는 강한 '바람'이나 가축 배설물에서 발생하는 '메탄가스', 산림사업에서 발생하는 '간벌재' 등을 쓰레기나 방해물로 여기지 않고 유효하게 활용하고 있는 것이다.

1999년에는 일본에서 가장 앞서 '쿠즈마키쵸 신에너지 비전'을 수립하고, 바람과 햇빛과 같은 '하늘의 은혜', 숲과 가축 배설물 등의 '땅의 은혜', 쿠즈마키의 문화와 풍토를 키워온 '사람의 은혜'를 활용하여 환경 부하를 줄이는 것을 기본 이념으로 삼고, 마을 전체에서 클린에너지 활동을 추진해 오고 있다. 구체적으로는 제일 먼저 가축분뇨를 바이오매스로 활용하고 있다. 아부래노 이곳이 낙농으로 유명한 곳이다 보니 하루에 600t의 가축분뇨가 발생하여 이를 처리하는 데에 고민이 많았으며, 2003년부터 '가축분뇨 바이오가스 플랜트'를 도입했다. 이 플랜트는 송아지의 분뇨를 원료로 메탄가스를 발생시켜 그 가스로 전기와 열을 만들어 모두 자가소비하고 있다. 또한, 메탄가스 발생 후 남은 액분은 '액비'로 농지에 환원하고 있다.

여기에 더해 2012년부터는 일반 가정 약 1,000가구 분량과 사업장에서 발생하는 음식물 쓰레기를 수거하여 플랜트 원료로 사용하고 있는데 이를 통해 연소되는 쓰레기의 약 30%를 줄이는 데 성공했다. 이어서는 목질 바이오매스 활용이 있는데 1981년 지역 제지용 칩을 제조하는 기업이 산업 폐기물로 버려지던 나무껍질로 '목재 펠릿'을 제조하는 데 성공하였고, 마을에서는 이 목재 펠릿을 적극적으로 활용하기 위해 양로원, 병원, 초등학교 등 마을 내 20곳 이상에 난방용 펠릿 보일러와 펠릿 스토브를 도입했다. 이들 시설을 합치면 연간 약 900t의 목재 펠릿이 사용되고 있으며, 등유 환산으로 1,000t-CO^2 이상의 감축에 기여하고 있는 셈이다.

이 외에도 다양한 청정에너지를 생산하기 위한 노력이 이어지고 있다. 특히 2011년 동일본 대지진으로 정전 사태를 겪으면서 에너지 자립에 대해 더 절실하게 고민하게 되었다. 우선, 피난처가 되는 커뮤니티센터 25곳에 태양광 발전과 축전지를 설치했고, 이후에도 초중고교와 관광시설 등에 적극적으로 설치를 추진했다. 또한, 2022년에 만들어진 쿠즈미기쵸의 복힙칭사는 지열 이용과 발코니 처마에 의한 일사 차폐, LED 조명 채용, 태양광 발전 설치, 재난 대비 축전지 도입 등 클린 에너지 마을답게 환경을 배려한 설계로 건축되었다.

무엇보다 중요한 점은 이러한 탄소중립을 위한 노력의 주인공은 마을 주민이라는 것이다. 이를 잘 보여주는 사례가 2004년 수립된 '쿠즈마키쵸 에너지 절약 비전'이다. 이 비전을 통해 마을 주민, 사업자, 행정이 공통된 인식을 가지고 하나가 되어 활동해 왔다. 가정이나 사업장에 태양광 발전, LED 조명, 장작 난로 등 신에너지 설비나 에너지 절약 설비를 도입할 때 비용의 일부를 보조하고 있으며, 지금까지 태양광 발전은 70대 이상, 장작 난로는 100대 이상 설치돼 온실가스 감축에 기여하고 있다.

아이들이 자연스럽게 관심을 가지고 지속적으로 활동할 수 있도록, '전국 장작 쌓기 선수권 대회'를 개최하고 있다. 이 대회에서는 벌목, 장작 패기, 장작 나르기 체험이 진행되며, 참가자들은 제한 시간 내에 쌓은 장작의 높이와 테마에 따른 장작 아트 작품을 선보인다. 장작 아트 작품은 통기성, 안정성 등의 기준으로 평가하고 있다. 이 대회는 지역 어린이와 어른들뿐만 아니라 마을과 인연이 깊은 도시 기업들도 참가하여, 장작을 통한 도시와 농촌의 교류와 더불어 풍요로운 숲 조성과 지역 산림자원 활용의 중요성을 배우는 기회를 제공한다.

마지막으로 지역 전체를 청정에너지 박물관으로 삼아 지역에 존재하는 다양한 클린에너지를 활용한 시설에서 지역 내 초등학교, 중학교, 고등학교 학생들에게 환경 학습의 기회를 마련하고 있다. 또한, 마을의 활동과 시설 견학을 통해 지구 온난화 문제와 지속 가능한 지역 만들기에 대한 깊이 있는 지식을 제공한다.

지역의 가장 중요한 과제인 인구감소 문제 해결을 위한 노력으로, 2015년부터 마을 내 유일한 고등학교인 이와테현립 쿠즈마키 고등학교에서는 '쿠즈마키 산촌유학제도'를 실시하고 있으며, 현재 26명의 학생이 외지에서 들어와 학업을 이어가고 있다. 산촌 유학생은 수업뿐만 아니라 제3섹터를 통한 낙농 체험, 와인 공장 견학, 클린 에너지 활동 등을 배우며 농산촌이 가진 식량 공급력, 환경 보전력, 에너지 공급력 등을 체감하고 있다. 이러한 체험과 배움을 현지에 살고 있는 가족이나 친구들에게 전달함으로써 농산촌의 매력을 알리고 관심을 갖게 하는 등 부수적인 효과도 기대할 수 있다. 이처럼 지역 전체가 청정에너지 박물관과 같은 존재가 되어 아이들의 배움의 장이 되는 동시에 마을 외부에 지역을 알리고 홍보하는 역할도 하고 있다.

〈그림 4〉 미래의 쿠즈마키쵸

출처: 우유와 와인, 클린에너지의 마을*

* 우유와 와인, 클린에너지의 마을 (https://www.city.ono.fukui.jp/kurashi/kankyo-sumai/zero_carbon/zerocarbon_vision_c.files/20220113_21tsuika02.pdf)

지역을 연결하는 장

일본에서 최근에 가장 주목받는 지역 활동 중 하나가 '이바쇼(居場所)'* 만들기이다. '이바쇼'는 한국어로 번역하기가 모호한 일본어 고유의 용어로, 교육학, 심리학, 사회학 등 다양한 분야의 논의를 거쳐 정립된 개념이다. 2011년부터 생활보호수급가구를 대상으로 사회적 이바쇼 만들기 지원 사업을 추진해 온 후생노동성의 정의에 따르면, '이바쇼'란 '사회적 관계 속에서 자신이 받아들여지고 존중받는다고 느낄 수 있는 장소'를 뜻한다. 2023년 3월에 내각관방 어린이가정청설립준비실이 공표한 '아동 이바쇼 만들기에 관한 조사 연구 보고서'에서는 106건의 선행연구를 분석하여, 아동·청년 이바쇼의 구성 요소로 다음과 같은 총 13가지 요소를 추출하였다.

♣ 아동·청년 이바쇼의 13가지 구성 요소
① 아동·청년이 안심하고 편히 쉴 수 있는 곳
② 아동·청년이 자기 본연의 모습 그대로 있을 수 있으며, 그 모습이 수용되는 곳
③ 아동·청년이 자신의 기분이나 의견을 표현할 수 있는 곳
④ 아동·청년이 자기긍정감을 가질 수 있는 곳
⑤ 아동·청년이 자신의 역할을 느끼며, 자기유용감을 가질 수 있는 곳
⑥ 아동·청년이 자신의 존재를 인식하고 생의 감각을 느낄 수 있는 곳

* 이바쇼(居場所)는 원래는 '거처', '앉을 장소' 등의 물리적 의미를 지닌 단어였으나(일본 사전), 1980년대 이후 아동들의 등교 거부 문제가 커지면서 1992년 문부성 보고서에서 처음으로 '마음의 이바쇼'라는 용어가 등장했다. 초기에는 교육학적 관점에서 물리적 의미와 심리적 의미가 결합된 의미로 사용되다가 이후 교육학, 사회학, 심리학, 건축학, 주거학 등 다양한 분야에서 연구되고 있다.

⑦ 사람과 사람 간의 관계성이 펼쳐져 가는 곳
⑧ 자기 자신을 알아가는 배움이 있는 곳
⑨ 연령에 따른 단절 없이 언제든 다시 돌아갈 수 있는 곳
⑩ 아동·청년이 주체인 곳
⑪ 언제든지 자유롭게 혼자서 갈 수 있는 곳
⑫ 시간을 보내는 방법을 스스로 선택할 수 있는 곳
⑬ 아동·청년의 편이 되어 주는 어른이 있는 곳

최근 일본 사회에서 특히 아동이나 청년 등 젊은 층을 위한 이바쇼가 요구되는 배경은 현대사회의 사회구조적 변화와 밀접한 관련이 있다. 현대사회는 도시화, 핵가족화에 따라 공동체 의식이 희박해지고, 이웃 주민 간의 교류와 협력의 장이 줄어들고 있다. 또한 일반적으로 어린이들의 가장 편안한 안식처가 되어야 할 가정은 경제의 불안정화로 인해 생활 기반이 흔들리고 가족 기능이 저하되고 있다. 이에 따라 주변 도움을 받지 못하고 양육자 홀로 아이를 키우는 고립 육아나 아동학대 등 다양한 문제들이 가정 내에서 발생하고 있다. 게다가 친구들 간의 협동과 배려보다는 경쟁과 이기는 것이 더욱 강조되는 일본 교육 환경은 교내 집단따돌림을 심화시키는 사회적 원인이 되고 있다는 지적도 있다.

이러한 현대사회의 변화에 따라 최근 일본에서는 가정과 학교를 이바쇼라고 느끼지 못하는 아동이 늘어나고 있으며, 이에 가정과 학교 이외에 제3의 사회적 이바쇼를 만들기 위한 다양한 활동이 추진되고 있다. 마찬가지로, 그렇게 성장한 아동들은 청년기가 되어서도 사회에 진

출하지 못하고 은둔형 외톨이나 니트가 되는 경향이 많다.

은둔형 외톨이 문제는 일본만의 문제가 아니라 한국을 포함한 아시아 전체의 문제로 부각되고 있기도 하다. 2024년, 미국 CNN은 '움츠러드는 삶: 일부 아시아 젊은이들이 세상에서 물러나는 이유'라는 제목의 기사를 통해 사회적 관계를 단절하고 정서적으로 고립된 채 살아가는 한국과 일본, 홍콩의 은둔 청년들을 집중 조명하기도 했다. 해당 기사는 한국보건사회연구원 조사를 인용해 2022년 기준 한국의 19~34세 인구 중 2.4%(24만 4천명)가 은둔형 외톨이로 파악된다고 전했다.

실제로 2022년부터 정부에서는 보건복지부를 중심으로 은둔형 외톨이 지원사업을 추진 중에 있고, 광주와 대구 등의 지자체나 민간에서도 은둔형 외톨이 지원센터를 운영하고 있다. 이러한 점을 고려할 때, 각 지자체는 지역사회 내에서 이들이 건강하게 성장할 수 있도록 지원하고, 응원할 수 있는 관계를 형성하는 데 힘써야 한다. 이는 궁극적으로 지역사회의 지속 가능성을 높이고, 공동체를 활성화하는 길이 될 것이다. 지방 인구 감소의 주요 원인은 지역 청년들의 수도권 유출이다. 그러나 이러한 활동을 통해 청년들이 지역사회에 소속감을 느끼고 관계망을 형성한다면, 지역에 대한 애정을 키우고 정착할 수 있는 기회를 제공하는 중요한 밑거름이 될 것이다.

주민 중심의 지역금융

지역 주민 입장에서는 자신이 살고 있는 지역에 적극적인 투자가 이루어져 산업 진흥과 도시 개발이 이루어지고, 지역 내 세수가 증가하여 행정 서비스가 향상되는 것은 매우 바람직한 일이다. 따라서 금융기관이 지역에 보다 적극적으로 투자해 주기를 바라는 것은 주민들 대다수의 자연스러운 바람이다. 그러나 지역 주민의 바람(=지역에 자금이 순환되기를 바라는 것)과 예금자의 바람(=이익을 극대화하고 예금 이자 배당을 늘려주기를 바라는 것)이 반드시 일치하지 않을 수 있다.

금융기관 입장에서는 이익 극대화가 최우선이기 때문에 수익성이 낮은 지역 사업에 대출을 하기보다는 투자 효율이 높은 사업에 우선적으로 자금을 투입하는 것은 당연한 행위이다. 또한 일반 예금자 입장에서는 수익이 향상되어 더 많은 이자를 돌려받기를 원할 것이다. 이러한 모순을 해결하는 기관으로 소셜뱅크(사회적 은행)*라는 금융기관이 존재한다.

네덜란드의 트리오도스 은행과 이탈리아의 윤리적 은행 등이 유명하며, 이들 은행은 환경 배려 프로젝트 등 기관 고유의 윤리관에 따라 투자 대상을 제한하고, 해당 프로젝트에 대출을 제공하는 은행이다. 빈익빈 부익부 문제를 겪고 있는 지역에서 지역의 소규모 프로젝트에 적

---

* 소셜뱅크는 지역사회 개발이나 환경보전 등 공익적 증대를 목적으로 하는 사업에 한정하여 대출을 하는 금융기관을 말한다.

극적으로 대출을 해주는 커뮤니티 뱅크도 이 유형에 속한다. 이들 기관의 금융적 지속가능성을 담보하는 것은 낮은 자금 조달 비용이다. 즉, 투자자들 중 다소 금리가 낮더라도 공익적인 사업에 대출을 해주는 은행에 예치하고 싶어 하는 사람들이 이용하고, 커뮤니티 뱅크는 일반 시중은행보다 낮은 이자율로 예금을 받는다. 조달 비용이 낮기 때문에 이자를 확보할 수 있고, 리스크가 높은 사업이나 저수익 사업에 대응할 수 있도록 운영되고 있다.

커뮤니티 금융은 '지역에서 돈을 돌리기 위한' 장치이다. 이는 지역화폐와 공통된 발상이며, 그 출발점도 같은 뿌리이다. 지역화폐의 기능은 '매개-평가', '가치 부여' 및 '순환 촉진'이 있다. '매개-평가' 기능은 비시장 분야에서 활동의 평가 척도가 되는 것이다. 지역화폐는 돈으로 평가할 수 없는 자원봉사 활동의 대가로 사용할 수 있고, 감사나 대여와 같은 가치도 가격에 포함시킬 수 있다. 마찬가지 수익이 나지 않으면 평가받지 못하고 배제되는 활동도 지역화폐라면 평가가 가능하다.

이 기능을 활용하면 경제 시장에서 가치가 없는 비영업 자산이나 비영리사업을 지역화폐로 재평가하고, 그 평가액을 재원으로 지역화폐를 발행해 지역에 자금을 돌릴 수 있을 것이다. 예를 들어 어떤 숙박시설의 경우를 생각해 보자. 가동률이 떨어지는 비수기에는 숙박객이 줄어들어 아르바이트생에게 돈으로 임금을 지급할 여력이 없어지는 반면에 전혀 가동되지 않는 방이 늘어난다. 그러나 임금 대신 객실 이용권을 파트타이머에게 현물로 지급하는 것은 비현실적이다. 그러나 비가

동 객실의 가치는 기존 화폐로는 0의 가치이지만, 지역화폐의 세계에서는 가치 부여가 가능하다. 가치 부여를 한 지역화폐를 숙박시설이 발행하여 파트타이머에게 임금을 지급하는 것이다. 여기서 사전에 숙박시설이 지역 음식점 등과 지역화폐 수용 협약을 맺어두면 아르바이트생은 받은 지역화폐를 지역 음식점에서 사용할 수 있다.

이 시점에서 지역화폐는 유동성은 떨어지지만 거의 실물 화폐와 비슷한 가치를 가지게 된다. 아르바이트생 입장에서는 비어 있는 방을 단순 제공받는 것보다는 사용 범위가 넓은 지역화폐로 받는 것이 더 유리하다. 지역화폐를 받은 숙박시설은 같은 지역 시스템에 참여하는 회원의 서비스 구매권을 보유할 수 있기 때문에 실물 화폐로 지불해야 하는 경비를 절감할 수 있다. 이렇게 지역화폐의 구조를 도입하면 숙박시설 입장에서는 0원이었던 비어있는 방이 가치를 갖게 된다. 이는 지역화폐가 시장경제의 세계에서는 가치가 없는 것을 재평가할 수 있는 기능을 가지고 있기 때문이다.

공공시설이나 기업의 유휴시설 등의 이용권에도 적용될 가능성이 있다. 나아가 동료의식 같은 것도 가치로 재평가하고 이를 담보로 지역화폐를 발행해 이를 사업에 돌릴 수도 있다. 일상적인 경제활동 속에서 지역 기여가 가능해지는 것이다. 시장적 활동과 비시장적 활동이 WIN-WIN의 관계가 실현되는 것이다. 최근 시장화 촉진에 따른 금융 기능의 중앙집중화가 진행되는 가운데, 지역이 소외되지 않기 위해서라도 자기 지역의 지역 경제에 중심을 두는 금융 기능이 존재해야만 하고, 이를 통해 자금 순환을 원활하게 만들어야 한다. 지역의 종합적인 힘을 키우기 위해 지역화폐를 활용하고, 커뮤니티 금융을 지역에 도입하는 것이 하나의 해결책이 될 수 있다.

지역사회에 돈이 돌게 하는 또 하나의 해결책으로 생각해 볼 수 있는 것이 커뮤니티 뱅크이다. 일본에서는 NPO뱅크*라는 이름으로 지역별 커뮤니티 뱅크들이 전국에 네트워크로 묶여있다. 최초의 NPO 뱅크는 1994년에 설립된 '미래은행사업조합'(도쿄도)이며, 이후 전국 각지에 속속 생겨나고 있다.

NPO 뱅크의 운영 특징은 취지에 찬동하는 시민이나 NPO가 조합원이 되어 1구좌 수만엔 단위로 출자하고, 이를 재원으로 NPO나 개인에게 저리(1~5% 정도)로 대출하는 것이다. 출자자에게는 원금 보장이 없고, 출자금을 자유롭게 인출할 수 없다는 단점도 있지만, 자신의 돈이 눈에 보이는 형태로 운용된다는 점이 가장 큰 매력으로 작용하고 있다. 대출 심사는 세무사 등 전문가들이 재무적 측면뿐만 아니라 사업의 사회성, 독창성 등 다양한 관점에서 진행한다. 대출 신청자와는 필요에 따라 수차례 면담을 하고, 대출 실행 후에도 웹사이트나 뉴스레터를 통해 대출처를 공개하는 등 '얼굴이 보이는' 관계 형성에 힘쓰고 있기 때문에 NPO 뱅크에서는 부실 발생률이 낮게 유지되고 있다.

* NPO 뱅크는 시민들이 자발적으로 출자한 자금으로 지역사회와 복지, 환경보전을 위한 활동을 하는 NPO나 개인 등에 대출을 목적으로 설립된 '시민의 비영리 은행'을 말하며, 이를 '금융 NPO', '시민금융' 등으로도 불리고 있다.

한국에서도 지역공공은행을 만들고 정착시킬 수 있는 필요성이 제기되며, '화폐민주주의연대'를 중심으로 논의를 이어가고 있다. 글로벌 유동성으로 인해 안정적인 자금 순환이나 투자를 지역사회가 주체적으로 관리하기는 더 어려워지는 상황에서 최소한의 안전장치로 자립적인 금융 시스템을 가질 수 있도록 앞서 살펴본 커뮤니티 뱅크나 지역공공은행과 같은 소셜 뱅크 등에 대해 적극적으로 고민해 보아야 할 것이다.

구슬도 꿰어야 보배

최종적으로는 위의 사례들에서도 보이듯이 어느 특정 분야에서 시작하더라도 그것들이 지역 내외에서 횡단적으로 잘 엮어지도록 하는 것이 필요하다. 역시 사례를 통해 살펴보자.

일본의 나리타공항 근처 지역인 치바현(千葉県) 호쿠소우(北総) 지역에서 기업조합 노동자협동조합센터 사업단은 은둔형외톨이 청년들의 자립을 지원하기 위해 공항 근처 식당들에서 나오는 폐식용유를 BDF(바이오 디젤 연료)로 만들어 이를 호텔의 셔틀버스와 행정이 운영하는 커뮤니티 버스, 주변 농장의 농기계 연료로 활용하도록 하여 관계 맺기를 하였다. 이후 공항 근처의 버려진 땅에서 유채를 심고 양봉을 하면서 얻은 꿀과 유채유, 그리고 유채 찌꺼기 등을 관계 맺은 곳에 다시 제공하였고, 제공받은 곳은 브랜드화를 하여 부가가치를 높이기도 하였다. 이러한 방식으로 지역사회의 각기 점이었던 단체나 조직들이 서로

선으로 연결되고, 더 확산되면서 순환되는 면의 관계로 발전하였다.

〈그림 5〉 치바현 호쿠소우 지역의 점·선·면 지역 만들기

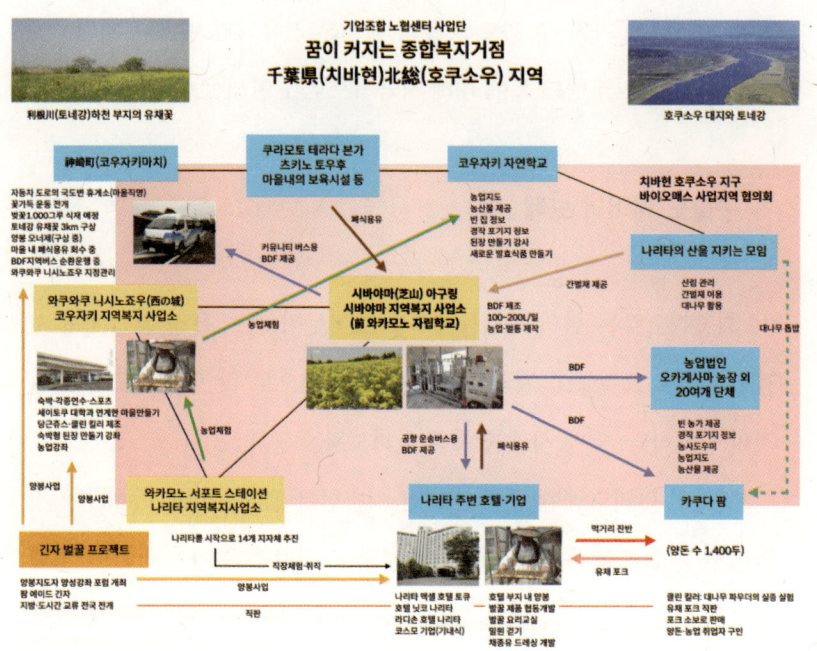

3. 맺음말

현재 다양한 지역문제 해결의 주체가 국가나 지자체와 같은 공적 기관에서 지역공동체 및 주민으로 점차 이동하고 있는 흐름은 분명하다. 특히 회복력 관점에서 사회연대경제는 단순한 지역 경제 활동을 넘

어, 지역 사회가 위기에 대응하고 회복할 수 있는 중요한 경제적, 사회적 자산이다. 실제로 지역 주민들이 주도적으로 지역 자원을 활용하여 자립할 수 있는 기반을 만들고, 변화하는 환경에 유연하게 적응할 수 있는 역량을 제공한다.

구체적으로는 지역 내에서 생산된 자원을 지역에서 소비하도록 촉진하여 외부 의존도를 줄이고, 주민들이 자발적으로 협력하고 연대하여 지역 문제를 해결하는 구조를 만들고 있다. 또한, 지역 내 소규모 경제 활동을 활성화하여 일자리 창출과 경제적 자립을 돕고 있다. 따라서 정부와 지방자치단체는 사회연대경제가 지역사회의 회복력을 높이는 중요한 역할을 할 수 있도록 다양한 지원과 정책적 뒷받침을 마련해야 할 것이다.

다만 지원의 관점이나 방식은 지역순환경제 시스템을 근간으로 하여 먹거리와 돌봄, 에너지, 주거 등의 생활 분야를 중심으로 상호관계망을 형성해 나갈 수 있도록 해야 한다는 점이 중요하다. 즉, 하나의 기업이나 조직을 육성하는 방식보다는 그 기업이나 조직이 지역 내 관계망 속에서 서로 기대어 살아가는 방식으로 지역사회가 재구성될 수 있도록 해야 한다. 이를 통해 사회적 자본이 풍부해지고, 지역공동체 안팎에서 유기적인 네트워크가 구축될 것이다. 또한, 다양한 구성원 간의 상호작용이 촉진되면서, 분리되어 있던 지역공동체가 하나의 시스템으로 기능하기 시작할 것이다. 그 결과, 문제 해결 능력이 향상될 것으로 기대할 수 있다.

이처럼 지역 전체를 조망하고 연결하며 촉진하는 역할은 꼭 필요하다. 지역에 따라 개입 정도나 활성화 정도에 따라 그 역할자는 달라질 수 있지만 일본에서 연수를 경험했거나 관련 사례를 학습해 본 적이 있다면 알 수 있듯이 지방으로 갈수록 공무원의 역할이 중대해진다. 공무원은 자기 담당분야에만 국한되지 않고, 지역 전체의 맥락 속에서 자기 분야를 연결해보는 시각이 필요하다.

어디서부터 시작할지 모르겠다고? 그렇다면, 과제를 가진 주민들과 이를 해결하고 싶은 사람들이 함께 이야기 나누는 장을 만드는 것부터 시작해 보자. 치쿠고강(筑後川) 유역에서는 '지역만들기 뭐든지 상담회'라는 사업이 운영되고 있다. 이 사업은 치쿠고강 유역에서 발생하는 여러 문제를 두고 구루메대학과 관계 행정, 시민단체, 지역주민 등이 함께 해결책을 모색하는 모임으로, '여기여기 붙어라' 방식으로 운영하고 있다.

구체적인 사례로, 지역만들기 뭐든지 상담회에 참석한 한 사람이 치매에 걸린 부모님을 시설에 입주시키는 대신 주간에만 잠시 돌봐줄 수 있는 곳이 있으면 좋겠다는 바람을 이야기했고, 이에 관심 있는 사회복지사가 함께 결합하여 '치매 어르신 그룹 홈 만들기' 팀을 결성한 바가 있다. 결성한 팀에서는 관련 제도 공부나 사례조사를 시작하여 사업 이미지를 만들고, 실제로 토지나 빈집 등을 찾아보며 구체적인 사업 구상을 하였다. 이때 관계기관이나 행정으로부터 자문을 받거나 협력 구조를 모색하였고, 자원 연계를 지원받기도 하였다. 이처럼 다양한 지역 과제들이 제안되고, 즉석에서 관심 있는 사람들과 팀을 만들어 운영해 보면서 실제 지역사회 과제해결로 이어지고 있으며, 지속가능한 활동을 위해 사회연대경제조직으로 발전하고 있다.

우리 지역에서도 이러한 실험들의 움직임이 있다. 지역에 따라 행정이 주도하는 경우도 있고, 다양한 민간이 주도하는 경우도 있다. 대표적인 사례로 광진구 사회적경제네트워크(이하, 광사넷)를 참고할 만하다. 광사넷은 영역별 분과를 만들어 서로 연계하도록 하고 있으며, 대표적으로 조직 특성에 맞게 주거복지분과, 먹거리분과, 돌봄분과, 교육분과, 환경예비분과, 유통사업부 등을 두고서 조직 간 상호거래와 협동을 촉진하고 있고, 클러스터 형태로 다양한 분야가 협력하는 활동도 진행하고 있다.

최근 설문조사를 통해 밝혀진 바로는 광사넷의 조직들이 상호성에 기반한 협동과 관계를 중시하고, 비즈니스와 결합된 사회적 가치를 추구하며, 사회적경제 정체성을 갖는 것이 경제활동에도 도움이 된다고 인식하고 있다는 점을 확인할 수 있었다. 이러한 힘은 꾸준한 학습을 통해 형성되었다는 점에서 일상적인 교육의 중요성을 실감하게 한다.

이러한 내용을 밝히는 데는 연구소의 역할이 중요했으며, 연구와 정책기능을 담당하는 부설 연구소와 조직의 육성 및 유동성을 지원하기 위한 기금위원회를 함께 운영하고 있다. 또한 행정과 민간 간 협력을 위해 광진포럼을 운영하며, 이슈에 대한 공유와 해결방안을 모색하는 장을 마련하고 있다.

이처럼 광사넷은 지역사회에 다양한 관계망을 씨실과 날실로 엮어 가고 있는 과정을 만들어 가고 있다. 더 중요한 점은 어떤 지역을 만들고 싶은지에 대한 비전과 이를 실현하기 위한 구체적인 참고 모델을 가지고 시행착오를 거치며 하나하나 실현해 가고 있다는 것이다. 우리가 자주 참고하는 일본의 선진사례도 광사넷과 비슷한 과정을 거쳤으며, 그 과정 자체가 수많은 실패의 축적을 바탕으로 만들어진 결과다. 즉, 지역에 있는 다양한 이해관계자(행정, 기업, 주민 등)가 지역 현안을 놓고 고민하고 협력하며, 때로는 갈등하고 실패하면서 발전시켜 온 모델이라는 뜻이다.

지역 활성화에 관심이 있는 공무원이나 시민사회 활동가들은 선진 사례를 많이 찾는다. 하지만 100개 마을에는 100개 사례가 있을 수밖에 없다. 무엇이 변했는지 결과만 보지 말고, 지역이 어떤 고민과 과정을 거쳤는지를 살펴보는 것이 더욱 중요하다.

지역의 비전을 함께 그리는 작업이 가장 중요한 과제다. 하지만 현재 행정 체계는 지역의 마스터플랜을 전문가 중심으로 설계한 후, 실천 단계에서야 주민을 참여시키려는 경향이 강하다. 조금 더디더라도, 최대한 많은 주민이 함께 지역의 비전을 그리고, 이를 실현하기 위해 역할을 분담하며, 학습과 실천을 반복하는 과정에서 협력과 조정해 나가는 방식으로 진행된다면, '나의 꿈'이 곧 '우리의 꿈'이 되고, 이는 지속 가능한 지역 활동으로 이어질 것이다. ■

참고문헌

- 강남대학교. 2023. 『지방소멸 위기 극복을 위한 사회적경제 연구』. 한국사회적기업진흥원.
- 강원지속가능경제지원센터. "재난, 사회적경제 그리고 지역사회 회복력". https://gwse.or.kr/bbs/board.php?bo_table=sub45&wr_id=67 . 2024-12-20 검색.
- 김병수·강내영 최정한 공저. 2012. 『지역의 재구성』. 알트.
- 농민신문. 2024-09-20. 농촌에선 머나먼 식료품점…쇼핑난민 '900만명'
- 모심과 살림 연구소. 2019. 『세상의 밥이 되는 공동체 운동』. 한살림출판.
- 복지클럽생협. "옵티멈복지의 개념". https://www.fukushi-club.net/about/comiop/. 2024-12-22 검색
- 이대웅·권기헌. 2017. 『재난분야의 회복탄력성 결정요인 분석』. 한국정책학회보, 26(2).
- 이와테현(岩手県)쿠즈마키쵸(葛巻町). "우유와 와인, 청정에너지의 마을". https://www.zck.or.jp/site/forum/26266.html. 2024-12-22
- 치바현(千葉県) 이스미시(いすみ市). "학교급식에 있어서 100% 유기쌀 실현". https://organic-lunch-map.studio.site/case-study-details/eX7gN5DZ. 2024-12-23 검색.

- アジア太平洋資料センター. 2021. 『コロナ危機と未来の選択―パンデミック・格差・気候危機への市民社会の提言』 コモンズ
- 岡安喜三郎. 2003. 「社会的企業ノート（1）社会的企業と新しいタイプの協同組合」 協同総合研究所 『協同の發見』131号
- 落合俊郎·川合紀宗. 2017. 『地域共生社会の実現とインクルーシブ教育システムの構築』 あいり出版
- 金子郁容. 2002. 『新版コミュニティ・ソリューション』岩波書店
- 金子郁容·松岡正剛·下河辺淳. 1998. 『ボランタリー経済の誕生』 実業之日本社
- 倉沢進 「都市的生活様式論」磯村英一編. 1977. 『現代都市の社会学』鹿島出版会
- 国際協力総合研修所. 2002. 『ソーシャルキャピタルと国際協力：持続する成果を目指して』
- 国土交通省. 2004. 『多様な主体による地域づくり戦略に関するアンケート調査』
- 斉藤純一編著. 2004. 『福祉国家／社会的連帯の理由』 ミネルヴァ書房
- 中村陽一・日本NPOセンター編. 1999. 『日本のNPO2000』 日本評論社
- 長野県総合計画審議会. 2004. 『未来への提言～コモンズからはじまる，信州ルネッサンス革命～』
- 内閣府. 2003. 『ソーシャル・キャピタル：豊かな人間関係と市民活動の好循環を求めて』
- 馬頭忠治·藤原隆信. 2009. 『NPOと社会的企業の経営学』ミネルヴァ書房
- 丸山真人·内田隆三編. 2004. 『「資本」から人間の経済へ』新世社
- 農林水産政策研究所. 2020. 『食料品アクセス困難人口推計結果』
- 姜乃榮. 2008. 『中間支援組織の担う協働型ローカル・ガバナンス促進機能に関する研究』
- 姜乃榮. 2021. 『都市農業と自治体』. 月刊自治研12月号

7장

지속가능성과 ESG: 당신이 몰랐던 사회문제 해결의 비밀

김종혁
ORIGIN DESIGN (주) 대표

1. 지속가능성과 ESG는 현실적인 이야기일까?

1분 만에 읽는 지속가능성과 ESG의 변화

2000년대에 들어서면서 CSR(기업의 사회적 책임)이라는 개념이 부상했다. 기업은 단순히 이윤을 추구하는 조직이 아니라, 사회적 책임을 수행해야 하는 존재라는 인식이 자리 잡았다. 하지만 여기에도 한계가 있었다. CSR은 종종 기업 이미지 제고를 위한 수단으로 전락하거나, 세금 문제를 회피하기 위한 자선과 기부 중심의 활동에 머물렀다. 기부는 이루어졌지만, 근본적인 사회적 책임의 변화를 만들어내는 데는 한계가 있었다.

2010년대에는 새로운 개념인 CSV(공유가치창출)가 등장했다. 이는 마이클 포터(Michael Porter) 교수가 제안한 개념으로, 사회적 가치와 경제적 가치를 동시에 추구하는 것이 가능하다는 내용을 담고 있다. 단순한 기부나 자선이 아닌, 비즈니스 모델 자체를 통해 사회적 가치를 창출할 수 있다는 것이다.

그리고 2020년대, 우리는 ESG라는 새로운 패러다임을 마주하게 되었다. ESG는 이전의 개념들과 어떻게 다를까? 가장 큰 차이는 '평가'에 있다. CSR과 CSV는 기업 내부의 자발적 노력과 평가에 초점을 맞췄다면, ESG는 외부의 객관적 평가에 기반한다. 기업이 스스로를 평가하는 것이 아니라, 사회가 기업을 평가하는 시대가 된 것이다. 국내외 기업은 지속성과 성장 가능성을 평가 받고, 그 결과에 따라 투자를 유치할 수 있다. 그리고 이 기업들과 거래하는 중소기업 역시 ESG 평가로부터 분리되어 있지 않다. 애플의 아이폰에 들어가는 작은 부품을 생산하는 기업조차 ESG를 준수해야 납품할 수 있다. 그렇기 때문에 ESG는 선택이 아닌 생존의 문제가 되었다.

변화는 이미 시작되었다

더 이상 "ESG를 해야 하나"가 아닌 "어떻게 해야 하나"를 고민하는 단계로 접어든 것이다. 이는 작지만 중요한 변화다. 지속가능성이라는 화두는 이제 우리 사회 곳곳에 스며들고 있다. 과거 대기업에게만 전속되었던 ESG의 의무는 이제 중소기업의 일상으로 자리 잡고 있으며, 기업의 과제였던 지속가능성은 지역사회의 화두로 확장됐다. 하지만 여전히 많은 사람들이 지속가능성의 개념과 ESG 실천 방법, 그리고 그 의미에 대해 혼란스러워한다.

이번 장에서는 이러한 질문에 대한 답을 찾아가는 여정을 다룬다. 특히 기업과 지역사회가 어떻게 협력하여 지속가능성을 실현할 수 있는지, 그 구체적인 방법과 사례들을 살펴볼 것이다. 당장의 이익만을 쫓는게 아닌, 지속가능한 미래를 위해 우리는 무엇을 할 수 있는가? 이 질문에 대한 답을 찾아가는 것이 목표다.

2. 우리가 보지 못했던 사회문제의 연결고리

단편적 해결책의 한계, 우리가 놓친 것은?

현대 사회를 한 단어로 설명한다면 '다중 복합 위기'의 시대다. 문제가 단일한 선상에서 발생하는 것이 아니라 다각적인 차원에서 발생하며 서로 복합적으로 연결되어 있고, 이는 매번 위기로 다가오고 있다. 양극화는 고착화된 시대적 문제로 자리 잡았다. 여기에 고령화, 인구감소, 지방소멸, 소득양극화, 주거불안정, 기후 위기와 같은 사회적 아젠다는 계속 유지되고 있다. 동시에 코로나, 이태원 참사와 같은 예측할 수 없는 일들은 일상을 비일상적 상황으로 몰아갔다. 이에 따라 일상의 평온함을 유지할 수 있는 사회적 회복력에 대한 대중적 공감대가 형성되었다. 지금의 시대적 상황에서 지속가능한 회복력을 만들기 위해 우리가 주목해야 할 것은 무엇일까.

'개체론적 사고'에서 '전체론적 사고'로의 전환

지금까지 우리는 사회문제를 마치 퍼즐 조각을 맞추듯 접근해 왔다. 하나의 문제를 발견하면, 그 문제만을 해결하려 한 것이다. 이것이 바로 '개체론적 사고'다. 예를 들어, 교통체증의 문제는 도로를 넓혀 해결할 수 있다. 주택 부족은 아파트와 같은 주택 공급을 늘리면 된다. 청년 실업은 일자리를 늘리면 해결되는 문제라고 생각할 수 있다.

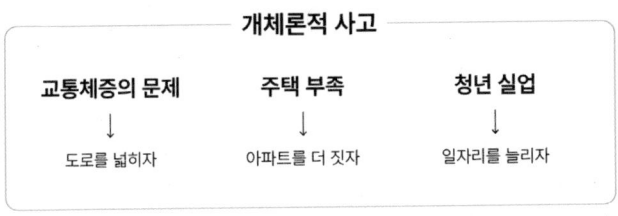

출처: 저자 작성

위 예를 얼핏 보면 합리적인 해결책처럼 보인다. 하지만 이런 접근은 종종 새로운 문제를 만들어낸다. 도로를 넓히면 더 많은 차량이 몰리고, 무분별한 아파트 건설은 도시 경관을 황폐화시키며, 단순한 일자리 창출은 질 낮은 고용으로 이어지곤 한다.

전체론적인 사고는 이러한 개체론적 접근의 한계를 넘어선다. 문제를 독립된 개체가 아닌, 상호 연결된 시스템의 일부로 바라보는 것이다. 교통체증의 문제를 단순히 도로를 넓히는 것으로 해결하는 게 아니라 직주환경의 문제, 보행동선 및 환경의 문제, 대중교통 수단과 직주환경과의 관계 등 다층적이고 다각적인 시선으로 바라볼 수 있다. 이러한 접근 방식은 우선적으로 해결해야 할 문제가 무엇인지 진단하게 하고, 여러 문제를 순차적으로 해결함으로써 근본적인 원인을 파악하고 지속가능한 해결책으로 나아갈 수 있게 한다. 문제와 해결책이 서로 어떻게 영향을 미치는지, 어떤 시너지나 부작용이 발생할 수 있는지를 미리 예측하고 설계하는 것이 가능하다. 이는 마치 생태계를 이해하는 것과 같다.

하나의 종을 보호하기 위해서는 그 종이 살아가는 전체 생태계를 이해하고 보호해야 하는 것처럼, 사회문제도 전체 시스템 속에서 이해하고 해결해야 한다. 이러한 전체론적인 접근은 단기적으로는 더 복잡하고 어려워 보일 수 있다. 시민이 아닌 정책을 설계하고 의사결정을 해야 하는 위치에 있을수록, 더 높은 정책 의사결정을 할수록 이러한 시선과 통찰력이 장기적으로는 더 지속 가능하고 효과적인 해결책을 만들어낼 수 있다. 이것은 우리가 사회문제를 해결하려는 근본적인 목적과도 같다.

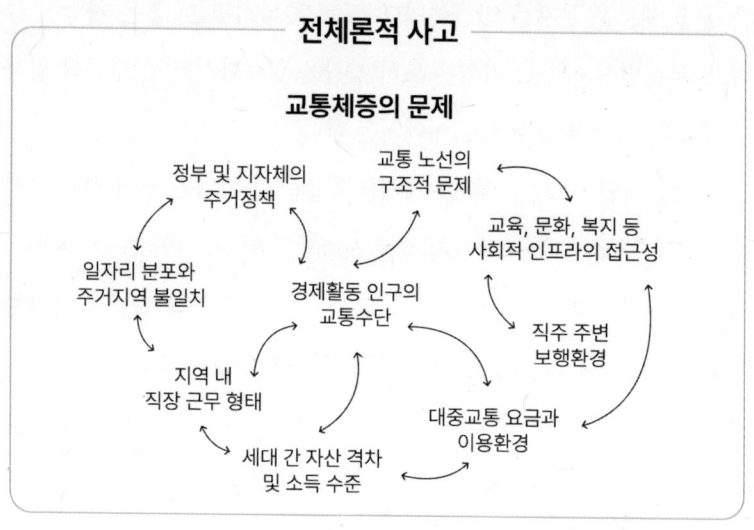

출처: 저자 작성

3. 지속가능성으로 해결하는 사회문제

국민이 말하는 우리나라의 사회문제

2024 대한민국 사회문제 Top 30

No	테마	이슈	현재 임팩트		미래 임팩트		난이도
1	사회	투명하지 못한 정부 운영(정부 신뢰 하락)	100	-	96	▲3	26
2	경제	소득 양극화 심화(부익부 빈익빈)	99	-	100	▲4	66
3	사회	일·생활 불균형(일·가정 양립 불가능, 긴 근로시간)	98	-	86	-	90
4	환경	폭염·한파 증가	97	▲7	94	▼5	24
5	사회	개인정보 유출 및 사생활 침해 증가(사이버범죄 및 온라인 성범죄 증가 등)	96	-	95	-	2
6	경제	집값 불안정(전셋값 폭등 등) 및 주거부담 증가	95	▼2	98	▲11	3
7	사회	복지 수요에 비해 부족한 복지(복지 정책 및 제도 부족)	94	▲1	90	▼2	71
8	경제	가계부채 증가	93	▼1	88	▲16	74
9	사회	이념·지역·정치적 갈등 심화	92	▲5	80	▼2	50
10	환경	지구 온난화	91	▲11	97	▼1	15
11	사회	학벌지상주의 및 학력/학벌 차별 관행	90	▲5	79	▼6	12
12	사회	저출생 문제	89	▲1	89	-	92
13	경제	경기침체 지속 및 금융산업 경쟁력 부족	88	▲4	82	▲7	52
14	경제	노인 일자리 및 노후대비 문제	87	-	99	-	1
15	사회	고령화 심화 및 생산가능인구 감소	86	▲3	87	▼3	19
16	사회	공교육 붕괴 및 사교육 심화	85	▲3	74	▼10	83
17	경제	청년 일자리 부족	84	▼8	81	▲27	63
18	경제	대기업/중소기업 임금격차 및 중소기업 인력난	83	▼12	65	▲3	81
19	환경	대체 에너지 개발 기술 부족(친환경 미래 에너지 발굴 부족)	82	▼4	91	▼6	92
20	경제	어려운 재취업	81	▲5	84	▲13	84
21	사회	세대/연령간 갈등 및 격차 심화	80	▲2	92	▼2	53
22	사회	노인 빈곤 심화 및 불안정한 노후생활	79	▲2	93	▲2	87
23	사회	결혼/출산/양육 친화적인 사회시스템 부족	78	▼13	72	▲10	19
24	사회	정서불안 및 자살 증가	77	▲7	66	▼1	92
25	사회	교육비 부담(비싼 등록금 문제 등)	76	▼5	76	▼3	65
26	사회	성범죄(성폭력 사건 등) 증가	75	▼9	47	▲5	31
27	환경	플라스틱 등 일회용품 사용 및 생활 폐기물 배출	74	▼5	77	-	14
28	사회	도시 인구 집중 및 지방소멸	73	▲8	59	▲5	33
29	환경	환경 및 기후변화 인식 부족	72	-	63	▼1	24
30	사회	재난 사고 및 대응 부족	71	▲4	73	▼7	36

출처: 사회적가치연구원, 2024, 『2024 한국인이 바라본 사회문제』

사회적가치연구원과 트리플라잇이 발간한 '2024년 한국인이 바라본 사회문제'의 2024 대한민국 국민이 뽑은 사회문제 상위 30개*를 보면 지금 우리 사회의 문제에 대한 시대적 감수성을 확인할 수 있다. 소득, 경제활동, 기후변화, 주거 등이 주요 상위 항목을 구성하고 있다.

앞서 언급된 키워드를 요약하는 단어는 '생계'다. 생계는 살림을 살아 나갈 방도를 뜻하며, 이는 일상의 평범함이 불안함에 휘둘리지 않고자 하는 마음을 반영한다. 또한, 이는 일상의 회복과 지속가능성이 필요한 시대적 상황을 보여주는 데이터다. 그렇다면 국민은 이러한 사회문제를 어떻게 해결하기를 원하고 있을까?

국민은 사회문제 해결을 위해 가장 필요한 방식으로 '정부 주도의 기업 및 시민과의 협력을 통한 사회문제 해결'을 선택했다.** 이 결과는 사회가 가진 문제에 대한 주도적인 역할을 정부가 하되, 기업과 시민의 적극적인 참여가 필수적이라는 사회적 인식을 반영한다고 볼 수 있다.

그렇다면 정부와 기업은 사회문제를 지속 가능하게 해결하기 위해서 어떤 방식을 선택하고 있을까? 그 전에 정부와 기업이 추구하는 지속가능성을 이해한다면 왜 기업과 정부가 사회문제 해결의 적극적인 주체로 요구되고 지속가능성을 실천해야 하는지 알 수 있다.

---

*   사회적가치연구원. 2024. 『2024 한국인이 바라본 사회문제』. 11쪽.
** 사회적가치연구원. 같은 책. 55쪽

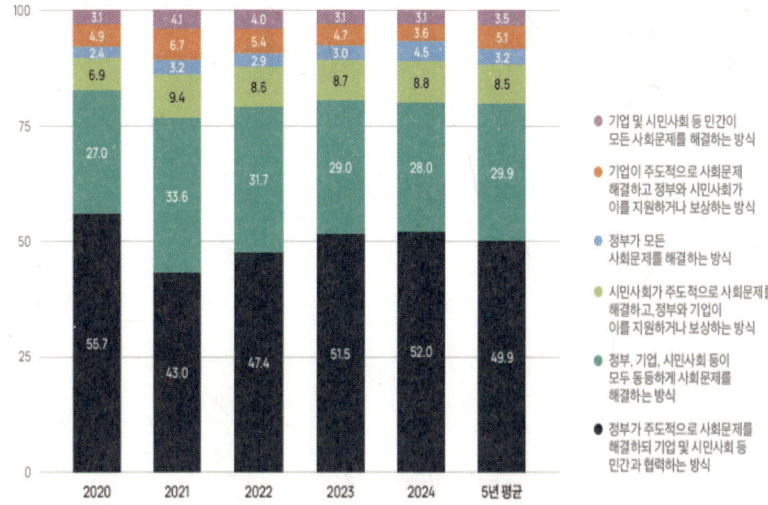

2020년~2024년 국민이 선정한 사회문제 해결 방식

단위: %(선택비율)

출처: 사회적가치연구원, 2024, 『2024 한국인이 바라본 사회문제』

정부(지방자치단체)와 기업이 추구하는 지속가능성

국민은 사회문제를 해결하기 가장 어려운 이유로 '기업, 정부, 시민사회 등의 협력의 어려움'을 선정했다.* 왜 협력이 안되는 것일까? 이는 모두 각자가 다른 방향을 바라보고 있기 때문이다. 우리가 말하는 지속가능성이란 단어에 대해 지방자치단체와 기업 사이에서 어떤 차이

---

* 사회적가치연구원, 같은 책, 54쪽

점이 존재하는지, 몇 가지 이유를 통해 알 수 있다.

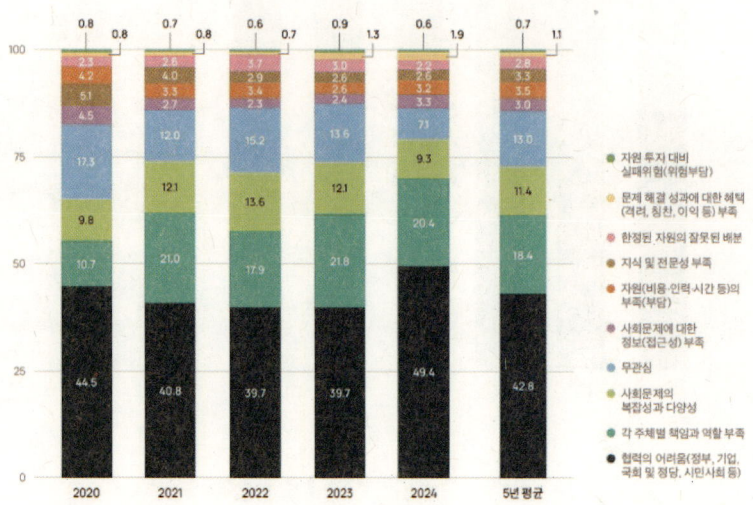

출처: 사회적가치연구원. 2024. 『2024 한국인이 바라본 사회문제』

첫째, 지방자치단체와 기업은 서로 다른 지속가능성을 추구하고 있다. 지속가능성에는 두 가지 측면이 존재한다. 중앙정부 및 지방자치단체가 추구하는 지속가능성의 개념이 있고, 기업이 추구하는 지속가능경영의 개념이 있다. 이 둘은 유사해 보이지만 엄연히 다른 방향을 지향한다. 정부 및 지자체가 추구하는 지속가능성은 SDGs의 목표를 기반으로 하며, 이에 맞는 별도의 평가 체계가 기초단위의 지자체부터 국가를 넘어 UN 기구까지 일관되게 연결, 체계화되어 있다. 이와 달리 기업의 지속가능성은 SDGs의 평가 체계와 다른 국내외 기관이 수립한 ESG 평가 체계를 통해 평가 및 측정된다.

즉, 기업과 지자체는 서로 다른 지속가능성의 지표로 평가받고 활동하고 있다는 뜻이다. 하지만 모든 측면에서 다르지는 않다. 일부 상호 교차점이 형성되는 영역이 존재하고, 이 영역에서는 지속가능성이란 주제를 바탕으로 다양한 협력이 이루어지기도 한다. 이 지점과 맥락이 어떤 것인지 이해한다면 기업과 지자체가 상호 이익적인 지속가능성을 실천할 수 있는 방법을 찾아낼 수 있다.

지방자치단체와 기업의 지속가능성 추구 방식 차이

출처: 저자 작성

둘째, 지방자치단체와 기업은 각자만의 방식으로 지속가능성을 실천한다. 지방자치단체 는 각 기관이 관할하는 지역사회의 SDGs 실천과 정책 집행을 통해 지속가능성을 실천한다. 지방자치단체의 지속가능성은 정책사업과 제도를 통해서 사회적인 기능을 유지하 는 역할을 하고 있는 것이다. 반면, 기업은 각 기업별 업종과 비즈니스 특성에 맞는 ESG 항목을 구성하여 이를 실천하고, 지표 평가를 통해 지속가능성에 대한 대외적 평가를 받는다. 또한 기업의 ESG 평가 항목에는 기업이 소재한 지역사회의 문제에 참여 하고 기여하고 있는지에 대한 여부가 포함된다. 이는 지역사회 내에서 경영하고 있는 기업이 가용할 수 있는 자원(자본, 제품, 기술 등)을 통해 사회적 책임을 수행하는 형태로 지속가능성을 실천하도록 유도하는 역할을 한다. 두 주체는 서로 다른 방식으로 지속가능성을 실천하지만, 모두 지역사회라는 공간적 대상을 중심으로 각자의 위치에서 사회적 역할을 수행한다는 공통점이 있다. 그럼, 지방자치단체와 기업은 과연 어떤 방식으로 하고 있을까?

K-ESG 가이드라인 진단항목

영역	범주	분류번호	진단항목
사회(S) (22개 문항)	목표	S-1-1	목표 수립 및 공시
	노동	S-2-1	신규 채용 및 고용 유지
		S-2-2	정규직 비율
		S-2-3	자발적 이직률
		S-2-4	교육훈련비
		S-2-5	복리후생비
		S-2-6	결사의 자유 보장
	다양성 및 양성평등	S-3-1	여성 구성원 비율
		S-3-2	여성 급여 비율(평균 급여액 대비)
		S-3-3	장애인 고용률
	산업안전	S-4-1	안전보건 추진체계
		S-4-2	산업재해율
	인권	S-5-1	인권정책 수립
		S-5-2	인권 리스크 평가
	동반성장	S-6-1	협력사 ESG 경영
		S-6-2	협력사 ESG 지원
		S-6-3	협력사 ESG 협약사항
	지역사회	S-7-1	전략적 사회공헌
		S-7-2	구성원 봉사참여
	정보보호	S-8-1	정보보호 시스템 구축
		S-8-2	개인정보 침해 및 구제
	사회 법/규제 위반	S-9-1	사회 법/규제 위반

출처: 산업통상자원부, 2024, 「K-ESG가이드라인 v2.0」(36쪽)

전 세계에 매장을 둔 스타벅스만의 ESG모델

지역사회와 협력한 기업의 ESG 경영의 사례로 스타벅스가 있다. 스타벅스는 프랜차이즈 매장을 운영하는 글로벌 기업으로, 전 세계 여러 나라의 지역사회에 매장을 두고 있다. 스타벅스는 이 점을 기업의 ESG 경영 전략으로 삼아 스타벅스 커뮤니티 스토어라는 매장을 전 세계에 오픈하고 있다. 이 매장은 수익금을 지역사회에 환원하는 이익공유형 매장으로 단순한 이익 기부와는 조금 다르다. 이 모델은 지역사회, NGO, 스타벅스가 함께 지역사회에 일자리 창출, 공익적 지원 등의 목적으로 매장을 배치하는 형태다.* 우리나라에도 8개의 커뮤니티 스토어가 있으며, 매장별로 역할이 모두 다르다. 대학생 교육지원, 국가유공자 후손 지원, 장애인식 개선, 자립 준비 청년 지원 등 매장마다 역할을 지정하고 지원 범위와 규모 확장을 지속적으로 추진해 나가고 있다.

국가유공자, 장애인 고용 등을 지원하는 스타벅스 커뮤니티 스토어

출처: Starbucks Korea**

이를 통해 매장이 운영되는 동안 지역사회에 경제적, 문화적 가치를 지속적으로 생산한다. 이익공유형 지원과 더불어 매장을 통해 연결될 수 있는 다양한 접점을 활용하면서 확장해 나가고 있다. 원두팩 재

---

* 스타벅스 커뮤니티 스토어, https://www.starbucks.co.kr/responsibility/community_store.do, 2024-12-29 검색.
** 스타벅스 커뮤니티 스토어, https://www.starbucks.co.kr/responsibility/community_store.do, 2024-11-25 검색.

활용 사업을 지역 일자리와 연계하거나, 포용적 디자인이 적용된 매장을 조성하여 장애인들의 편의를 제공하기도 한다. 스타벅스 커뮤니티 스토어는 매장 운영에 의한 지역사회의 환경피해를 줄이고, 매장 이익을 지역사회 기여로 전환하고, 지역사회의 일자리를 창출하고 이들의 미래를 지원했다. 스타벅스의 커뮤니티 스토어 모델은 지역사회를 매개로 사회문제를 해결하는 기업의 ESG 경영 모델의 대표적인 사례로 꼽힌다. 이 형태는 각 지역사회의 특성에 맞게 확장해 나갈 수 있다는 점에서 더욱 주목받고 있다.

스타벅스 커뮤니티 스토어 운영 방식

출처: 저자 작성

지역소멸을 막는 신안군의 지속가능한 정책과 제도

그렇다면 지방자치단체는 어떻게 지속가능성을 실천할까? 전라남도 신안군은 재정자립도 6.4%, 60세 이상 인구 비율 47.5%를 가지고 있는 섬 지역이다. 부산의 재정자립도 40%와 비교하면 현저히 낮은 수준이며 재정적인 역량도, 지역을 이끌어갈 경제 인구도 부족해진 상황이다. 지역 소멸에 대응하고 지속 가능한 지역경제를 형성하기 위해 신안군은 '바람 연금'과 '햇빛 연금'이라는 '개발이익공유제도'를 도입했다.*

신안군은 풍력발전과 태양광발전을 조성해서 얻는 이익의 30%를 주민에게 되돌아가도록 조례를 제정했다. 주민들은 지역 조합에 1만 원을 내고 가입을 하게 되면 발전시설과의 거리에 따라 가중치를 산정해서 배당금을 받는다. 2년 동안 75억 원이 주민들에게 돌아갔고, 한 가구당 분기별 최대 423만 원이 지급되었다. 신안군은 이 제도를 인구정책과도 연결하여 40세 이하는 전입 시 100%, 50세 이하는 1년 후 배당금 혜택을 받을 수 있도록 했다. 그 결과 신안군의 인구는 감소세에서 증가세로 전환되었다. 2028년이 되면 신안군 주민은 1인당 월 50만 원의 '햇빛바람 연금'을 받을 수 있을 것으로 예상된다.

이 제도의 특징 중 하나는 배당금을 지역화폐로 제공해 지역 내에서 소비될 수 있도록 한 점이다. 불안정한 지역 주민의 소득 안정성을 확보하고 이 소득이 지역경제로 순환될 수 있도록 구조를 만들었다. 실제로 첫 배당금이 지급된 뒤 지역 마트 매출액이 20% 이상 늘었다.

태양광도 이와 마찬가지로 배당금 제도를 운영하고 있다. 지방자치

---

* 희망제작소, 〈활동/소식〉 '햇빛 연금' '바람 연금'… 신안의 개발이익공유제(2023-08-01), 2024. 12. 11 검색.

단체는 제도적인 기능을 적극 활용해서 지역의 정주안정과 선순환을 만들어내는 행정력을 통해 지역사회의 지속가능성을 실천하고 있다.

햇빛 연금을 수령하는 신안군 지역 주민

출처: 신안군청; 연합뉴스, 2022-01-25, '햇빛 연금 1년의 기적' … 신안섬에 청년이 온다.

그렇다면 앞서 말한 국민이 바라는 지방자치단체, 기업, 시민사회가 함께 지속가능성을 위해 사회문제를 해결할 수 있는 방법에는 어떤 것이 있을까.

4. 협력을 통한 지속가능성과 ESG

전략사업과 비전략사업으로 나뉘는 기업의 사회적 활동

기업의 사회적 활동은 크게 두 가지로 구분할 수 있다. 하나는 단순한 자선 및 기부 활동인 비전략사업이고, 다른 하나는 기업의 비즈니스와 연계해 전략적 목표와 함께 추진하는 전략사업이다. 전략사업의 경우 계열사 기업, 비영리단체, 지방자치단체 등과 협력하여 기업의 자원(제품, 서비스, 자본, 기술 등)으로 공익적 가치를 생산하는 활동을 전개한다.

비전략사업의 경우는 순수 자선 및 기부활동의 형태로 기업의 전통적인 신념과 정책에 따라 추진되는 활동이다. 그렇기 때문에 다양한 협업을 통한 사업 추진보다는 적은 금액으로라도 오랜 기간 지원할 수 있는 후원의 형태를 갖춘다. 결식아동의 비용지원, 저소득 계층의 장학금 지원 등이 비전략사업의 예시가 될 수 있다. 반면에 전략사업의 경우에는 기업의 비즈니스와 전략적으로 연계할 수 있는 파트너십 기반의 사회적 활동 사업을 추진한다. 예를 들면 부안군과 포스코이앤씨가 협력해 생물다양성이라는 지속가능발전 및 ESG 공동목표를 달성하기 위해 갯벌에 염생식물 군락지를 만들어 블루카본을 조성하는 사업이 있다. 이는 갯벌의 사유화와 개발을 억제하고 탄소를 흡수해 기업의 탄소배출을 저감하기 위한 지역사회 활동이 되는 것이다.

기업의 사회적 활동(CSR, ESG) 사업의 성격 구분

출처: 저자 작성

지방자치단체는 기업의 지속가능경영을 위한 활동 형태 중 전략사업 모델에서 지역사회를 중심으로 다양한 협력 모델을 모색할 수 있다. 지방자치단체가 정책과 제도라는 행정력을 통해 지역사회 문제를 해결하고자 할 때 기업의 비즈니스를 연계한다면 지속 가능한 사회문제 해결 모델을 만들어 낼 수 있다.

기업과 함께 사회문제를 해결하기 위한 방법

ESG는 단순한 평가 기준이나 규제가 아니다. 이는 우리 사회의 회복력(Resilience)을 높이기 위한 도구가 될 수 있다. 그렇다면 기업이 지역사회에서 지방자치단체와 협력해 ESG와 CSR 경영 활동의 전략사업 모델을 구축하는 방법은 어떤 것들이 있을까? 최근에는 ESG와 지속가

능성을 위한 사회문제 해결 모델을 만드는 프로젝트가 진행되고 있다. 이 사회문제 해결 모델은 기업, 지자체, 비영리 조직이 함께 만나 사회문제를 해결하는 형태다. 지역사회를 대상으로 CSR, ESG경영을 실천하고자 하는 대기업, 해당 지역사회의 문제를 정책과 제도로 해결하고자 하는 지방자치단체, 이런 사회문제에 관심이 있고 함께 해결하고자 하는 비영리 조직과 함께 사회적 문제를 해결하고 있다.

각 주체별 역할을 정리하면 이렇다. 첫째, 기업은 가용할 수 있는 기업의 제품, 기술, 자본 등을 활용해서 사회문제 해결을 돕는다. 둘째, 지방자치단체는 사회문제를 해결하기 위해 정책사업 편성, 관내 관련 공공기관 협조 지원, 관할 지자체 소유 시설 및 부지 이용 지원 등의 행정적 지원을 한다. 셋째, 비영리조직은 이런 사회적 문제를 해결하기 위해 후원금 모금, 후원기업 유치, 사업 운영지원 등을 한다. 이렇게 각 주체별로 사업의 역할을 수행하며 사회문제를 해결하지만, 이것은 이상적인 모습에 가깝다. 실제로는 각 주체마다 서로 다른 언어, 다른 목적으로 운영되기 때문에 이들 사이에는 '번역가'와 같은 조력자의 역할이 필요하다.

기업 및 기관 협력을 통한 사회문제 해결 구조

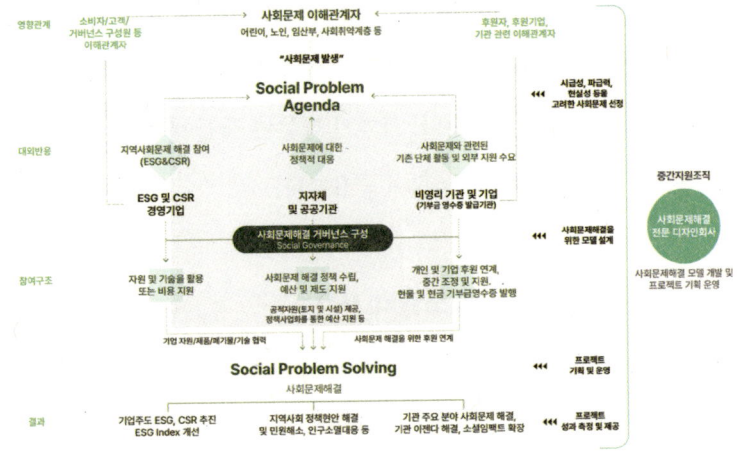

출처: 저자 작성

　기업은 공익도 중요하지만, 기업의 공익적 활동을 지속하기 위해 회사의 이익도 확보해야 한다. 지방자치단체는 지역사회의 정책현안을 해결하고 지역 주민의 안정적인 정주 여건과 삶의 질 향상이 중요하다. 비영리조직은 후원금과 후원자 및 후원기업의 기부목적에 맞는 기부금 집행과 사회공헌 활동의 성과를 확보해야 한다. 이런 각 참여 주체의 서로 다른 입장을 조정하고 이들 사이의 간극을 메울 수 있는 전문 중간지원조직의 백본(Backbone, 중추) 역할이 절실히 필요하다. 중간지원조직은 사회문제를 해결하기 위한 거버넌스 조직과 역할 분담, 사회문제 선정과 솔루션 개발 등을 전문적으로 수행하기 때문에 백본 역할을 하는 전문기업이 없다면 사회문제를 해결하는 과정에서 '책임의 모호함'이 생기게 된다. "지속가능성은 모두의 책임입니다"라는 말은 역설적으로 아무도 책임지지 않는 상황을 만들어낸다. 모두의 책임이 곧 누구의 책임도 아닌 것이 되어버리는 것이다. 실천을 위해서는 명확한 책임과 역할 분담이 필요하다. 그렇기 때문에 중간에서 사업을 리드하고 조정할 수 있는 전문적 역할이 중요하다.

새로운 사회문제 해결 모델의 시작

위 사회문제 해결 모델이 진도군에서 시작되고 있다. 진도교육지원청, 진도군 군내중학교, 월드비전, 아모레퍼시픽, 오리진디자인이 함께 인구소멸지역에 거주하는 트윈세대들이 겪는 이동과 성장의 제약을 극복하기 위한 프로젝트를 진행하고 있다. 트윈세대는 12~16세 아이들을 가리키며, 부모로부터 독립하면서 다양한 경험과 성장의 기회를 갖고 싶지만, 사회적으로 이를 제공받기 어려운 현실에 놓여있다. 그 중심에는 이동권이 있다. 하루에 몇 번 다니지 않는 버스, 어딘가 나가보고 싶지만 부모님의 차가 없이는 다닐 수 없는 상황. 이런 이동의 제약 속에서 아이들은 집과 학교에서 가장 많은 시간을 보내고 있다. 이동이 제한되고 질적 성장이 제약된 아이들에게, 이를 극복할 수 있는 경험과 기회를 제공하고자 한다. 사업의 참여 주체별마다 각자의 역할을 분담하여 수행하고 있다.

진도교육지원청과 군내중학교는 교과수업을 연계하여 아이들이 참여할 수 있도록 기관차원의 적극적인 지원을 하고 있다. 월드비전은 글로벌 아동 전문 후원 기업으로 아이들의 이동권을 개선을 지원하고 있다. 아모레퍼시픽은 뷰티라는 새로운 '업의 다양성'과 '미의식 함양'을 통한 아동 청소년의 성장교육프로그램을 제공한다. 오리진디자인은 이 모든 기관, 기업들과 함께 사업이 추진될 수 있도록 총괄 기획, 운영을 전담하며 사업을 수행하고 있다.

본 사업을 통해 아이들에게 자전거를 타고 버스터미널을 거쳐 목포, 광주, 부산, 서울까지 자신의 의지만 있다면 어떤 경험이든 성취할 수 있다는 믿음과 용기를 심어주고자 한다. 이를 통해 인구소멸지역에서 거주하는 트윈세대 아이들이 경험과 성장의 제약을 넘어설 수 있도록 돕고, 청소년 시기가 단순히 집에서 휴대폰에 갇혀 보내는 시간이 아니라 꿈을 발견하고 이를 향해 도약하는 의미 있는 시간이 되도록 하고자 한다.

이 프로젝트는 인구소멸로 인해 점차 사라지는 지역 대중교통과 사회적 인프라 속에서, 개인형 이동수단을 활용하여 시간과 공간의 자율성을 확장하고, 아이들이 자기주도적인 성장과 다양한 경험을 쌓을 수 있도록 개인 및 사회적 지지망을 구축하는 것을 목표로 한다.

5. 1% 시도가 만든 99%의 변화

빙산을 뒤짚을 수 있는 지속가능성의 힘

우리는 다시 몇 가지 질문을 던져볼 수 있다.

"우리가 말하는 지속가능성은 추구의 대상일까, 실천의 대상일까?"
"우리가 만들어가는 지속가능성은 정말 지속 가능한 방법일까?"

이 질문은 단순해 보이지만, 사실 가장 근본적인 질문이다. ESG와 지속가능성이라는 여정에서 그 결과를 어떻게 바라봐야 할까? 성과의 기준에 대해 고민해 봐야 한다. ESG 활동의 성과를 단순히 숫자로만 평가하는 것은 위험하다. 진정한 변화는 숫자로 쉽게 환산되지 않는 경우가 많기 때문이다. 아이들에게 "꿈이 생겼어요.", "꿈에 도전해 보려고 학원 다니기 시작했어요." 이런 변화는 어떤 숫자로도 온전히 표현할 수 없다. 이러한 질적 변화를 측정하는 방식을 Lean Data라고 한다. 이는 사업 수혜자의 삶의 질적 변화를 관찰하고 삶에 나타난 의미를 측정하는 것이다. 그렇기 때문에 정량적, 정성적 성과를 지속적으로 함께 가져가는 것이 중요하다. 또한, 이런 결과를 얻기 위해서는 인내심이 필요하다. 단 한 번의 사업으로 이상적인 변화가 나타나기 어렵다. 1년, 2년 사업의 지속성이 확보될수록 사업의 효과는 커지게 된다. 마치 바다에 잠긴 빙산이 시간이 지나 뒤짚히는 것처럼 우리는 지속가능성의 숨겨진 모습을 발견할 수 있다. 단기적 성과에 집착하다 보면, 오히려 장기적인 변화의 기회를 놓칠 수 있다. 그렇기 때문에 앞서 언급한 '우리가 보지 못했던 사회문제의 연결고리'에서처럼 진정한 문제가 무엇인지 들여다보고 전체론적 관점에서 전략적으로 풀어 나가는 것이 무엇보다 중요하다.

가벼운 연결이 만드는 새로운 미래

지속가능성과 ESG는 더 이상 선택의 문제가 아니다. 이제 우리에게 남은 것은 '어떻게'라는 질문뿐이다. 어떻게 실천할 것인가? 어떻게 문제를 해결할 것인가? 어떻게 더 나은 미래를 만들어갈 것인가? 이 질문의 답은 의외로 단순할 수 있다. '불가능성'보다 '가능성'에 집중하는 것이다. 사회문제는 어느 주체가 독립적으로 해결하기란 불가능에 가깝다. 그렇기 때문에 사회문제를 해결하는 다양한 주체들과 협력을 시도하는 것이 어쩌면 가장 쉬운 해결책이 될 수 있다. 완벽한 계획을 기다릴 필요도, 거창한 선언이 필요한 것도 아니다. 작은 실천을 나누고 함께 변화를 만들어가며, 작은 협력이 모여 새로운 미래를 만들어낸다. "미래는 예측하는 것이 아니라 만들어가는 것이다." 피터 드러커(Peter F. Drucker)의 이 말은 지금 우리에게 더욱 절실하게 다가온다. 지속가능성과 ESG는 대단히 다르고 멀리 있는게 아니라 우리 앞에 놓인 문제를 어떤 방법으로 해결하느냐에 대한 영역이었을지 모른다. 이제 방법을 알았다면 한번 도전해 볼만 하지 않은가? ■

8장

마을연금과 어촌공동체의 리질리언스

정재훈
한국농어촌공사 경기지역본부 농어촌계획부장

1. 어촌마을의 마을연금 도입 이야기

어촌마을은 오랜 세월 동안 자연과 사람이 공존(共存)하는 공간으로 자리해 왔다. 함께 어장을 관리하면서 공동으로 노동하고 분배하는 원칙 하에 어획물을 채취하고, 나누며 살아왔다. 그러나 빠르게 변화하는 사회와 환경 속에서 어촌마을 공동체도 끊임없는 도전에 직면해 왔다. 산업화와 도시화는 젊은 세대를 도시로 끌어갔고, 고령화와 기후변화, 이에 따른 경제적 불안정성이 어촌의 지속가능성을 위협해 왔다. 이러한 배경 속에서 만수동이라는 작은 어촌마을은 의미있는 해결책을 찾았다. 그것은 바로 바지락 생산을 기반으로 하는 '마을연금'이라는 제도의 도입이었다.

"어촌계장을 맡게 된 후 바지락 마을어장에 가보니 할머니들하고 젊은 분들하고 갈등이 굉장히 심하더라구요. 젊은 분들은 많이 캐는데 할머니들은 적게 캔다는 거죠. 정말 엄청 머라구 그랬어요. 가만히 생각해보니까 저 어장을 바지게하고 리어커를 사용해서 수십 년간 어장을 만들어 놓은 게 부모님 세대들이잖아요. 저도 여기서 59년을 쭉 살았으니 어장으로는 자주 나가보진 않았지만 내려다보이니까, 저희들도 어렸을 때 방학 때 오면 돌 실어다가 양식장 조성하고 했있는데 나이가 틀었나고 지탄받을 일이 아니잖아요. 그분들이 다 만들어 놨는데 그래서 안 되겠다 싶어가지구 마을연금 제도를 도입해야겠다 생각했어요" (태안군 고남면 만수동 어촌계장 인터뷰)

몇 년 전 마을연금 제도를 자체적으로 도입한 충남 태안군의 어촌마을 만수동은 몇 년 전 마을연금 제도를 자체적으로 도입했다. 내용을 들여다보면 일반적인 어촌마을의 현실을 간접적으로 살펴볼 수 있다. 인구 구조가 고령화되어 공동체 작업 효율이 떨어졌다. 작업량은 젊은 사람에게 더 배분되기 십상이다. 고령자의 경우 생을 마감할 때까지 거의 유일한 생계 수단이다 보니 바지락 생산 작업에 나올 수밖에 없다. 보통 마을 어장의 어획물과 그에 따른 수익은 수년 동안 이상 마을에 거주하면서 공동 작업에 참여한 주민(어촌계원)에게만 주어진다. 이 할머니들은 수십 년 동안 공동으로 어장을 관리하고 작업하고 수익 분배를 받아온 어촌계원이다. 녹록지 않은 경제적 여건 때문에 나이가 들었다고 이 권리를 포기할 수도 없다. 위 인터뷰 내용에는 없지만, 바다 갯벌이라는 공간에서의 공동 작업 시간은 사람이 아닌 자연이 결정하기 때문에 몸이 아플 때는 대신 작업하는 사람을 내보내기도 한다. 때로는 외부 노동자를 고용해서 일정 비율의 대가를 주고 대신 내보낸다. 임시로 작업에 나온 노동자들은 시간 안에 일정 무게만 채우다 보니, 상품성이 떨어지는 바지락을 채취하게 되고 캐지 말아야 할 작은 바지락까지 캐게 되어 어족자원의 고갈로 이어지게 된다. 보통 바지락은 개인 단위보다는 마을 단위로 팔려 가는 경우가 많은데, 상품성이 떨어지면 마을 전체의 바지락 가격이 하락한다. 이런 상황이 되다 보니 젊은 어촌계원 사이에서 불만이 터져 나온다. 어장은 환경적으로 피해를 보게 되면서 해마다 어족자원이 조금씩 줄어드는 결과를 낳는 상황에 놓이게 된다. 어촌계장은 고민에 빠진다. 어떻게 해야 어르신도 살리고, 공동체도 살리고, 어장도 살릴까?

2. 농어촌 지역의 노후 소득 보장제도

산업사회로 전환되면서 가족이 부모의 생활비와 의료비용을 부담하는 것은 점차 어려워지고 있기 때문에 노인에 대한 경제적 보장은 전적으로 국가의 사회보장제도에 의존하지 않을 수 없다. 세계은행은 사회보장을 요구할 수 있는 연령인 65세를 기준으로 65세 이상 인구 비율이 7% 이상이면 '고령화 사회', 14% 이상이면 '고령 사회', 20% 이상이면 '초고령 사회'로 분류한다. 통계청에 따르면 한국은 2000년(7.2%)과 2018년(14.3%) 각각 고령화 사회와 고령 사회에 진입했다. 통계청 기준 초고령 사회 진입 시점은 2025년 전반기로 예상된다. 이로 인해 노후의 삶을 준비하는 것은 개인뿐만 아니라 국가적으로도 중요한 문제가 되었다. 정부는 이를 해결하기 위한 대안으로 국민연금, 기초연금 등과 같은 공적연금을 통한 노후 소득 보장제도를 도입해 왔다.

국민연금

국민연금법은 1988년 시행되었지만 그 주요 대상은 10인 이상의 사업장(18-60세)이었고, 농어촌 지역은 1995년 7월에야 확대 적용되었으며, 5인 미만 영세사업장, 근로자 1인 이상 법인, 전문직종 사업장 포괄 등 보편적인 노후소득보장제도는 2003년이 되어서야 완성되었다. 농어촌 지역의 고령자의 경우 국민연금에 가입하여 납입할 수 있었던 기간이 20년도 채 안되었고 이마저도 수입이 일정치 않은 농어업의 성격상 가입률은 저조할 수밖에 없었다.

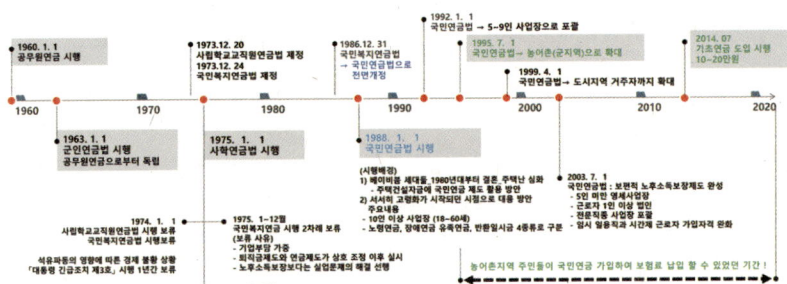

출처 : 저자 작성

국민연금제도는 일차적 사회안전망으로 대표적인 사회보장제도인데 가입자 측면과 수급자 측면에서 다음 그림과 같은 사각지대가 발생한다. 농어촌은 대부분 이 사각지대에 해당하며 2016년 기준으로 현재 80세 이상의 고령자들은 제도 시행 당시의 고령자로서 원천적 배제자에 해당한다. 2018년 기준 국민연금에 가입한 어업인은 1만 4천 명으로 전체 어가 인구(20~59세) 4만 6천 명 중 30.4%에 수준이라 한다. 어업인의 국민연금 가입 현황을 분석하면 2016년 22.7%, 2017년 26.4%, 2018년 30.4%로 3년간 점차 증가하고 있지만 국민연금 전체 가입률이 71%라는 점을 고려하면 사실상 어업인들은 이에 절반에도 미치지 못한 수준이다.

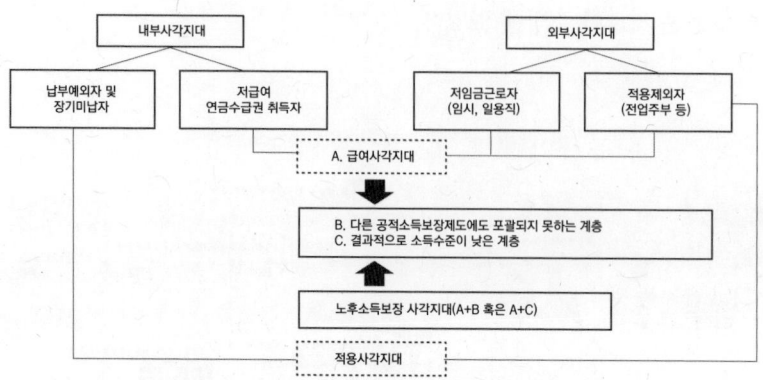

출처: 천득출. 2011. "국민연금제도의 사각지대 축소 방안". 서울시립대 석사논문

기초연금

    2014년 도입된 기초연금제도는 저소득층 노인이 빈곤에서 벗어날 수 있도록 정기적인 최소한의 소득을 보장해 주는 무기여 현금 급여 정책이다. 이는 노인에게 기초연금을 지급해 안정적 소득 기반을 제공하여 노인의 생활 안정 지원과 복지를 증진하고자 하는 데에 목적이 있다. 선정기준액은 기초연금 지급 여부를 결정하는 기준 금액으로 만 65세 이상인 사람 중 기초연금 수급자가 100분의 70수준이 되도록 매년 보건복지부 장관이 정하여 고시하는 금액이다. 보건복지부에 따르면 2020년 기준으로 일반 수급자의 기초연금액은 최대 월 254,760원이고 저소득수급자의 기초연금액은 최대 월 300,000원이다.

마을연금

도시 근로자와 비교해 일반적인 농어업인이 가입할 수 있는 연금의 종류와 여건을 다음 표와 같이 정리해 보았다. 농어촌 지역의 고령자가 받을 수 있는 공적연금은 최대 월 30만 원 수준의 기초연금과 일부 국민연금 수준이었다. 마을연금이 필요한 사회적 배경이라 할 수 있다.

일반적인 농어업인과 도시 근로자의 연금 가입 여건

구분		농업인	어업인	도시 근로자	특성
공적 연금	국민연금	◐	◐	●	2016년 기준 현재 80세 이상의 고령자들은 제도 시행 당시 고령자로 원천적 배제자에 해당
	기초연금	●	●	●	14년 7월부터 상위 30%를 제외한 65세 이상 대부분의 노인에게 20만 원의 기초연금 지급
사적 연금	퇴직연금	○	○	●	계절에 맞춰 특정 시기에 경제활동이 집중되는 농어업은 규칙적인 사업장의 성격이 아니어서 퇴직연금 조건에 해당 안 됨
	개인연금	○	○	◐	농어업인의 경우 보험료를 안정적으로 낼 수 있는 경제적 여건이 충분치 않음
마을연금		○	◐	○	공유재(마을 어장)를 소유한 어촌공동체가 마을연금 도입에 유리하며, 도시나 농촌의 경우 공유재와 경제공동체를 충분히 고려한 사업계획 필요

● 가입여건 좋음 ◐ 가입여건 보통 ○ 가입여건 불리

출처: 저자 작성

마을연금은 전형적인 연금 제도와는 다른 특성을 지닌 제도이다. 전통적인 연금 제도는 가입자가 일정 기간 동안 보험료를 납부하고, 그 대가로 노후에 일정액의 급여를 받는 형태로 운영된다. 하지만 마을연금은 전형적인 연금 제도의 틀을 넘어서서, 마을 공동체 단위에서 운영되는 비기여형의 기초연금 성격과 함께 일부 경제적 기여를 바탕으로 일정 부분의 수익을 배분하는 독특한 특성을 가진다. 마을연금은 기본적으로 마을사업을 통해 창출된 경제적 수익의 일부를 마을 단위에서 보험료 형태로 납부하는 방식이지만, 이 납부 금액은 불규칙적이고 불안정하다. 농어촌의 특성상 마을사업의 수익이 사회적, 경제적, 기후적 여건에 따라 달라지기 때문에 보험료 납부도 일정하지 않으며, 그로 인해 연금 급여의 지급도 불안정한 경향을 보일 수 있다.

이러한 제도적 특성에도 불구하고 마을연금은 마을 공동체의 지속적인 발전과 고령자에 대한 경제적 지원을 통해 노후보장 역할을 할 수 있다. 본문에서는 마을연금을 "마을 규모의 경제공동체 단위에서 일정 기간 동안 마을과 경제공동체 발전에 이바지한 어르신을 대상으로, 경제공동체의 정관이나 세부 규약에 따라 일정 부분의 수익을 배분하는 노후보장 제도"로 정의하였다.

국내 마을연금 도입 사례

마을연금은 2014년에 전북 정읍에 소재한 송죽마을인 농촌 마을에서 처음 시작되었다. 송죽마을은 모싯잎 판매 수익을 재원으로 하며 80세 이상, 20년 이상 거주자인 6명의 수혜자에게 연간 120만 원을 주면서 시작되었다. 경기 포천 장독대 농촌 마을에서도 체험 마을 운영 소득 등을 기반으로 70세 이상, 7명에게 연간 50만 원 규모의 실버사랑 연금을 지급하고 있다.

농어촌 마을연금 도입 사례

구 분	충청남도 태안군 만수동 어촌마을	전라북도 정읍시 송죽 농촌마을	경기도 포천시 장독대 농촌마을
마을인구	어촌계원 96명, 주민 126명	주민 63명	주민 81명
마을자원	바지락, 굴, 해삼, 꽃게	내장산 쑥모시	곶감, 누에, 장류
마을사업	바지락 양식(일본 수출)	쑥모시 떡집(영농조합)	농촌체험마을
도입시기	2016년 7월	2014년 1월	2018년 1월
연금 수혜자	18명 (80세 이상/장기입원환자/장애 판정자 등)	6명 (80세 이상/20년 이상 거주자)	7명 (70세 이상)
도입 성공요인	• 어촌계장 리더십 • 만수동 바지락의 상품성	• 초기 정읍시 행정지원 • 영농조합 대표 리더십 • 마을기업(모싯잎 떡)의 재정지원	• 마을 리더의 리더십, 함께하는 어르신 • 마을주민의 공감대
연금재원	• 마을양식장 바지락 총소득의 30% • 2018년 총소득 17억 3천	• 마을기업(떡집)이 모싯잎을 시장가보다 비싸게 사들인 그 차액 • 2018년 총소득 1억 5천	• 2020년 체험마을 운영 등 총소득 2억
연금규모	연간 300만 원(1인)	연간 120만 원(1인)	연간 50만 원(1인) (실버사랑연금)

출처: 저자 작성

농어촌 마을연금이 지속될 수 있는 재원 마련을 위해서는 공동 작업, 공동 분배의 경제공동체가 유리하다. 그러다 보니 공유재(마을 어장)와 경제공동체를 가진 어촌에서 마을연금 도입이 비교적 쉽고 충청남도는 이점을 활용하여 어촌마을을 중심으로 확산시키고 있다. 그러나 도시나 농촌의 경우, 우선 공유재를 확보하고 이를 바탕으로 한 경제공동체를 구성하기 위한 계획이 필요하므로 쉽게 확산되지 못하고 있다.

3. 만수동 어촌마을

조개무덤(선사시대~)

패총(貝塚)을 통해 바지락은 과거부터 현재까지 이 지역 사람들의 주요 생계 수단임을 알 수 있다. 만수동이 속한 고남면에는 패총박물관이 있다. 박물관 전시자료에 따르면, 패총은 주로 서해안(340개소, 56.5%)과 남해안(211개소, 35.2%)에 폭넓게 분포하며, 동해안(30개소, 5.0%)과 제주도(20개소, 3.3%)에도 일부 나타난다. 이는 갯벌과 같은 풍부한 해양 자원을 중심으로 한 선사시대 사람들의 생활양식을 보여주는 중요한 증거다.

패총(貝塚)은 조개 패(貝)와 무덤 총(塚)의 한자에서 알 수 있듯, 선사시대 사람들이 바다나 강에서 채집한 조개를 먹고 난 뒤 버린 껍질이 쌓여 형성된 유적이다. 특히 태안군 고남면에 위치한 고남리 패총은 신석기 시대와 청동기 시대의 유물이 층위를 이루며 발견되어, 두 시대의 문화적 연속성을 연구할 수 있는 귀중한 자료를 제공한다.

간척사업(1980~1995)

만수동 어촌마을은 서산 A, B 지구 간척사업으로 인해 급격한 변화를 겪은 지역 중 하나다. 간척사업은 해양과 인접한 지역의 지형과 생태계를 변형시키며 새로운 기회를 제공하기도 하지만, 동시에 환경과 사회적 영향을 동반한다. 서산 A, B 지구 간척사업은 1980년에 착공되어 1995년에 완공된 대규모 토목 사업으로, 주로 농경지 창출을 목표로 진행되었다. 간척사업은 어촌마을의 지형과 환경, 그리고 주민들의 삶에 미친 영향을 미쳤다. 간척사업의 긍정적인 측면으로는 농경지 확대를 통한 농업 생산성 증가가 꼽힌다. 그러나 그 과정에서 갯벌과 산림 면적이 감소하며 생태적 균형이 흔들리는 부작용도 발생했다.

서산 A, B 지구의 변화

① 1984년 12월   ② 1984년, 최종물막이   ③ 1995년 12월

①③ 출처: 구글어스 프로 위성사진(검색일 2025-04-21) ② 출처: 한국농어촌공사 내부자료

갯벌은 생물다양성을 유지하는 중요한 환경 요소로, 어촌 주민들에게는 생계 자원의 원천이었다. 갯벌의 감소는 지역 주민들의 전통적인 어업 활동을 위축시키고, 어촌 경제 구조를 변화시켰다. 특히 만수동과 같은 어촌마을에서는 갯벌 채취와 어업에 의존하던 주민들이 새로운 생계 수단을 찾아야 했다.

"바지락은 A, B 지구 막기 전에는 말도 못 했어요. 한사리는 15일인데 12일은 바지락을 캤어요. 더 할 수도 있었는데 여자들이 힘들다고 쉬자고 해서 그것만 했어요. 지금은 그때에 비하면 암껏도 아니에요. 그냥 주워도 지금보다 많았어요. 74년도인가 박정희 대통령일 때 저 위에 초등학교와 마을목욕탕을 저줬어요. 학생 수가 200명까지 됐었어요. 근데 방조제 이후 어장 환경이 변해서 수익이 주니까 많이 떠났죠. 그 뒤 IMF 터져서 힘드니까 다시 조금 들어왔어요."(마을주민)

외환위기 IMF(1997~2008)

만수동 마을은 IMF 외환위기 이후에 한 번 더 변화가 나타난다. 1997~2008년은 IMF 외환위기로 인해 국내 고용 환경이 급격히 악화된 시기로 당시의 인구이동 현상은 실질임금 및 취업 기회의 하락과 같은 도시지역의 경제 상황이 배출요인으로 작용하였고 농촌이동은 정책적으로 장려된 것이라기보다는 시대 상황에 따라 자연스럽게 이루어졌다.

"골목에 애기들 자전거들이 여러 대 있더라구요. 그러면 젊은 사람들이 산다는 얘기잖아요. 그래서 보니까 그 사람들도 도시에서 살다가 IMF 때문에 고향으로 다시 돌아온 거예요. 그분들 얘길 들어도 그분들 다신 다시 안 나간다고 하잖아요. 지금 다 여기 많아요. 우리 옆집도 있고..." (2003년 만수동 전입, 2003년 당시 마을에 정착한 사유 중 일부)

외환위기 IMF 관련 언론보도

인구소멸 고위험군(2011~2020)

만수동 마을이 속한 행정구역인 고남면의 인구 변화(2011~2020년)를 다음 그래프와 같이 인구 소멸지수와 인구 피라미드로 나타냈다. 2011년부터 이미 역삼각형 피라미드를 보이고 전체 인구는 감소하고 있으며, 소멸지수도 0.2이하인 고위험군에 진입해 있다.

태안군 고남면의 최근 인구 변화, 소멸지수와 인구 피라미드

구 분	전체 (명)	만 20~39세 여성인구(A)	만 65세 이상 고령인구(B)	소멸지수 (A/B)	비 고	
2011년	2,664	162	820	0.197	보통	1.0~1.5
2016년	2,624	131	895	0.146	주의	0.5~1.0
2020년	2,386	98	961	0.102	위험진입	0.2~0.5
					고위험	0.2미만

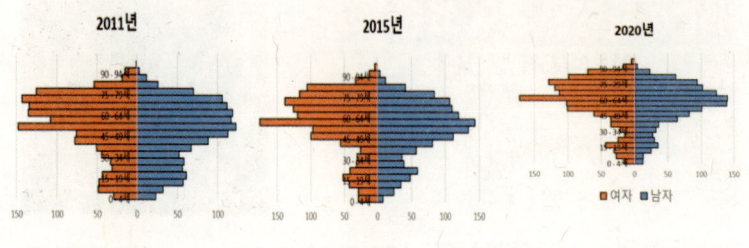

출처 : 저자 작성

4. 새로운 리더 선출과 마을연금 도입과정

만수동 마을의 변화는 2014년 6월 30일 신임 어촌계장의 선출과 함께 시작되었다. 만수동 출신인 신임 어촌계장은 어촌계장을 맡기 전까지 어업 활동을 거의 하지 않았다고 전해지며, 서산 B 지구 간척지에서 대규모 농사를 짓던 농업 전문가였다. 그는 부모님이 어업인이있음에도 마을 어장을 본격적으로 살피기 시작한 것은 어촌계장이 된 이후였다고 한다.

신임 어촌계장의 선출과 마을의 주요 변화

출처 : 저자 작성

"2014년 6월 30일부터 어촌계장을 맡기 시작했어요. 서로가 어촌계장을 안 할려고 하니까... 그냥 무기명 투표로 하게 됐어요. 그 정도로 어촌계장을 안 하려고 했어요. 저는 1년을 살아도 바다에 한두 번밖에 다니지 않았어요. 그래서 고민 끝에 남녀 5명씩 총 10명을 대의원으로 선출해 주면 어촌계장을 수락하겠다고 하고 임기를 시작했어요."
(어촌계장)

여기서 대의원 제도는 변화의 시작을 예고했다. 신임 어촌계장은 농업 분야의 대의원 활동 경력을 상기하여 만수동 마을의 어촌계 회의에 어촌계 대의원 제도를 도입했다. 농업 분야에는 농업인을 대표로 하는 대의원 제도가 있다. 중요한 회의 시 전부 모일 수 없으니 대의원들만 모여서 의사결정을 한다. 회의가 효과적이고 결정을 쉽게 내릴 수 있는 장점이 있다.

"1년에 두 번 정도의 어촌계 총회가 있는데, 70~80명 되는 전체 인원이 모여서 중요한 사항에 대한 안건을 내면 회의가 안 돼요. 다들 이렇다 저렇다 결론이 안 나더라구요.. 그래서 대의원 제도를 도입해서 중요한 사항에 대해선 대의원들끼리 충분히 검토하고 결정을 해서 어촌계 총회에서는 보고만 드리는 거로 했어요. 그래서... 대의원 제도를 도입 안 하면 저도 어촌계장을 안 한다고 했습니다. 그리고 대의원 제도에 대해서 잘 아는 전문가를 초청해서 총회에서 한번 설명회를 했어요. 그랬더니 취지를 보시고 허락 하시더라구요." (어촌계장)

마을연금 도입에 대한 안건은 2015년 6월 대의원 회의에서 정식 안건으로 논의된다. 도입 사유를 살펴보면 바지락 캐는 과정에서 발생하는 젊은 층과 노인들의 빈번한 갈등에 있었다. 노동력이 저하된 고령 어촌계원의 경우 본인 대신 바지락을 캐는 사람을 고용하면서 발생하는 바지락 품질 저하, 그에 따른 바지락 자원 고갈 문제였다.

"외지에서 파는(바지락 캐는) 사람을 사 오면 킬로 수만 빨리 채울려고 째끄만(작은 바지락) 것까지 다 캐서 채워버리니까 하다 하다 안돼서 사람 안 사고 이렇게 해보자 한 거죠." (마을주민)

만수동 마을연금 제도는 80세 이상 고령자, 장애인, 노동력을 상실한 어촌계원에게 마을 어장에서 생산된 바지락 공동 생산 금액의 30%를 배분해 1인당 연간 약 300만 원을 지원하는 어촌계 수익배분 방식의 하나이다.

만수동 마을연금 제도

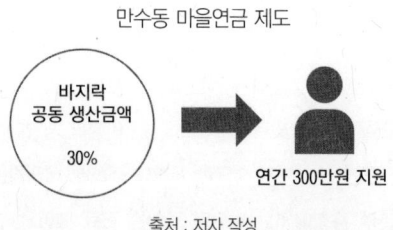

출처: 저자 작성

이 마을연금 제도를 도입하는 데에 초기에는 반대의견이 많았지만, 먼저 대의원들을 중심으로 충분한 공감대를 이끌어 냈고, 그 대의원들이 마을 전체를 이해시키며 난관을 헤쳐 나갔다. 또한, 신임 어촌계장이 반대하는 계원을 직접 찾아가 한 분 한 분 개인적으로 설득하는 과정도 여러 차례 거쳤다고 한다.

신임 어촌계장은 바지락의 상품 가치가 충분하다는 생각을 바탕으로, 좋은 상품의 바지락을 판매한다면 총 판매량은 감소하더라도 단가 상승으로 인해 총 수익의 손해는 없을 것이라고 판단하였다. 이에, 2015년 6월부터 12월까지 약 6개월간 마을연금 제도를 시범적으로 운영한 후, 본 제도를 정식적으로 도입할 것을 제안함으로써 계원들을 설득하였다. 시범 도입 이후, 6개월 동안 조업일수는 62일로 동일하였으나, 수입은 180만 원가량 상승하였다는 것을 입증할 수 있었다. 이에, 2016년 1월부터 마을연금 제도를 정식적으로 도입할 수 있었다.

"노인분들은 바다를 안 나가고 젊은 분들만 바다에 나가서 채취를 해가지구… 총 수입의 30%를 노인분들 주고 작업자에게 70% 주겠다고 했더니 저보고 미친 생각을 가지고 있다고 하더라구요. 그래서 수익은 지금부터 많이 발생할 것이다. 2015년 6월에 대의원 회의 시 12월까지 6개월만 한번(시행을) 해보고 수익이 정말 나는지를 보고 결정을 하자고 했어요. 만약 손해가 나면 계속하지도 않고 손해가 나는 만큼 제가 전액 부담하겠다고 했더니 대의원 전부가 바로 찬성을 하더라구요.

저는 자신이 있었어요. 정말로 수익은 증대됐어요. 왜 그냐면 바지락을 노인분들은 많이 팔려고 하다 보니까 자원이 고갈됐어요. 자원이 고갈되다 보니까 조그만 것을 파니까 일본으로 수출도 못 하고. 그래서 인제 연금제도를 도입하니까 할머니들이 안 나오

시니까 젊은 분들이 크게 파잖아요. (큰 것을 캔다) 바지락을 그래서 2,800~2,900원 받던 바지락을 크게 파서 일본으로 수출을 하니까 3,700~4,000원, 즉 1,200원 정도 더 받는 거예요. 그러니까 수익이 증대되겠죠. 6개월 해보니까 거의 호당 70만 원 정도 더 가져가는 거예요. 엄청난 돈이죠. 자원도 고갈되지 않고" (어촌계장)

5. 마을 어장과 공동체의 회복

마을 어장의 회복

농어촌은 인구 감소와 농어업의 계절적 영향에 따른 근로자 수급의 변동이 큰데, 어업 분야의 경우 조어철과 어패류 등 수산물의 한정된 수확시기에는 인력수급에 있어서 불균형을 초래한다. 또한, 이것은 임금 상승을 유발한다. 만수동 어촌마을도 마찬가지였다. 고령화로 인해 외부 노동력에 의존하다 보니 수익은 많이 감소하였고 또한, 이들은 상품성 좋은 바지락만 선별해서 채취하는 것이 아니라 하루치 물량만 빨리 채취하고 떠나기에 바빴다. 무분별한 바지락 채취로 어장이 황폐해졌다. 결국 마을 어장을 지키는 것은 스스로 해결해야 할 과제였고 마을연금이 그 과제를 푸는 역할을 했다.

마을연금의 도입으로 고령자들이 어업에서 은퇴할 수 있었다. 고령자나 이들을 대신하는 외부 노동자들이 작업하지 않자, 상품성 좋은 바지락만 골라 채취할 수 있었다. 물량의 증가보다 양질의 바지락을 채취하는 것이 작업의 목표가 되었다. 당연히 바지락 단가는 상승하였다. 외부 인력에 의존하지 않아 양은 줄었지만, 소득은 올랐다. 바지락의 상품성도 높아졌다. 다음의 그림과 같이 마을 어장을 반으로 나눴고 좌측과 우측을 격년제로 하여 휴식기를 가졌다. 그 결과 1년 동안 휴식기를 가진 한쪽 어장이 자연 치유되면서 상품성이 좋아진 것이다. 아울러, 새롭게 정착한 주민과 함께 월 1회 이상 어장 주변의 환경 정화를 하면서 마을 어장은 회복해 갔다.

마을 어장 휴식년제 기준

출처: 구글어스 프로 위성사진(2022년 5월), 검색일 2025-04-21

"저희는 어장 정화를 많이 해요. 근데 어차피 바다를 살려 놔야 깨끗하게 해야 그 후손들한테 물려주는데, 바다청소를 많이 하자고 하는데, 한 달에 두 번씩 꼭 해요. 폐기물이나 위에서 밀려오는 쓰레기가 너무 많기 때문에 힘들죠. 요즘은 귀어하신 분들이 굉장히 협조적으로 많이 하셨었는데 하두 자주하자고 하니까. 한 달에 한 번씩만 하자구 그렇게 지금 얘기를 해서. 좋다. 그럼 한 달에 한 번씩 하자 대신 깨끗이 하자." (어촌계장)

공동체의 회복

마을 어장에 마을연금을 도입한 지 1년 만에 문제가 발생했다. 마을이 점점 고령화되다 보니 일할 사람은 줄고 연금 수혜자는 늘어난 것이다. 2016년 6월 30일에 다시 대의원 회의를 열었다. 안건은 "만수동으로 귀어 귀촌하신 분들의 어촌계 가입 부담금 문제에 관하여 어촌계 진입장벽 낮추기"였다. 하지만 이때는 이에 대한 반대가 심했다고 한다.

"근데 인제 좀 전에도 말씀드렸다시피 수혜자가 많아지는 걸 걱정을 했어요. 근데 이렇게 주위를 보니까 귀촌한 분들이 몇 분이 있었어요. 그분들은 어촌계 가입을 안 시켜주는 거예요. 근데 그분들이 와서 뭔가 생활이 돼야 안가잖아요. 그래서 그분들 어촌계 가입을 시키자고 했더니 더 미친 소리라구 그래요. 그래서 제가 아줌마 한분 한분 찾아가서 아줌마 자제분도 전남이나 전북 어촌 쪽으로 가서 이 어촌계 가입 안 시켜주면 생활이 굉장히 어려울 것 아니냐? 입장 한번 바꾸어놓고 생각해봐라. 반대하는 아줌마들만 찾아갔어요. 찾아가서 뭐 간단해요. 여긴 시골이니까. 밭에 가서 혼자 괭이질할 때 트랙터 있으니까 쑥 들어가서 갈아주고 나오는 거예요. 그냥 그러구 저녁때 가서 얘기를 하는 거예요. 그렇게 했더니 그게 먹히더라구요. 그래서 2016년도 말에 4명을 정관 변경

해서 조건 없이 받아줘 가지고 가입비도 없이 작년까지 18명을 가입시켰어요. 그러다 보니까 젊은 분들이 바지락 가서 채취하니까 수혜자가 있어도 작업자가 더 많아지는 거잖아요."(어촌계장)

당시의 어촌계 회의록을 살펴보면 "당장은 불합리해 보일 수 있어도 (어촌계 가입 부담금을 낮추지 않을 시) 멀지 않아 얻는 것 보다 잃는 것이 더 클 것으로 생각된다. 우리 마을로 이주하는 사람들이 인력 감소 해결의 열쇠가 될 수 있다고 생각한다."는 취지의 대화가 오고 갔다. 고령화에 의한 마을의 위기를 인지하고 수용하는 내용이다. 어촌계 상위 규정인 어촌계 정관에 해당 내용을 반영하여 가입 조건을 변경하였고 결과적으로 2016년 4명을 시작으로 지금에 이르기까지 5년간 18명의 신규 회원이 유치됐다. 현재는 귀어 · 귀촌인이 마을 총인구의 19.2%, 총가구수의 28.5%를 이루고 있다.

이와 같이 신규 주민이 마을 인구의 약 20%를 차지함에 따라 이들을 위한 정착지원 프로그램이 도입되었다. 선주민과 신규 주민의 어울림 프로그램인 역량 강화, 선진지 견학, 마을계획의 수립과 귀어인의 정착을 위한 어업 관련 경험과 지혜를 공유하는 멘토 · 멘티 제도 등이 있다. 특히 신규 정착 주민에게 마을 리더로서의 역할을 과감히 부여했는데 폐쇄적인 어촌마을에서는 매우 이례적인 경우다. 대의원 구성원의 30%를 신규 정착 주민에게 할당했는데 이들 중 감사, 사무장을 임명하고 부녀회장도 귀어인이 맡게 되었다. 다른 어촌마을에서는 상상도 할 수 없는 일이다. 감사를 선주민이 하게 되면 잘못된 일을 서로 눈감

아 주는 폐단이 발생할 수 있다는 점, 신규 주민에게 역할을 부여함으로써 마을 소속감과 애착심을 고양할 수 있다는 점이 고려됐다.

만수동 어촌마을 공동체의 이러한 활동은 2019년 해양수산부가 주관한 전국 단위 "漁울림 마을 콘테스트"에서 대상을 수상하는 성과를 거두었다. 더불어 이러한 성과를 바탕으로 충청남도는 마을연금제도의 확산을 위한 정책을 수립하여 시행하였으며, 정책사업의 일환으로 "어촌계 진입장벽 완화지원 사업"의 평가 항목에 이를 반영하였다. 또한, 해양수산부의 어촌뉴딜사업과 어촌신활력사업 공모에서도 평가 항목으로 채택되었다.

6. 적응순환 이론의 적용과 만수동의 리질리언스

만수동 어촌공동체의 변화상을 적응순환이론(Adaptive Cycle)*을 적용하여 4단계로 표현할 수 있으며, 이를 통해 리질리언스 요소를 도출할 수 있다.

---

*   리질리언스 얼라이언스. https://www.resalliance.org/adaptive-cycle.

만수동 어촌공동체의 적응순환 과정

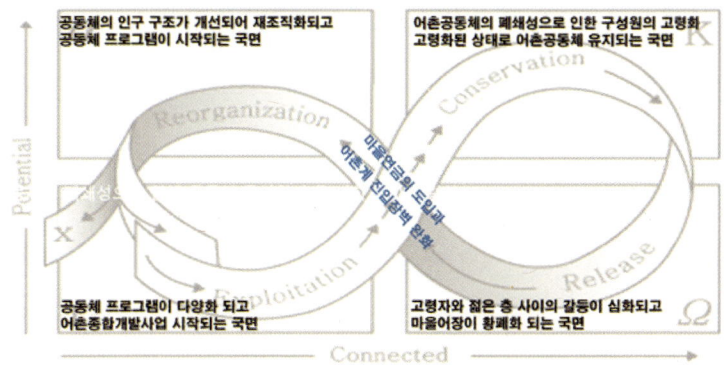

출처 : Gunderson & Holling(2002)이 제시한 적응주기를 바탕으로 저자가 재구성

만수동 어촌공동체의 적응순환 주기별 변화 양상

주기	년도	변화 양상 개요
r–K	1970~2014년	• 어촌공동체의 폐쇄성으로 인한 고령화, 고령화된 상태로 유지되는 국면
K–Ω	2015~2016년	• 어촌공동체 내 고령자와 젊은 층 사이의 갈등이 심화되고 마을 어장이 황폐해지는 국면
Ω–α	2016~2020년	• 어촌공동체의 인구 구조가 개선되어 재조직화되고, 공동체 프로그램이 시작되는 국면
α–r	2021년~	• 공동체 프로그램이 다양화되고 어촌종합개발사업 추진이 시작되는 국면

출처 : 저자 작성

적응순환 (r→K)단계

r에서 K로 이동하는 과정(r→K)의 경우, 어장의 입어권을 갖게 된

8장 299

어촌공동체가 폐쇄성으로 인해 공동체 구성원의 큰 변화 없이 점진적으로 고령화되어 가는 과정(Conservation)으로 분석된다. 이 주기는 (r→K)단계로, 1970년대부터 혁신적인 신임 어촌계장이 선출 전인 2014년까지로 설정된다.

1970년대에는 정부에서 만수동에 초등학교 분교와 마을목욕탕을 지어주었을 정도로 바지락 생산 위주의 어업 인구가 많았다. 당시 최대 학생 수가 200명에 달할 정도였다. 1980년대에는 간척사업의 시작으로 바지락 어장에 환경 변화가 발생하여 생산량이 감소함에 따라 많은 사람이 도시로 이동하였다. 1997년도에 IMF 외환위기가 발생한 이후부터 2008년까지는 도시로 떠났던 일부 주민이 다시 귀촌하였다. 2005년 1월 29일에 마을 어장 입어권을 가진 어촌계 정회원 43명으로 만수동 어촌계 설립되었으며, 이후 2014년까지 정회원 43명을 유지한 채 어촌계원은 그대로 고령화되었다.

적응순환 (K→Ω)단계

어촌공동체 내의 고령자와 젊은 층 사이의 갈등이 심화되고, 외부 노동자의 인건비 상승과 마을 어장 황폐화로 인한 수익 감소로 인해 공동체가 해체(Release)되는 과정으로 분석된다. 이 주기는 (K→Ω)단계로, 2015년부터 2016년까지 마을연금이 도입되는 시기이다. 2014년 6월 신임 어촌계장이 선출되었다. 신임 어촌계장은 곧바로 대의원 제도를 도입(남자 5, 여자 5명)하여 공동체의 의사결정이 빨라질 수 있도록 시스템을 보완하였다. 이 대의원 제도는 혁신성, 창의성, 제도 정비, 기존 공동체의 해체력, 신속한 자원활용, 추진력, 학습능력과 같은 리질리언스 요소를 강화시켜 마을연금제도를 신속하게 도입할 수 있는 단초가 되었다.

이 시기 고령화는 가속되었고, 고령자와 젊은 층 사이의 갈등이 심화되었다. 외부 노동자의 인건비는 상승하고 바지락의 상품성은 하락하였다. 고령자는 고된 바지락 작업 직후 병원 치료를 받는 일이 빈번해졌다. 마을 어장의 황폐화도 지속되었다.

2015년 6월, 마을연금제도가 대의원 회의에 정식 안건으로 제출되었다. 2015년 6월에서 12월까지 시범적으로 시행되었다. 시범 도입 결과는 성공적이었으며, 개개인의 수입도 증대되었다. 마을연금의 재원 확보와 분배의 공정성 및 투명성을 위해 외부노동자 없이 젊은 층을 중심으로 마을 어장에서 바지락 작업을 시작하였다. 또한, 바지락 작업 후 정확한 출석 체크를 위해 당일 참가자의 사진과 판매 금액을 2시간 이내에 문자로 전송하여 공동 작업 현황과 재정 흐름을 투명화하는 시스템을 구축하였다. 그 결과, 2016년 1월 마을연금제도가 정식 도입되었다. 마을연금은 혁신성, 창의성, 제도 정비, 포용성, 기존 공동체의 해체력, 사회적 자본 축적이라는 리질리언스 요소를 강화하는 데 기여하였다.

적응순환 (Ω→α)단계

마을연금과 이에 따른 어촌계의 진입장벽 완화는 어업 은퇴자들에게 사회적 안정감을 제공하고, 젊은층에게는 일자리를 제공함으로써 공동체 내 구성원의 변화를 촉진하였다. 이로 인해 공동체가 재조직 (Reorganization)화되는 과정을 거치게 되었으며, 이러한 주기는 (Ω→α) 단계로, 마을연금이 정착된 2016년부터 2020년까지로 분석된다.

마을연금 도입 후 연금 수혜 대상자가 증가함에 따라 노동 인력은 감소하였다. 젊은 노동력 확보를 위해 2016년 6월 30일 어촌계 가입 장벽 완화 안건을 골자로 하는 대의원 회의를 진행하였다. 점차 증가하는 마을연금 재원을 마련하고, 귀촌한 젊은 층이 지역에 정착할 수 있도록 일자리 제공의 기회로 활용하였다. 진입장벽 완화 내용은 거주기간은 1년, 가입비는 1만 원으로 매우 파격적이어서 극심한 반대가 있었으나, 어촌계장이 반대자들을 1:1로 설득하며 이를 관철시켰고, 결국 어촌계 정관이 변경되었다. 2016년 이후 5년 동안 18명의 신규 어촌 계원이 가입하였다. 진입장벽의 완화 또한 포용성, 제도정비, 혁신성, 창의성, 기존 공동체의 해체력과 같은 리질리언스 요소를 강화하였다.

2016년도에는 77번 국도 및 원산안면대교 공사가 시작되면서 마을 어장에 펄이 쌓이기 시작하였다. 이를 해결하기 위해 바지락 서식 환경을 개선하기 위한 모래 살포, 어장 휴식년제와 어장 관리선 도입, 정기적인 바다 정화 활동 등의 어장 관리 활동이 이루어졌다. 또한, 신규 주민과의 어울림 프로그램이 운영되었다. 주요 프로그램으로는 멘토-멘티 제도, 만수동 작은학교, 신규 주민의 재능기부 활동, 독거노인 사랑의 김치 나누기 등의 나눔 행사, 만수동 사진전, 마을 꽃길 조성 등이 있다. 신규 주민에게도 마을 리더의 역할을 부여하였다. 어촌계 대의원, 감사, 사무장, 부녀회장과 같은 중요한 역할이다. 이러한 성과로 인해 2018년에는 해양수산부 주최의 전국 바다가꿈 콘테스트에서 우수상을 수상하였고, 2019년에는 전국 어울림마을 콘테스트에서 대상을 수상하였다. 충청남도에서는 마을연금 제도가 어촌계 진입장벽 완화 지원사업 평가 항목으로 반영되었으며, 현재까지 만수동을 시작으로 6개의 어촌마을이 마을연금을 도입하였다.

적응순환 (α→r)단계

도로 확장, 교량, 터널 건설 등에 따라 대도시에서의 접근성이 개선되었으나, 장대교량 하부의 교각으로 인해 마을 어장 환경이 일부 악화되었다. 신규주민 유입으로 재조직된 어촌공동체 중심으로 어촌체험마을 프로그램의 개발, 수익사업을 위한 농수산물 꾸러미 개발, 독거 노인의 증가에 대비하여 고령자 공동생활 홈의 기능을 추가한 마을회관의 복합기능화 등 어촌종합개발사업이 시작된 단계이다. 이 주기는 (α→r) 단계로, 2021년 이후 마을연금 유지기이다.

마을회관을 복합 커뮤니티 공간으로 전환하는 계획을 마련하였다. 독거노인의 증가에 따라 공동생활 홈과 커뮤니터의 역할을 병행할 수 있는 공간으로 조성할 예정이다. 걷고 싶은 해변 산책로 조성 계획과 해변가 쉼터 조성 계획이 마련되었으며, 부잔교와 회전교차로 등 안전개선 사업도 계획 중이다. 공동체 어울림 프로그램의 다양화를 위해 노력하고 있으며, 장대교량 건설로 인한 어장 환경 손실로 발생하는 경제적 피해를 보전하기 위해 농산물과 수산물의 꾸러미 사업을 시작하였으며, 어촌체험마을 운영계획도 고민 중이다. 수산물 꾸러미 사업의 경우 총수익의 20%를 마을 기금으로 적립하고, 10%는 마을연금 재원으로 사용될 계획이다.

만수동 어촌공동체의 리질리언스

적응순환 이론을 통해 어촌공동체 시스템의 변화 양상과 그 이유를 살펴보면, 고령화와 어장 황폐화 문제는 어촌공동체의 리질리언스를 이해하는 데 중요한 열쇠가 된다. 또한 위기 대응 과정에서 여러 가지 관리와 개입이 언제, 어디에서 이루어져야 하는지를 살펴볼 수 있었다. 적응순환 이론의 단계별 위기와 변화 과정에서 어촌공동체가 어떻게 위기 상황에 대응했는지 다음 표와 같이 리질리언스 요소로 나타낼 수 있다. 마을연금은 혁신성, 창의성, 제도 정비, 포용성, 기존 공동체의 해체력, 사회적 자본 축적이라는 리질리언스 요소를 강화하는 데 영향을 주었으며 어촌공동체의 진입장벽을 완화하는 결정적인 요인으로 작용하였다.

만수동 어촌공동체의 리질리언스

만수동 어촌마을의 변화 또는 위기	어촌공동체의 변화와 위기에 대한 대응	공동체의 리질리언스 요소*
외부 노동력에 의한 어장 황폐화	어장 휴식년제	· 제도 정비 · 가치(정체성)의 보전
외부 노동력의 임금 상승	**마을연금제**	· 혁신성, 창의성 · 제도 정비
교량 건설로 바지락 서식 환경 저해	상금으로 모래 살포	· 신속한 자원활용, 추진력
교량 건설로 펄 유입되어 마을 어장의 1/4 복구 불가	농수산물 꾸러미사업 시작	· 대체능력, 다양성
	어촌관광체험마을 준비	· 대체능력, 다양성
고령화에 따른 어장 접근성 약화	마을 관리선 도입	· 혁신성, 창의성 · 포용성
외부에서 밀려오는 바다 쓰레기	환경 정화 행사	· 학습 능력
어업노동 불가 고령자 다수 발생	**마을연금제**	· 포용성 · 제도정비
귀촌자의 일자리 부족	진입장벽 완화	· 포용성 · 제도정비
질서 없는 회의방식	대의원 제도 도입	· 혁신성, 창의성 · 제도 정비 · 기존 공동체의 해체력 · 신속한 자원활용, 추진력 · 학습능력
연금 도입 전 젊은 층과 고령자의 갈등	**마을연금제**	· 혁신성, 창의성 · 포용성 · 제도정비
공동 작업시 무임 승차	공동체 프로그램	· 학습 능력 · 사회적 자본 축적

만수동 어촌마을의 변화 또는 위기	어촌공동체의 변화와 위기에 대한 대응	공동체의 리질리언스 요소
고령화, 과소화, 독거노인의 증가	마을연금제	· 혁신성, 창의성 · 제도 정비 · 기존 공동체의 해체력 · 사회적 자본 축적
	진입장벽 완화	· 혁신성, 창의성 · 제도 정비 · 기존 공동체의 해체력
	김치나누기 등 나눔 행사	· 포용성 · 사회적 자본 축적
	마을회관을 공동생활 홈으로 변화	· 포용성 · 신속한 자원 활용
신규 주민의 증가	멘토·멘티제도	· 학습 능력 · 사회적 자본 축적
	만수동 작은학교	· 학습 능력 · 사회적 자본 축적
	재능기부 활동에 참여	· 사회적 자본 축적
	마을 임원으로 참여 (부녀회장, 감사, 사무장)	· 혁신성, 창의성 · 기존 공동체의 해체력 · 대체능력, 다양성
	대의원으로 참여	· 혁신성, 창의성 · 기존 공동체의 해체력 · 대체능력, 다양성

출처 : 저자 작성

* 필자는 공동체의 리질리언스 요소를 다음과 같이 8개로 분류하여 정리하였다. ①마을 가치 보전과 정체성의 유지 ②공동체의 사회적 자본의 발전(협동, 결속력, 소통, 신뢰, 호혜성, 네트워크) ③대체 능력, 다양성, 사회적 안정성 ④학습 능력 ⑤조직과 제도의 정비, 기존 공동체에 대한 해체력 ⑥혁신성과 창의성 ⑦포용성 ⑧신속한 자원 활용 능력과 추진력. 이에 대한 자세한 내용은 정재훈의 "마을연금이 어촌공동체 리질리언스에 미치는 영향에 관한 연구". 서울시립대 석사논문(2021, 39쪽) 참조.

적응순환 이론에 의한 리질리언스 이론은 어촌공동체가 위기에 처했을 때 어떻게 대응해야 하는지에 대해 명확한 해답을 제시할 수는 없지만, 이 이론은 각 단계별 상황에 맞는 시스템을 이해하고, 고령화와 환경 변화 같은 위기에 대해 어떻게 대응할지에 대한 통찰을 제공한다. 위기에 무력하게 붕괴되기 보다는, 변화에 대응할 수 있는 능력을 키우고, 리질리언스 요소를 통해 공동체가 재조직되고 혁신할 수 있다는 가능성을 보여준다. ■

참고문헌

- 경기일보. 2021-01-07. 마을연금에 관한 사례 설명자료. 포천 교동장독대마을 사무국장. "마을 수익금으로 노령연금, 주민행복실현".
- 고인석. 2013. "인력지원 법제 현황과 농어업 인력지원 법제의 제정을 위한 과제: 타산업 인력지원 법제의 농어업 인력지원 법 수용을 중심으로". 입법학연구(입법학회), 10(1). 51-80쪽.
- 국가기록원. 국민연금에 관한 설명자료. www.archives.go.kr
- 국민연금공단 통계연보(2019). www.npa.or.kr
- 남수연. 2018. "불확실성 시대 지역공동체 개발에 대한 리질리언스적 접근". 지역개발학회지, 30, 39-94쪽.
- 노은지. 2020. "공적연금 수급이 노인 주거빈곤에 미치는 영향". 숭실대 석사논문.
- 리질리언스 얼라이언스(Resilience Alliance). 리질리언스 개념에 관한 설명자료. www.resilience.org
- 문현경. 2019. 『마을연금 도입 위한 검토사항 연구, 주택연구원 국민연금 연구과제』. 111-148쪽.
- 박수진·나주몽. 2016. "농촌지향 인구이동에 관한 최근 연구경향 분석: 네트워크 텍스트 분석방법의 적용". 지역개발연구, 48(2), 111-141쪽.
- 박정석. 2001. "어촌마을의 공유재산과 어촌계". 농촌사회, 11(2), 151-191쪽.
- 보건복지부. 기초연금에 관한 설명자료. www.mohw.go.kr
- 여국희. 2018. "마을공동체의 발전 동태와 리질리언스". 한국자치행정학보, 32(1), 224-245쪽.
- 예동근 외. 2020. "부산 감천문화마을의 리질리언스 사례연구". 지역사회학, 21(2), 31-54쪽.
- 오스트롬, 엘리너. 윤홍근·안도경(역). 2010. 『공유의 비극을 넘어』. 알에이치코리아.
- 워커, 브라이언·솔트, 데이비드. 고려대 오정에코리질리언스연구원(역). 2015. 리질리언스 사고. 지오북.
- 이경란. 2003. "농어촌 노인복지정책에 관한 연구". 건양대 석사논문.
- 이현영·이승호. 1997. "대규모 간척사업이 주변 환경 변화에 미치는 영향". 대한지리학회지, 32(4), 463-478쪽.
- 정재훈. 2021. "마을연금이 어촌공동체 리질리언스에 미치는 영향에 관한 연구". 서울시립대 석사논문.
- 천득출. 2011. "국민연금제도의 사각지대 축소방안". 서울시립대 석사논문.
- 한겨레. 2015. 6.함께 모싯잎 수확해 마을 지켜준 어르신께 연금 드려요.
- 한국농어민신문. 2021. 1. 더불어 잘사는 어촌마을 바지락 마을연금으로 이뤄.
- 해양수산부. www.mof.go.kr

- Google Earth Pro. 2025. Imagery©2025 Maxar Technologies. Retrieved April 21, 2025, from https://earth.google.com
- Holling. C. S., Gunderson. L. H.(eds.). Panarchy: *Understanding Transformations in Human and Natural System*, New York: Island Press.
- Holling. C. S. 1973. *Resilience and Stability of Ecological Systems: Annual Review of Ecology and Systematics*(4). pp.1–23.
- Holling. C. S., Gunderson. L. H. 2002. Resilience and Adaptive Cycles.
- Olson, Mancur. 1965. The *Logic of Collective Action*, Cambridge, Harvard Uni Press

저자 소개

오현순
공공의제연구소 오름과 한국매니페스토실천본부에서 연구자로 활동하며, 경희대학교 후마니타스칼리지에서 '세계와 시민', '리질리언스와 지속가능한 도시'를 강의하고 있다. 생태 위기와 사회적 불확실성이 심화되는 시대에, 숙의민주주의와 리질리언스 관점을 바탕으로 한 공공정책의 설계와 실행 방안을 탐구하고 있다. (wilfrida.ohs@gmail.com)

주필주
경찰대학과 단국대학교에서 행정학 및 도시계획을 강의하며, 연구공방 사람(광진사회적경제네트워크 부설연구소)의 수석연구위원으로 활동 중이다. 커뮤니티 리질리언스(Community Resilience)에 깊은 관심을 두고 연구해 왔으며, 제도와 정책, 그리고 지역사회의 다양한 자원과 활동을 연결하는 방안을 탐구한다. (jpj@inhalexhale.co.kr)

이민주
제주연구원 부연구위원. 제주의 도시와 마을을 누비고 여러 사람들과 소통하며 지역개발과 도시계획 분야의 다양한 연구를 수행 중이다. 제주 사람들의 행복과 지역의 지속 가능한 발전을 위한 정책 방안을 모색하고 있다. (minju@jri.re.kr)

정기황
도시를 문화집적체라 생각하고, 각 시대의 문화가 새겨진 공간과 도시를 계보학적으로 연구하는 연구자이며, 이를 기초로 공간을 설계하는 건축가다. 근대 서울의 도시건축 적응과정을 연구해 박사학위를 취득했고, 장소인문학적 도시건축 연구를 지속적으로 하고 있다. 저서로는 '한옥적응기:전통가옥의 기구한 역사(2024)', '광화문광장 거버넌스는 왜 실패했는가(공저, 2022)' '커먼즈의 도전(공저, 2021)', '문화와 예술, 마을을 만나다(공저, 2020)' 등이 있다. (junggaga@gmail.com)

홍석환
부산대학교 조경학과에서 연구와 강의를 진행하고 있다. 기후위기 시대 우리나라 자연환경에 적합한 해법을 제안하기 위해 다양한 연구를 진행하고 있다. 특히, 자연기반해법(Nature Based Solutions) 측면에서 기존 관행적인 자연환경관리정책의 문제점을 분석하여 개선방안을 제시하고 있다. 저서로는 '환경에 대한 갑질을 멈출 시간', 공저로 '환경과 불교', '환경생태학', '환경생태계획', '회복력과 전환' 등 다수가 있다. (hwan9430@gmail.com)

강내영

지속가능한 사회를 위해 지역에 주목하며, 실천과 이론을 넘나드는 지역 퍼실리테이터(지퍼)로 활동하고 있다. 지역조직가로서의 경험과 연구를 바탕으로, 지역 안팎의 다양한 주체와 영역을 연결하고 촉진하는 역할을 수행 중이다. 활동의 근거나 성과에 대한 연구도 병행하며, 활동가와 연구자의 경계를 넘나들고 있다. 현재 연구공방 사람의 연구위원으로 활동 중이며, 경희대학교 후마니타스칼리지에서 '세계와 시민', '대안사회 구상하기'를 강의하고 있다. (lama0@hanmail.net)

김종혁

도시와 공공정책의 디자인 전문가이자 ESG 임팩트 솔루션을 제시하는 오리진디자인의 대표로, 지자체와 기업 사이에서 혁신적인 협력을 이끄는 조력자다. 13개가 넘는 지자체와 국내 공기업 및 공공기관과 함께 사회문제를 해결해 왔다. 기업의 사회적 아젠다를 실현하고 지자체의 정책현안을 해결하는 전문성으로 최근에는 월드비전, 아모레퍼시픽 등 주요 기업들과 ESG 임팩트 프로젝트를 통해 지역사회의 새로운 변화를 만들어가고 있다. (orgn@orgn-dsgn.com)

정재훈

농어촌공사 소속으로 농어촌 지역의 다양한 개발 계획과 사업 시행을 관리하고 있다. 지역 고유의 특성과 가치를 기반으로 농어촌 공간의 지속가능한 산업과 커뮤니티, 일자리 모델을 찾고 있다. 특히 지역특산물과 스마트팜, 수자원과 신재생에너지 등 지속가능한 재원을 활용하여 마을연금, 기본소득 같은 사회적 안전망을 구축하기 위한 실행가능한 방안을 추구하고 있다. (k34817005@gmail.com)